Anatomy of Malice:

The Enigma of the Nazi War Criminals

恨意、
精神分析與
羅夏克墨漬測驗：

紐倫堡審判以來犯罪心理研究的演變

Joel Dimsdale
喬爾・丁斯戴爾

張馨方、李之年——譯

目次

第二部　紐倫堡審判

第三部　仇恨的面貌

第四部　紐倫堡終曲：羅夏克墨漬測驗之爭

作者序

始於沃土與血淚交織的土地

東風揚起了混雜糞血的塵土，悠悠飄蕩，落在愛荷華州蘇城（Sioux City, Iowa）的土地上。這種氣味並不怎麼惱人，反而令人想起了當地的豐饒。四〇與五〇年代，在地域遼闊且國力鼎盛的美國境內，當地逐漸發展為人們心目中最安全的處所，四周環繞幅員廣大的草原及大平原（Great Plains），與險惡邊境相距甚遠。

儘管如此，這裡仍然籠罩著一片陰影。如威廉・福克納（William Faulkner）所說：「過去永遠不死，甚至從未結束。」許多集中營倖存者選擇棲身蘇城，因為這裡有綿延起伏的秀麗山丘和富饒農產，更與他們曾經待過、需要步步為營的危險世界有天壤之別。我的哥哥第一次接觸集中營倖存者時年僅十歲，當時他正在送報的路上，不經意瞥見了鄰居前臂上的刺青。鄰居察覺他的目光，似乎感到有些尷尬，不過哥哥對這個刺青的意義全然不知。後來他問母親那代表什麼意思，一向能言善道的她居然也顯得侷促不安，只匆匆敷衍了幾句。

至於我，應該是到六、七歲才開始明白那位鄰居為何總是面露憂鬱。某天，我和在當地擔任醫生的父親吃完晚餐出外散步。時值三、四月，鄰居家的前庭堆滿積雪，聞來有種濕潤清新的氣息。當天是踰越節（Passover），父親因為那週的一次出診而心煩意亂。有位病人心臟劇烈絞痛，不過這並不是令父親苦惱的原因，他幫街頭巷尾的每個人都看過病，死亡早已司空見慣。真正讓他心煩的，是病人發病的時機。那位病人是集中營倖存者，曾經在踰越節當天親眼目睹全家人遭到殺害，地點就在另一塊同樣山丘綿延、沃土與血淚交織的土地上。冥冥之中，身為猶太教徒的他在踰越節這天從俗世中獲得解脫，體現末日救贖的期盼。

在阿道夫・艾希曼（Adolf Eichmann）尚未被繩之以法的那段日子裡，人們對猶太大屠殺避而不談。美國作家羅伯特・立富頓（Robert Jay Lifton）於其所著的《雖死猶生：廣島的倖存者》（*Death in Life: Survivors of Hiroshima*, 1968）一書中曾發表著名言論。他表示，經歷巨大創傷的倖存者，普遍都會令與其接觸的人心生恐懼，害怕受到其悲傷情緒感染。然而，我對猶太大屠殺還是感到非常好奇，因為小鎮就這麼大，每個人都藏著許多秘密和不堪回憶，深怕為人所知。

當時我只是個小男孩，對於罪惡還懵懵懂懂。那個年代，電視才剛發明不久，節目少得可憐，就連新聞也只有十五分鐘。我只能從漫畫的反派角色，如雷克斯・路瑟（Lex Luthor）、小丑（Joker）和末日博士（Doctor Doom）等，窺得一小角罪惡的面貌。不過，現實世界中，每一種罪惡並沒有太大差別。猶太大屠殺是「另一種」邪惡作為，與漫畫故事截然不同，不是有平民、有英雄就能成功對抗。想當然，我和多數四〇與五〇年代的人一樣，都認為主導集中營的納粹分子喪心病狂、十惡不赦。

劊子手來訪

過了好幾年，我在大學畢業後加入了考古探險隊，挖掘二十世紀地表下的奧秘，並沉痛地發現許多數千年前遭受迫害的受難者遺骸。為了深入了解社會力量如何塑造人類的生活，我攻讀社會學碩士，之後更就讀醫學院，希望為療癒人心奉獻一己之力。

若不是長輩朋友的一通電話，我可能早就忘記當初對猶太大屠殺的好奇。長輩邀請我共進晚餐，慶祝我進入醫學院就讀。她帶我到蘇城某一間傳統的家族式餐廳，享用美國中西部地區的家常菜，開胃菜是焦糖捲，主菜是牛排，配上烤馬鈴薯、乾煸四季豆和福傑仕（Folgers）咖啡。她與我分享在集中營的生活點滴，表示之前從未跟別人提過，隨著年紀漸長，希望能公開自己的故事。她和父親的病人一樣，也在猶太大屠殺時期失去了所有家人，之後來到愛荷華州展開新生活，除了每天晚上縈繞不去的夢魘之外，一切都很正常。我們聊了好幾個小時。那天晚上，我反覆想著她的慘痛遭遇，輾轉難眠。

基於對歷史和社會學的濃厚興趣，我成為一名精神科醫師，也開始研究集中營倖存者如何熬過痛苦的囚禁生活和面對倖存後的日子。一九七四年，我發表了一篇描述納粹集中營倖存者如何度日的文章。不久後，文章引起當地媒體關注，而新聞報導也為我帶來一場機遇，促成了日後的研究。

某天，我在麻省總醫院（Massachusetts General Hospital）一棟小型獨立建築閣樓的辦公室裡工作，突然有人用力敲門，我嚇了一跳，因為我沒有在等人，這棟建築也少有訪客。一名身材矮壯的男子走進來，劈頭說：「我是劊子手，特地來見你的。」語畢，他坐在沙發上，手指著一只槍盒，我見狀默默為自己念了祈禱文。當他打開槍盒，我才知道裡面裝的不是槍，而是一疊二次世界大戰的相關文件。「我是在紐倫堡負責處決納粹戰犯的劊子手，這些文件可以證明我所言不假。」他接著告訴我，他對自己的工作引以為傲，儘管處決戰犯很有快感，但依然努力保持專業態度。「丁斯戴爾，這些戰犯是人渣，你應該研究他們，而不是倖存的受害者。」

偶然的會面

這次的意外會面令人難忘。之後我並未立刻投入納粹戰犯的研究，但他說的話一直深植在我腦海中。不久，我又有了另一次偶然的會面。我在佛羅里達州甘城（Gainesville）的一個晚宴上，碰巧認識了茉莉・哈洛維（Molly Harrower），一個研究羅夏克墨漬測驗（Rorschach，一種評量人格結構和診斷心理病理的技術）的專家。從哈洛維口中，我首度得知紐倫堡戰犯接受羅夏克墨漬測驗的過程，以及直到今日仍無解的相關謎團和爭議。

本書敘述一個橫跨德國與瑞士、同時也意外牽涉了美國東西部的陰暗故事。我並非急著寫這個故事，也沒有這個打算，只是這個故事太過黑暗，我無法將它從心中抹去。到了這把年紀，我再也無法抗拒將它寫成一本書的念頭。因此，我決定把紐倫堡審判的來龍去脈，和自己從中了解罪惡的始末寫作成書。

主要人物

柏頓・安德魯斯（Burton C. Andrus）：艾希康（Ashcan）和紐倫堡（Nuremberg）典獄長

古斯塔夫・吉爾伯特（Gustave Gilbert）：美國心理學家

赫爾曼・戈林（Hermann Göring）：納粹德國時期帝國元帥（Reichsmarschall），空軍首領

茉莉・哈洛維（Molly Harrower）：美國心理學家和羅夏克墨漬測驗專家

魯道夫・赫斯＊（Rudolf Hess）：代理納粹德國元首

羅伯特・傑克森（Robert Jackson）：最高法院法官兼紐倫堡首席美國檢察官

道格拉斯・凱利（Douglas Kelley）：美國心理學家

羅伯特・萊伊（Robert Ley）：德國勞工陣線領袖

赫曼・羅夏克（Hermann Rorschach）：瑞士精神病學家

尤利烏斯・施特萊歇爾（Julius Streicher）：反猶刊物《先鋒報》（*Der Stürmer*）編輯

＊赫斯（Hess）為相當常見的德國姓氏。英文書寫通常會將其拼為「Hoess」、「Höss」或

「Hess」。由於有兩名罪犯的姓名均為魯道夫・赫斯（Rudolf Hess），因此可能會有混淆之虞。本書主要指涉的人物為代理納粹德國元首魯道夫・赫斯。另一個「魯道夫・赫斯」為奧斯威辛（Auschwitz）集中營指揮官，他於納粹戰犯審判中遭判死刑。

引言

若欲創建國家並為之立法，首先須認定人性本惡，且一旦有機可乘，便立即顯露其惡之本性。

——尼可羅．馬基維利（Niccolò Machiavelli），《君主論》（*The Prince*）

好人袖手旁觀，為邪惡致勝之道。

——出自艾德蒙．柏克（Edmund Burke）

仇恨從何而來？

二次世界大戰結束時，同盟國擬定各種處置納粹戰犯的方式，將這些罪罰作為德國除納粹化的重要手段。其次，他們希望藉戰爭罪刑的審判行殺雞儆猴之效，防止未來再有國家領袖發動戰爭和大屠殺。

除了這些目的之外，外界也極欲了解是什麼樣的人能夠操縱德國走入如此殘暴的發展時期。矛盾的是，許多納粹領袖都受過西方高等教育浸濡，但他們究竟為何會如此喪盡天良？「研究」這些領袖並非紐倫堡審判開宗明義的目的，而是一波來勢洶洶的暗潮。審判的重點不在於「誰犯罪？」，而是「他們為何犯罪？」及「他們如何狠得下心？」。審判假設這些戰犯是禽獸，是一種可以透過仔細研究揭露和證實其泯滅人性的「生物」。各大報刊報導許多犯罪研究理論，而歷史學家和社會學家爭相說明釋疑。儘管如此，少部分輿論指出，納粹戰犯只是體現了人性本惡。此外，精神病學、神經科學和心理學領域的學者也對納粹戰犯的行為提出不同看法，並出乎意料地試圖蒐集資料以證實自己的假設。某流派主張，「戰犯的行為反映其腦部功能受損」，一個流派認為「是嚴重的精神混亂所致」，另一派則聲稱戰犯只是「做了錯誤選擇的正常人」。

這些納粹戰犯怎麼能犯下如此慘絕人寰的罪行？他們是否有精神上的疾病？是否因為失去理智、得了妄想症、患有精神病，或具有虐待傾向才殺人？無數的學者專家根據自身對於社會本質和個人行為的看法，為這些犯罪行為提出解釋。其中，多位學者透過研究大量的歷史檔案而提出建設性的見解，但也有少數專家直接與戰犯進行訪談，深究那些相對於第三政權（The Third Reich）領袖的底層士兵的內心世界。

我們在試著解析納粹戰犯的行為同時，會面臨一個巨大盲點，也就是領袖本身。我們與領袖的屬下進行訪談，他們宣稱自己只是納粹帝國機制中的小齒輪而已。當然，我們都是社會體制的一環，受到許多力量所影響，但當中某些人從齒輪進化為更大的轉輪。為了因應「代理需求」（意即責任），就有人必須晉升至政府中的高等職位，而這些人正是在紐倫堡接受審判的納粹分子。

身為一名精神科醫師，我的專業是傾聽、診斷和治療病人，而且也經歷了各種不同的看診環境，像是設有多台呼吸器的加護病房、貌似由卡夫卡（Franz Kafka）所設計的地獄監牢，或是四處可見高傲有錢人抱怨東、抱怨西的精神病院。我待過好幾家老舊不堪的州立醫院，在充滿尖叫聲和警笛聲、幾乎聽不到人說話的急診室為病人看診。無論在哪裡工作，總是會有一張圖表。醫生就像歷史學家一般時時留下紀錄，不只是為了記下重要病況和治療事項，也為了引導後續的照護工作。由於這些紀錄包含許多不同形式的簡寫，也蘊含潛在文法和邏輯，因此製作和閱讀筆記也成為一門藝術。閱讀紐倫堡監獄的醫療和精神治療筆記時，我憑藉自己的看診經驗去蕪存菁，並將這些資料視為醫療同仁留下的紀錄，思考他們想傳遞哪些關於病人的訊息，以及其中暗藏了哪些秘密。

紐倫堡監獄的醫生們深入觀察納粹領袖，留下了謎樣且矛盾的筆記。我試著解讀這些紀錄，以二十一世紀的先進觀點重新檢視。

很少人能獲取政府領袖的精神治療紀錄，只有一個醒目的例外，不過大部分的相關研究人員皆為佚名。精神病學家道格拉斯．凱利和心理學家古斯塔夫．吉爾伯特受派至紐倫堡監獄，評估囚犯的行為能力是否可接受審判及提升他們的道德感。另一方面，他們也可提供典獄長和行刑人員一些建議。不過，凱利和吉爾伯特各自都有私心，打算對納粹戰犯實行羅夏克墨漬測驗，分析他們的內心世界。他們耗費大量時間（道格拉斯宣稱調查一名戰犯花了八十個小時）在狹窄牢房裡訪問戰犯，施行心理測驗並觀察他們接受審判時的行為。簡而言之，他們對這些納粹領袖進行了極度密集的觀察。本書重新敘述了兩位學者研究四名戰犯——羅伯特．萊伊、赫爾曼．戈林、尤利烏斯．施特萊歇爾和魯道夫．赫斯——的故事，這些罪犯對於猶太人的仇恨各不相同，卻都根深蒂固。

儘管凱利和吉爾伯特以其與罪犯交涉的親身經驗聞名，但對他們兩個人而言，觀察並不是容易的事。埋首書堆研究犯罪是一回事，但日夜近距離地觀察、聆聽和感受罪犯，卻是極度折磨人的另一回事。龐大的壓力為他們的合作關係帶來裂痕，加深兩人之間的分歧和猜忌，因而導致互相陷害、訴訟和指控。儘管如此，他們的研究結果和爭執為罪犯研究立下雛形，讓今日的我們得以藉此深入了解仇恨。而受到紐倫堡審判陰影籠罩的當代學者，也為這個難解的議題留下了傑出的研究成果。

為了寫作此書，我蒐集了許多不同類型的資訊。除了引用領域中某些寶貴著作的研究，我也參考了其他資源，像是從媒體報導窺知流行文化對於紐倫堡戰犯的看法。此外，幾乎每個參與審判的人都留下鉅細靡遺的回憶錄。其中有些回憶錄已獲出版，但其他則多被歸類或封存為特藏著作，而本書的核心部分正是來自於此。紐倫堡審判距今已有七十年歷史，其無聲無息地影響著我們的社會，也留下了一面明鏡，作為後代理解罪恨的借鑑。

分歧的聲浪

坦白說，我很意外這些資料之間存在著諸多分歧和矛盾。我太天真了，忘記之前參加過多個關於猶太大屠殺的會議，原本理性的討論最終都會淪為激烈的爭執和指責，只差沒有拳腳相向。探討歷史的過程中總是會出現許多不一致的意見，從無例外。但是一牽涉到大屠殺的議題，爭論就會一發不可收拾。

無論人的記憶再怎麼清晰，難免還是會發生遺忘、扭曲和造假的情況。人們會有意無意地誇大事實，並加以合理化。如此棘手的現象，在解讀納粹戰犯的日記和自傳時尤其明顯。

小說家羅茲・麥考利（Rose Macauley）優美地形容了這樣的問題：「我們得在霧中摸索道路……絕不能安於現狀地認為自己已發現真理……尋得真理之前，必須先度過遍布荊棘的漫長旅程。」

納粹時期的歷史就像一座錯綜複雜的灌木林，必須不斷解讀隨時間更迭而變化的語言才能找到正確方向。七十年前的醫療紀錄或精神評估文件所使用的字詞，在當時和現代的意涵差距頗大。如我將在第二章所述，我們甚至無法確定應該如何理解戈林在獄中的心臟病史，因為「心臟病發」在當時的定義較為廣泛。

同樣的困惑，在理解精神治療紀錄時更是層出不窮。直到近幾十年，醫界才開始制定診斷術語表。在精神病學中，第一版的《精神疾病診斷與統計手冊》（*The Diagnostic and Statistical Manual*）於西元一九五二年出版。西元一九四五年，《精神疾病診斷與統計手冊》根本尚未問世，醫界也並未針對理解、描述或治療精神疾病的方式制定一套準則。因此，要讀懂當時的精神治療紀錄可說是難上加難。當代在施行羅夏克墨漬測驗方面也沒有一套完善的程序。基於這些原因，正確解讀年代久遠的專有詞彙並推斷合理的結論極具挑戰性。畢竟，過去和現代的用語實在有著天壤之別。

本書章節的編排

九歲時，我從父親那裡得到了有生以來第一個顯微鏡。透過不斷操作，我慢慢了解到檢視玻璃載片的最佳方式，是以由低至高的倍率反覆觀看。幾年後，我有了生平第一個立體顯微鏡，因而能夠以不同於以往的角度檢視同樣的映象。突然間，我可以用或深或淺的視角透視物體了。

遵循顯微鏡的操作方式，我花了數年的時間以低倍率（戰犯的社會角色）到高倍率（精神治療訪談）的觀點研究戰犯。透過觀察這些戰犯在監獄和審判庭的行為，我們以低倍率的觀點對他們有了大致的了解；藉由解讀精神病學家和心理醫師留下的一對一訪談和心理測驗紀錄，我們也以高倍率的觀點獲得了一些洞察。

本書共分為四部，運用了順敘和倒敘的方式。第一部交代歷史背景，也可說是整本書的鋪陳，描述紐倫堡監獄和納粹種族屠殺如何樹立人們對於人性本惡的認知。第二部詳述了納粹戰犯於紐倫堡審判庭的公眾表現，以及於牢房裡顯露的黑暗想法。第三部聚焦各自對於猶太人懷有不同仇恨的四名戰犯。第一次的紐倫堡審判起訴了二十二名戰犯，我從當中選了四名戰犯進行深入研究，因為他們分別展現了不同極端的診斷挑戰。為了先對納粹領袖的心理有基礎的了解，我選擇在戰爭中擔負主要職責、但在紐倫堡監獄中卻表現迥異的戰犯。第四部回歸本書的核心問題：我們如何理解仇恨？是否所有人皆原性本惡，還是只有某部分的人對於仇恨有與眾不同的認知？

數十年來，戰犯的心理測驗紀錄一直不為人知，深受病態的野心、背叛和意識歧異所禁錮。重新挖掘這些被遺忘的文獻，我們得以洞悉當代的精神病學和心理學研究如何看待仇恨、探究其社會心理、精神病理和神經行為的根源，以及人類對於仇恨的認知如何影響我們對於人性的見解。

試圖理解不等於寬恕或譴責。如果你認為納粹領袖都是同一類型的變態殺人魔，那麼現在就可放下這本書了，因為我將在接下來的內容中清楚敘述他們絕非同類。他們殘凶惡極，緊咬著目標不放，但彼此之間卻有著深刻的不同。本書剖析了這些戰犯的本性，研究調查人員如何受到審判的毒害，並檢視這段歷史如何塑造當代的研究。

這是一個範圍廣泛、極具爭議的學術領域，牽涉了許多嚴謹考究、隱晦暗示和尖刻評論。希望此書能引導各位讀者「適度貼近歷史真相」。

第一部

紐倫堡審判序幕

第一章

猶太屠殺和其他種族屠殺有何差別？

我想知道他們的名字，
但他們藏匿名冊使我無處可尋。
我為他們編織寬大的蔽衣，
只因竊竊低語流露的不幸。

——安娜．阿赫瑪托娃（Anna Akhmatova），〈安魂曲〉（Requiem），西元一九四〇年

第一次開槍，我的手微微顫抖，但之後就慢慢習慣了。到了第十次，我已經可以冷靜地瞄準許多婦女、幼童和嬰孩，並且堅定地扣下扳機。我一直告訴自己，家裡有兩個嗷嗷待哺的孩子，要是與這群猶太人角色互換，他們也會做出同樣的事，甚至可能比我殘忍十倍……嬰兒被高高拋到空中，我們開槍瞬間就將他們四分五裂。屍體掉入窪坑，沉入水裡。

——駐派烏克蘭的德國警官在家書中描述射殺猶太人的經過，西元一九四一年十月

血流成河的歐洲大陸

小時候，我對於死亡的概念懵懵懂懂，更別說是大屠殺了。在我的家鄉，四隻腳家畜的數目遠遠超過兩隻腳的家畜，因此我完全不知道「數百萬人」的死亡代表什麼意思。

我對於所謂的仇恨，也只有少數幾個範例可參考。當時每個星期六下午，我都會走路去市區的戲院，花個兩毛五觀賞美國西部或怪獸主題的電影。那個年代電影裡的怪獸從來都不是人類，牠們通常體型龐大、凶狠殘暴，例如令人猜不透陰險狡詐的腦子在盤算什麼的大蜘蛛，不然就是一看就知道精神有問題的殭屍。隨著年紀增長，我逐漸知道原來現實生活中也有怪物，這些怪物就是那些怒氣難耐、心懷妒忌和作惡多端的壞人。但令人百思不解的是，為何會發生血洗歐洲的種族屠殺。人究竟為何會有如此強烈的恨意？

長大後我並未從事歷史研究，反而成為精神科醫師。我的工作除了替病人看診外，也同樣需要做紀錄。我記下病人行為的動機、生活狀況及其所產生的後果。研究本書主要關注的四名戰犯時，我也會思考同樣的問題，因而得以勾勒出更多納粹屠殺事件的獨特面貌。[1]

二次大戰終於結束時，總計有四千萬名的男人、女人和幼童死於歐洲。戰爭畢竟是透過武力來達成目的，難免會有傷亡，但這些死者有三分之二都是平民百姓。[2]

雖然戰爭會有百姓傷亡，但通常都是因為他們在錯誤的時間出現在錯誤的地點所致。有時候，政府會基於政策考量對整個戰爭地區進行屠殺，不分士兵和平民。歷史上，多數國家和文化都曾訴諸屠殺的手段，但大部分的動機都只是出於嗜血，等到士兵拿槍拿到手痠了，殺害也就停止了。然而，猶太大屠殺不一樣。它是一場由世界上最文明的國家之一、根據縝密計畫進行持續性的屠殺。作家提摩西・斯奈德（Timothy Snyder）於其傑出著作《血染大地》（*Bloodlands*）中指出了猶太大屠殺的規模：「西元一九四一年下半年的某天，德國人射殺的猶太教徒人數，超過了蘇聯帝國有史以來屠殺的猶太人數量。」[3]

我曾好奇，是什麼樣的人能設計出如此的屠殺計畫？這個疑問至今仍然未解。

我也好奇，人們是否還記得猶太大屠殺？

入侵波蘭的前一週，阿道夫・希特勒（Adolf Hitler）發起了一項泯滅人性的計畫，據信他曾說：「現在還有誰會談起亞美尼亞人的滅絕？」[4]無論引述是否準確，這句話都凸顯了令人痛心的事實。如果沒有人記得種族屠殺，那麼它是否曾發生過？如同哲學思辨的老問題：「如果一棵樹在森林中倒下，沒有人聽到，它倒下時是否有發出聲響？」對於猶太、波蘭、亞美尼亞、孟加拉、圖西、柬埔寨、達佛，以及其他不計其數遭受屠殺的種族而言，其後代一定無法忘卻過去的傷痕，但世界上其他人是否還記得這些歷史？

考慮到某些讀者可能學識淵博，我曾猶豫是否要在書中詳細描寫猶太大屠殺的始末，但想想還是決定不預設任何立場。多年前，我曾問過猶太主日學校的學生，「猶太問題的最終解決辦法」意指為何，以及他們是否能說出兩個集中營的名稱，結果這些孩子說不出來，而且大都一問三不知。

阿道夫・艾希曼受審時，新聞媒體廣泛報導，其中美國加州奧克蘭有數百名成人民眾接受訪問，表達對於審判的看法。[5]百分之十六的受訪者壓根不知道這起審判。進一步調查發現，在三百八十四位知道這起審判正在進行的民眾當中，有百分之五十九的人認為阿道夫・艾希曼是納粹分子。其餘民眾猜他是個共產主義者、猶太人或「其他人」，或是根本不知道他是誰，只知道他因為某事而受審。研究人員還調查了哪些族群的民眾關注這起審判的新聞，結果發現，有較高比例的白人知道這起審判，但不知道當時另一項話題人物「自由行動示威者」（Freedom Riders）。相反地，較少比例的非裔美國人知道這起審判，但他們大都聽過「自由行動示威者」。換言之，人們傾向忽略與自身無關的新聞。

人類總是忽視、否認、遺忘事物，而且無法記取教訓。史學家勞爾・希爾伯格（Raul Hilberg）於其最後一本著作中發表了一項重大言論：「事實上，現在猶太大屠殺的研究已成為某種『少數民族』，一門高度專業的史學。」[6]而在我寫作此書的今日，距離紐倫堡審判已逾七十年。可能某些讀者不清楚審判的背景，或是不明白為何納粹分子的精神診斷紀錄會引起大家如此尖酸刻薄的批評。因此，本章詳細地描述了猶太大屠殺的來龍去脈。

大屠殺的緣由

納粹主導的毀滅計畫雖然針對多個族群，包含猶太人、羅姆人、斯拉夫人、同性戀、耶和華見證人（Jehovah's Witnesses）和心智障礙者，但主要目的仍在滅絕猶太人。本書的重點偏向於大屠殺的研究分析，而非關注其背後成因，所以深究納粹分子發動屠殺的複雜動機並不在本書的討論範疇。[7]然而不可否認地，對於某些人而言，探究這些動機已成為一種詛咒，原因可從詩人伊扎克．卡茨納爾森（Yitzhak Katzsnelson）的言論窺知一二：「我堅決否定所謂的『學者』為此辯駁而提出的任何原因或常規。不經大腦胡說八道的人實在不屑一顧……人面獸心的納粹發動的狂妄犯罪，怎麼會和政治經濟扯得上邊？」[8]

儘管如此，猶太大屠殺會演變成如此毀滅性的原因主要有三個：反猶太主義的宗教傳統、社會達爾文主義，以及一次世界大戰留下的禍根。

過去，西方教會曾有數個世紀實行反猶太主義。他們指控猶太人輕則蔑視基督教、重則毀滅基督，這點光從猶太人特異的服裝、飲食習慣和習俗就看得出來。他們在許多國家長期受到殖民、飽受指責，並且被迫流離失所。猶太人是人們恐懼和厭惡的對象、投射憤怒和敵意的目標。每當暴力犯罪出現，大家都會認為是「猶太人」幹的，不只「做」，還是滿懷居心、怨恨和邪念地「做」。弔詭的是，奧匈帝國時期，政府開始現代化並放寬一些反猶太的限制，但是反猶太主義人士卻越來越多。再也沒有猶太人遭到隔離，但各種文化因而產生碰撞，反猶太人士因為與猶太人的互動增加而遭受譴責。隨著民族日益同化，人們害怕融入所屬文化的猶太人帶來惡意且潛在的影響。[9]部分猶太人成功發跡的事實，也是另一個激起對立的原因。

猶太大屠殺的第二個起因為社會達爾文主義。繼發現新大陸之後，歐洲人逐漸注意到種族和文化的差異，以及新大陸住民的異類生活條件。他們認為這些非歐洲人種居住在低度開發的國度中，是因為他們具有劣等基因，所以能耐僅僅如此。反之，那些發達人士是因為具有優良基因，比較適合生存。若有其他異族造成汙點，無論多麼細微，都將導致人類的基因退化和不健全。依照自然界的物競天擇、適者生存法則，人類不也應該消滅不受歡迎的特性或種族？

傳統認為，人的種族取決於血統。這樣的信仰為「原罪」賦予了新的意義。如果你出身不良血統，就如同所到之處可能無人倖免的霍亂帶原者，即使虔誠改信基督教也一樣，因為邪惡血統已成「事實」，而這種罪惡無藥可救。

為數不少的學術研究都在探討潛在的種族特性。只要能確定每個人的種族，就可以只靠優生學的概念讓世界變得更美好，也就是阻止血統不良的種族「繁衍後代」，或至少確保他們只和同種族的人交配，以免種族缺陷擴散至其他種族。只要人人都抱持著這樣的觀念，劣等的種族就會被淘汰，社會也變得更加強大。

有趣的是，優生學爭議的目標族群不斷變動，從最明顯可辨的種族，如黑人和美國原住民，轉移至特徵較不強烈的族群，如猶太人、羅姆人、斯拉夫人和波蘭人等。除此之外，優生學的主張也針對其他次族群，例如心智障礙者、精神病患、同性戀者和罪犯。其認為，如果將這些人聚集在一起，他們是不會互相傳染的。如果讓他們絕育，基因的缺陷就會停止延續，一勞永逸。從絕育的概念衍生出殘殺的動機，簡單又合理。因為要是乾脆消滅這些危害（也就是這些劣等種族），不就更省事了？

第三個原因是一次世界大戰之後的混亂局勢。這場戰爭奪走了成千上萬條人命、消耗了無數資源，再以德國戰敗告終。德國不只輸了這場戰爭，還得遵守凡爾賽條約，支付龐大又恥辱的巨額賠款。德國政府無力面對排山倒海的通貨膨脹，重整滿目瘡痍的家園，處理數百萬名的戰後嬰兒。奇怪的是，當時外界竟開始將猶太人視為社會主義和資本主義派的盟友，理所當然地認為他們一定暗地共謀以報復德國。顯然，他們必須為自己的罪刑接受懲罰。

戰後的德國經濟動盪不安，國庫入不敷出，普通平民都吃不飽了，更沒有多餘的食物可以分給所謂的廢物和害蟲。因此，希特勒的願景是消滅所有社會不需要的人，騰出更寬廣的生活空間、沒收更多的資源，打造純淨的亞利安國土，好讓復興的德國可以走出喪權之辱、東山再起，完成向東擴張領土的大業，一個杜絕所憎、欣欣向榮的國度。這樣的念頭令全國上下的納粹分子陶醉不已。

逐步展開屠殺

無論納粹分子的動機為何，他們的「所作所為」才是進監牢的真正原因，也正是因為猶太大屠殺的特殊性質和納粹對於自身罪刑的反應，才引起了精神病學界的關注。回顧歷史，如果想發動屠殺，只需要政府的允許、急就章的藉口、壓倒性的人數、武力優勢和適度的好天氣，就能順理成章地大開殺戒。不用幾天或幾個星期，就可以殺死為數眾多的平民，繼續朝目標前進。至於旨在趕盡殺絕的現代系統化屠殺，其執行方式則與以往大不相同。

納粹發動的大屠殺計畫周詳、構思精密。法官兼首席美國檢察官羅伯特・傑克森的一席話，為紐倫堡審判揭開了序幕：「這場戰爭並非偶然發生，而是經過長時間規劃與準備、巧妙操縱下的產物……不論我們認定誰是始作俑者，他們都達成了十分了不起的組織工程。」[10]

對此，伊恩・克肖（Ian Kershaw）等歷史學家提出反駁。他表示，猶太大屠殺的每一項行動並非都在計畫之中，也非全然由高層發號施令，部分環節其實是由底層成員心血來潮所促成。[11]令法官傑克森和多數觀察員驚訝的是，納粹官僚體系的結構竟然如此精密扎實。若想透澈研究其中牽涉的廣泛官階和文件紀錄，必須以社會學和工業心理學的觀點一一檢視。這場大屠殺的體制由健全的官僚體系以熟練的精確性、效率及行政程序所推動。如歷史學家齊格蒙特・鮑曼（Zygmunt Bauman）所主張：「猶太大屠殺之所以能成功，部分原因在於納粹巧妙操作現代官僚體系和科技應用，向全國人民進行『道德催眠』。」[12]

他們更制定了細部法規，定義哪些對象是敵人，並明定哪些情況下可以考慮赦免某些猶太人。這些法律涉及範圍之廣，令人咋舌。他們禁止猶太人擁有收音機、腳踏車、開車、養寵物、釣魚、講電話和探訪非猶太人，限制繁多不及備載。曾有一名在鹿特丹開設公司的猶太人收到政府通知，上面寫著：「依據西元一九四三年十二月十七日的信件，特此告知你的公司已從商業登記名單中註銷並永久移除，直到你完成自我淨化為止。同時，你也不得從事其他工作。」[13]

納粹政府通過多項剝奪猶太人公民權的法律，並努力拉攏大眾媒體。根據法案，政府單位開除所有猶太裔公僕，學校撤除猶太裔教授，大學也驅逐所有猶太裔學生，就連軍隊也奉行不悖。任何猶太人持有的企業均遭到徵收，猶太人和基督徒的密切來往也受到禁止。此外，警察和軍隊還可依法殺害猶太人。

徹底斷絕猶太人的社經基礎之後，下一步是將他們擄到特定的集中區，再逐漸限制其移動和糧食來源。華沙某處貧民窟占地一．三平方英里，卻曾一度同時容納了四十四萬五千名猶太人，平均一個房間住了七．二人，可以想見其居住的擁擠程度。[14]

納粹曾考慮過將猶太人遣送至他處，例如馬達加斯加等遙遠的國家，但時間和執行成本過高，因此打消念頭，加上他們也擔心這些「嚴重受感染的被驅逐者」可能會逃離馬達加斯加。另外，德國也欠缺足夠的海軍和航運資源來運送所有猶太人。

如果受害者體虛衰弱，或是不知道自己將何去何從，那麼將他們運送至刑場或集中營就更加輕而易舉。多數猶太人在貧民窟囚禁期間飢餓成性，對於凌辱欺虐早已麻木不仁，因此消極聽從指令搭上前往集中營的火車，以進行「重新安置」。他們心想：「集中營的生活還能比現在更糟嗎？」

毒氣室是這場屠殺的巔峰之作。他們誘騙猶太囚犯進入毒氣室，不費吹灰之力一天就能殺害數千人。囚犯抵達毒氣室會受到士兵列隊歡迎[15]，通往特雷布林卡（Treblinka）毒氣室的路標還寫著「天堂之路」（德文作 HimmelfahrtStrasse），浴室（即毒氣室）入口張貼大型醒目的「大衛之星」（Star of David），下方刻有希伯來銘文：「G-d 入口。符合資格者請進入。」囚犯們被迫裸體走進毒氣室，關上門不到二十分鐘，便會吸入氰化氫中毒身亡。[16]

對於納粹而言，處置毒氣室屍體是大屠殺最困難的部分。他們反覆實驗各種排氣設備和煙囪高度等設計，尋找最有利於快速燃燒的屍體堆疊方式。結果發現，將脂肪含量較高的女性屍體擺在柴堆底下，可以讓屍體燒得更快、更均勻。[17]

他們還對集中營的囚犯施行千奇百怪的人體實驗，有些慘無人道，有些則既殘暴又無意義（像是將結核病菌注入肺部，觀察疾病發展的速度）。到了屠殺末期，納粹為了湮滅犯罪證據，變本加厲地利用醫學實驗的名義殘殺猶太人。漢堡地區的一處治療院所裡，納粹親衛隊（SS）醫生將參加人體實驗的孩童趕盡殺絕，要是施打的藥物不管用，便將他們吊死。[18]

此外，還實行一項所謂的種族科學研究。根據紐倫堡審判報告，科學家在某項研究中缺乏「猶太裔布爾什維克黨員」的頭骨，聲稱需要足夠的新鮮頭骨才能順利進行研究：「可用的頭骨寥寥無幾……而東線戰事正好補足了這項短缺。猶太裔的布爾什維克黨員代表了可憎卻又獨特的次等人類，有了他們的頭顱，我們就能獲取實驗所需的科學材料。」而取得頭骨的最佳方式，就是在醫生拍攝好需要的照片之前先讓囚犯活著，接著「再將他們處死，處死時刻意保持囚犯頭顱完好，以便醫師將其割下。」[19]

他們刻意將孩童帶到其父母面前槍殺以示血脈斷絕，接著再射殺父母。部分看守集中營的衛兵以虐囚為樂，其中少數喪心病狂者還會強暴女性。[20]大多數士兵將自己的作為視為「工作」，在酒精催化和反覆執行下逐漸習以為常。

我提及這些細節，是因為它們切中本書的核心問題：什麼樣的人會如此殘暴，不是只有一、二次偶爾為之，而是日以繼夜持續殺人數個月甚至數年之久？執行屠殺的士兵中，少部分（約百分之十）要求轉調至前線作戰，[21]有些人樂此不疲，其他人則出現酗酒、狂熱或冷漠等症狀。對此，歷史學家喬治・克倫（George Kren）和心理學家里昂・拉伯波特（Leon Rappoport）提出了令人難以接受的結論：「絕大多數的親衛隊士兵，不管是領袖人物或是普通士兵，都能輕易地通過一般美軍新兵或堪薩斯市警察接受的精神病測試。」[22]

這一切都仰賴幕後主使的組織能力，也就是在另一端計畫和指揮的那群人，而他們正是紐倫堡受審的納粹戰犯。

發動如此大規模的屠殺需要數千名的執行人力，還需要設計集中營的建築師。鐵路終站到分發點的道路該有多寬？前往刑場的火車班次該如何安排？前線作戰和運送貨物（將處死的囚犯）至集中營的戰備資源該如何分配？毒氣室的門要多堅固才能阻隔注定受死的囚犯？在要求藥品公司增產致命化學毒氣的同時，應該如何兼顧前線作戰所需的藥物供給？如此細膩的行政管理是德國納粹屠殺體制的關鍵環節，也是紐倫堡審判關注的焦點之一。

針對納粹帝國的行政體系，歷史學者大衛·班克伊爾（David Bankier）指出了一個較不為人知的例子，即約瑟夫·戈倍爾（Joseph Goebbels）致力推行的全國宣傳工作。身為納粹帝國的教化與宣傳部長，戈倍爾負責主導屠殺行動的品質管控。他在德國各地的城鎮精心部署了無數個調查小組，蒐集資訊以研究如何打造宣傳訊息，像是若警方發布的電報將囚犯指稱為社會敗類而非社會主義者，那麼社會大眾會怎麼想？[23]經過調查和研究，他們發展出一套委婉說詞以合理化屠殺行動，譬如「清算」、「擊敗」、「行動」、「淨化」和「重新安置」等等。[24]

勞爾·希爾伯格曾詳細估計過各種屠殺宣傳活動的所需成本。戰爭早期，納粹政府藉由徵收猶太人財產和苛稅所得到的利潤，遠超出屠殺的管理和人力成本。然而，隨著戰爭開展，能夠汲取的利潤越來越少，支出成本也開始飆升。興建集中營和勞役設備、將囚犯運送至集中營、看守和殺害囚犯，以及焚毀屍體等作業，均所費不貲。[25]屠殺也使得德國損失大量勞力，希特勒的幕僚還因此產生激烈衝突，爭論究竟是屠殺猶太人或是將猶太人作為勞動資源對於國家的生產力比較有利。[26]不過，就算把猶太囚犯當成奴役勞動力在邏輯上也行不通。勞動部長弗里茨・紹克爾（Fritz Sauckel）認為這樣的政策十分愚蠢：「吃不飽、患病又滿懷憎恨和絕望的奴隸，絕對無法達到國家需要的產能。」[27]但他也沒有因此阻止殺戮行動。即使德國經濟逐漸復甦，已能付得起「解決方案」（Final Solution）的成本，納粹還是持續殘殺猶太人。這種著魔般的殘殺，完全無經濟或策略邏輯可言。

納粹無法無天地大肆殺戮。身為精神科醫師，我看過不計其數的非理性自我毀滅行為。就猶太大屠殺而言，德國全國上下叛經離道且瘋狂地滿懷惡意，最終走向毀滅一途，完全是意料之中的結果。

納粹戰犯的精神折磨

納粹分子實驗了各式各樣的殺人方式。初期他們瞄準的對象為畸形兒、精神病患和殘疾人士。由於工作頗有難度，某個安樂中心為了激勵士兵的士氣，在處死第一萬個病患後開派對慶祝，用花草裹住屍體，再以火焚燒。[28]

他們還將猶太人裝進改裝貨車，釋放一氧化碳加以毒死。這個方法十分管用，但並不受士兵們青睞，因為花費的時間太長，加上貨車司機聽得到乘客的尖叫和呻吟，之後也得大費周章地把扭曲不成人形的屍體拖出車外。因此，士兵們更加提不起勁，只能以酒澆愁。另一種方式是把人趕進穀倉，再放火燒毀。這個方法的成效不錯，但效率太低，而且也沒有這麼多穀倉可用。位於德國東部的納粹特別行動隊（Einsatzgruppen）將猶太囚犯放逐森林再以機關槍掃射，或是逼迫他們自掘墳墓，等待槍決。事實上，特別行動隊所槍殺的猶太人，比在滅絕營遭到殺害的猶太人還要多。

行刑士兵在夜晚也深受殺人夢魘所苦，只能憑藉藥物和酒精獲得一絲救贖。當時，納粹親衛隊最高領導人海因里希・希姆萊（Heinrich Himmler）視察某處刑場，不禁譴責：「看看這些士兵們的眼神，意志如此消沉！他們的人生注定一敗塗地。我們居然訓練出這種部隊？這群人不是神經病，就是野蠻人！」海因里希告誡士兵應隨時保持警戒，奮力對抗這些「社會的害群之馬」。[29]納粹總督漢斯・法蘭克（Hans Frank）也試圖鼓舞這些殺人機器：「各位，你們不能有絲毫的同情心。我們要殺光所有猶太人，才能捍衛大德意志帝國。」[30]

紐倫堡審判中也提及了納粹戰犯所受的精神磨難。烏克蘭特別行動隊領袖奧托・奧倫多夫（Otto Ohlendorf）供稱，殘殺猶太人「在心理上造成了極為沉重的負擔」，而「埋葬受害者屍體對於立即執行小組（Einsatzkommando）的成員更是痛苦的折磨」。[31]據海因里希專屬的親衛隊醫師指出，就連親衛隊將軍艾里希・馮・德姆・巴契—塞洛希（Erich von dem Bach-Zelewski）看完囚犯遭槍殺倒臥血泊的畫面後也感到反胃。[32]

大屠殺的沉重壓力對行刑者造成了莫名的效應，使得他們傾向扭曲、修飾與合理化實際發生的狀況。政治哲學家漢娜・鄂蘭（Hannah Arendt）如此解釋行動隊潛意識合理化屠殺的行為：「殺人者不會說：我做了非常可怕的事！而會說：我迫於職責所需目睹了非常可怕的事。我肩負重責大任啊！」[33]

大屠殺的統計數據

猶太大屠殺並非你我所認知的典型屠殺。納粹在歐洲各地興建集中營（如下頁圖一所示），數量不只零星幾個，而是遍布大德意志帝國、總數超過四萬個的奴役營、貧民窟、集中營、戰犯營和安樂中心。營區的類型繁多，依其致命程度而異。在奴役營中，猶太囚犯不斷工作，欠缺糧食，體力因而逐漸消耗殆盡。鄰近法本化學廠（I.G. Farben）一處奴役營中，納粹告訴猶太勞工，他們來此的目的不是為了生活，而是「形體完好地累死」。他們平均工作三至四個月就會死於過勞和飢餓。[34]相對地，滅絕營則是明快地處決囚犯。納粹士兵可以在兩小時內殺光數百名由火車載運來的囚犯，並完成屍體焚化。

戰爭結束後，據估納粹屠殺了六百萬名猶太人、數百萬名波蘭、俄羅斯、烏克蘭和白俄羅斯籍的人民、二十萬名羅馬人、三千名耶和華見證人、七萬名精神病患、畸形兒，以及一萬名同性戀者。[35]準確的死亡人數難以估計，至今歷史學者仍在找尋可以

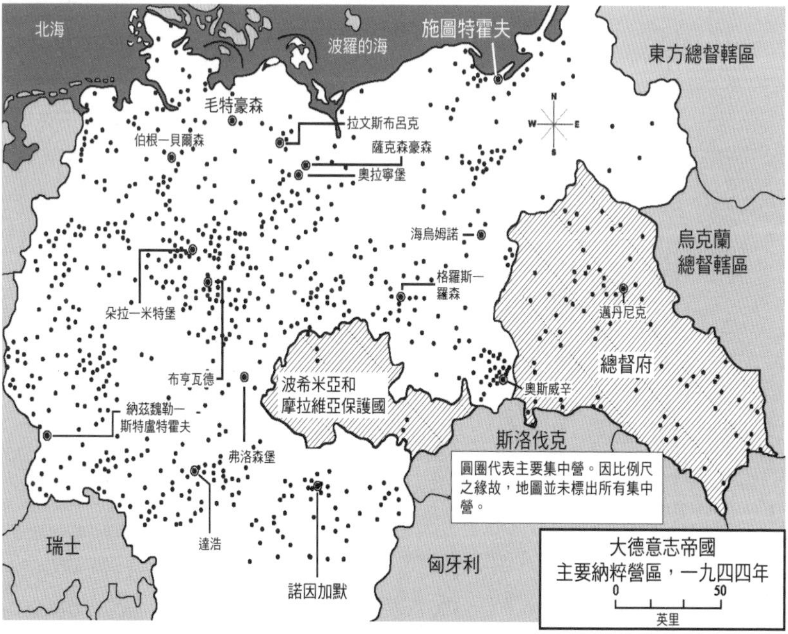

圖一：西元一九四四年，大德意志帝國境內納粹大型營區分布地點（美國大屠殺紀念博物館〔United States Holocaust Museum〕授權重新印製）

進一步精準統計的方法。無論死者人數是三百萬或三千萬，都是天文數字。如果將受害者的屍體直立擺放，假設平均每人身高為五呎半（約一百六十七公分），全部的屍體長度可綿延六千二百五十英里（約一萬零五十八公里），而這還只包括猶太受害者的屍體。[36]除此之外，百分之七十五的集中營倖存者在這場大屠殺失去了所有的家人。

許多學者對猶太大屠殺的冷血凶殘感到不可置信，紛紛予以嚴厲指責和撻伐。知名評論家喬治．史坦納（George Steiner）表示：「我懷疑是否真的有人在這些黑暗的地方待了那麼久的時間、投入那麼多的心力之後，還能全身而退。」他將這些營區比喻為地獄，進一步指出：「這些集中營體現了歐洲藝術和歷史中的地獄形象……納粹創造了無意義的苦痛、永無止境的獸性和無來由的暴戾。六百年來，他們沉浸於剝削、折磨和嘲弄猶太人，深陷滿是刑具和惡煞、炙熱難耐且臭氣沖天的想像裡。」[37]史坦納的設想，竟然在那些研究紐倫堡戰犯的學者身上獲得了應驗。他們長期在如此陰暗墮落的地方工作，生活也無可避免地遭受深沉陰霾的侵襲。

納粹犯下猶太大屠殺的滔天大罪，理應遭受懲罰，然而同盟國猶豫該從何著手。他們決定在想出合適的處置方法之前先隔離納粹領袖，藉此深入研究戰犯的心理；不過，隨之而來的是一連串的疑點和謎團。

第二章

紐倫堡審判前的拘禁

「這就像是，」典獄長比喻著，「有人寫了一齣戲……舞台布幕揭開，角色相繼粉墨登場，而戲名是『西元一九四五年六月，盧森堡監獄』。」

——經濟學者約翰．肯尼斯．高伯瑞（John Kenneth Galbraith）描寫西元一九四五年的艾希康監獄

前身為溫泉飯店的戰犯營

隨著戰爭步入尾聲，納粹領袖遭到逮捕和監禁，社會風聲鶴唳，仍然籠罩在屠殺的陰影之中。同盟軍將納粹領袖關進監獄並嚴加看守，防止納粹支持者劫囚、猶太人報復，或是囚犯仿效希特勒自縊；畢竟，這些都是很有可能發生的情況。

納粹領袖的心理超乎我們所想像。年輕的經濟學者約翰．肯尼斯．高伯瑞率先察覺到這

種全然的超現實性。本章敘述的一切就像是一齣戲，正反派角色陸續上場。正派為指揮官柏頓・安德魯斯和精神科醫師道格拉斯・凱利，反派則包含了本書其中三位重點戰犯（赫爾曼・戈林、羅伯特・萊伊，以及尤利烏斯・施特萊歇爾）。[1]

這齣超現實劇碼的場景為盧森堡大公國（Grand Duchy of Luxembourg）的蒙多夫萊班（Mondorf-les-Bains）小鎮，位於盧森堡市以南十六公里處。二次大戰尚未爆發前，美輪美奐的皇宮飯店（Palace Hotel）自西元十九世紀中葉以來一直是溫泉度假勝地（如圖二），而後歷經多次更迭。三〇年代時，鋼琴家亞瑟・魯賓

圖二：二次大戰前的皇宮飯店（由約翰・多利布瓦〔John Dolibois〕所著《Pattern of Circles: An Ambassador's Story》一書授權複印〔Kent, OH: Kent State University Press, 1989〕）

斯坦（Arthur Rubinstein）等猶太難民從納粹帝國逃來此地。二次大戰初期，納粹分子將這裡作為行館以供度假休憩。到了一九四五年，美軍占領盧森堡，在皇宮飯店外圍築起近五公尺高的帶刺鐵絲圍籬，並設置瞭望台和探照燈。

原本富麗堂皇的溫泉飯店，搖身一變成為第三十二號中央歐陸戰犯營區，編號代稱艾希康（Ashcan）。[2]營區戒備森嚴，連士兵們都私下開玩笑說，若想進入此地，必須出示「由上帝核發的通行證，並且經過認可」。[3]一九四五年四月，德國戰俘分隊（由廚師、理髮師和飯店經理組成）進駐艾希康，為迎接納粹首領戰犯做準備。飯店進行改裝，以軍用吊床取代原本的華麗裝飾，玻璃窗也改為紗窗和橫桿，以防止戰犯自殺。

其實艾希康並非一座監獄。嚴格來說，它是一個戰俘營，因為囚犯在裡面可以自由活動。建築外貌如同一棟典雅老舊的大學兄弟會宿舍，只是多了配備機關槍的衛兵，以及隨處可見的有刺鐵絲網和探照燈。一九四五年五月，艾希康營區完成部署，一切就緒。可以想見納粹戰犯抵達時，營區人員一定非常滿懷期待與好奇。

營區指揮官

一九四五年五月二十日，上校柏頓・安德魯斯受命擔任艾希康戰俘營的指揮官（如圖三）。[4]時值一八九〇年代，他第一次接觸戰爭時才兩個月大，全家人因父親（和他一樣都是西點軍校畢業生）駐守職務所需遷居印度邊境。[5]五十年後，安德魯斯來到蒙多夫萊班小鎮擔任指揮官。在此之前，他是一次世界大戰騎兵隊的成員，戰功彪炳。期間他負責管理喬治亞地區一處俘虜營，有效以嚴格紀律重整了營區秩序，因而樹立威望名聲。一次大戰結束後，他擔任加州蒙特利（Monterey）普勒西迪奧區（Presidio）的獄警。之後他繼續待在騎兵隊，先後出任各種職務。

圖三：柏頓・安德魯斯，艾希康與紐倫堡戰俘營指揮官（國家檔案館〔National Archives〕）

到了二次大戰時期，安德魯斯負責紐約港陸空資源的整合與安全維護，以及歐洲地區的交通管制。提到「交通管制」，一般人多會想到高速攝影機和雷達監視哨，但實際上是在監督和整合軍隊的主要動線及歐洲戰區的運輸。

一九四五年春天，美國駐巴黎大使館無預警召見安德魯斯，並由德懷特·大衛·艾森豪（Dwight D. Eisenhower）將軍任命他為艾希康營區指揮官。[6]安德魯斯抵達營區後，在防空洞周圍設置電子警鈴、部署訓練有素的新兵，並配置誘敵陷阱和多把機關槍。他還根據之前管理監獄的經驗，針對營區內部進行重整，除了增派醫生、擴充廚房和衛浴設備及添購補給品外，也制定營區規範、增設書記員，並採購通訊用的電傳打字機。處處都展現了他的縝密心思。

許多納粹首領抵達艾希康時都早有自殺的打算。在遭到逮捕之前，希特勒、約瑟夫·戈倍爾和海因里希·希姆萊等人已先一步自盡。其他罪犯如漢斯·法蘭克也割傷自己的手腕、手臂、腹部兩側和喉嚨意圖自殺，不過沒能成功；納粹外交部長約阿希姆·馮·芮賓特羅普（Joachim von Ribbentrop）則是極度沮喪，令其他同袍擔憂不已。因此，安德魯斯下令徹底搜查每一位戰犯。獄方從某些囚犯的襪子裡起出刮鬍刀片，還發現衣服內藏有小瓶氰化物和其他違禁品。所有剪刀、領帶、背帶、警杖和尖銳器具等任何可能用於自殘的物品全部沒收。

不過，儘管安德魯斯極盡所能地防止囚犯自殺，最終還是失敗了。

安德魯斯嚴加監控囚犯的心理狀態，並不是因為喜歡他們，而是出於極度的厭惡。在他看來，自殺是一種反抗、違反規定的表現，應該加以嚴格禁止。就當時的情況，監獄傳出囚犯自殺的消息也有礙外界觀感，可能會讓大眾認為囚犯因為在獄中不堪凌虐而被迫尋死，或是獄中管理不善而讓囚犯得以伺機反抗。除此之外，安德魯斯也展現了專業精神。在戰犯獲釋（或處決）之前，他一直盡忠職守地確保他們的安全，也因此在人員部署上特別挑選道德操守良好的士兵，以免發生動用私刑的情況。在他的管理下，所有戰犯都不會受到生命威脅，除非他下令行刑。

赫爾曼·戈林的到來

納粹帝國元帥赫爾曼·戈林於一九四五年五月七日致信美國陸軍宣布投降，隔天晚上便遭到美軍監禁。赫爾曼·戈林的屈服是個相當特異的例子，因為他在數週前遭希特勒以不忠的罪名判處死刑。因此，他就算已遭美軍囚禁，仍然害怕希特勒會派納粹親衛隊謀殺他。有鑑於此，美軍從監禁首日起便特許他擁有貼身隨從，甚至可配備武器保護他的安全。

美軍在收到信件隔日，派機將戈林從奧地利基茨比厄爾（Kitzbühel）山城接到德國。出發前，機長一直提心吊膽，因為他不確定這架小型的雙座飛機是否能夠承載戈林的重量，直到順利返航才鬆了一口氣。之後他表示：「他（戈林）表現得像是在觀光一樣……還跟我介紹他的家鄉在哪裡。」[7]

戈林飛抵德國後，原本期望能受到一國元首的待遇，卻只是被當成一般的罪犯對待。儘管如此，這並不令他意外。一九四五年五月二十日，他終於抵達艾希康。典獄長安德魯斯說道：「他帶了十六只印有字母圖案的皮箱、一個帽盒與貼身男僕，手指和腳趾還擦了紅色指甲油。」此外，一天還得吃四十顆「心臟病」的藥。與所方的會談中，戈林坦承自己正在服用一種名為「paracodeine」的類嗎啡衍生物，以治療長期的嗎啡成癮。[8]他的嗎啡病史可追溯至一九二三年「慕尼黑政變」（Munich Putsch），當時他腿部中彈，之後便疼痛不斷，只能借助嗎啡止痛。他在一九二五年曾於瑞典住院治療毒癮，兩年後又在德國就醫。[9]

除了藥物成癮之外，戈林還有其他問題。美軍從他的行李搜出了裝在咖啡罐裡和藏在軍服暗袋裡的氰化物毒液，因此認定他必須受到嚴密監控。

戈林原以為自己會被安排住在高檔的溫泉飯店，可以舒服地向美軍供出德軍戰敗潰散的細節。然而，他卻住在像監獄一樣的地方，還有個看了就討厭的指揮官柏頓·安德魯斯。

這位指揮官真如外表一般「熱愛自己的工作」。他恪守紀律、一絲不苟，旁人都說「他走路就像行軍一樣」。[10]安德魯斯曾說：「天啊，我一直到十四歲之後，才知道這個世界真的有上帝。」[11]一向養尊處優又尖酸刻薄的戈林可受不了一板一眼的安德魯斯。兩人互看對方不順眼。安德魯斯認為戈林是個「皮笑肉不笑的粗漢」，還輕蔑地說他「奢靡無度又虛張聲勢」。[12]

戈林在納粹黨中是名頭號人物，然而身高一百七十公分的他初抵艾希康之時重達一百二十公斤，不僅大量出汗、呼吸急促，還會不自覺顫抖，心跳也不正常。他還曾因體重過重坐壞營區的椅子。他表示自己過去幾年來曾多次「心臟病發作」。對我而言，心臟病發作是一項基本指標，可用來判斷紐倫堡戰犯的生理和精神病史有多複雜。一九四五年，心電圖和心臟酵素檢測尚未普及，因此所謂「心臟病發作」代表的意義很廣，輕微的症狀是心悸，嚴重則是猝死。而戈林的狀況可能是心律不整，會隨情緒焦慮和停用藥物而病情加重，或者可能是恐慌症，因為他在艾希康的醫療紀錄註記著「經常性心臟病發作，徵兆為心囊疼痛、呼吸困難、盜汗和緊張」，這些都是恐慌症的症狀。[13]

幾天後，也就是五月二十六日，戈林慢慢減少paracodeine的用量。五天後，他得了支氣管炎，之後幾週又恢復原本的藥量。七月十九日，他一直嚷嚷著頭痛和睡眠不足。到了月底，他瘦了九公斤，血壓卻一路飆高。安德魯斯在戈林的紀錄上註明：「他只要看到藥的劑量少了一片就會不斷哀嚎……到了八月十二號，所方成功幫他戒除藥癮。」[14]不過，戈林還是持續「心臟病發作」，使得安德魯斯遭到上層譴責，擔心囚犯可能在審判之前就死亡。安德魯斯為此憂慮不已，一邊是戈林日益嚴重的心臟病情，一邊是長官施加的壓力。不要誤會了，他討厭戈林，只是他不希望艾希康在自己的管理下發生任何突發狀況。因此，他要求增派一名具有醫學、藥物成癮和心臟病專業的醫師。對此，軍醫道格拉斯・凱利（圖四）似乎是再適合不過的人選了。

圖四：道格拉斯・凱利，約攝於一九四五年（經凱利本人同意複印）

一九四五年八月四日，他奉命前往蒙多夫萊班。[15]上層下達給他的指令十分隱晦：「前往蒙多夫萊班的皇宮飯店向米勒（Miller）上校報到，他會指示任務細節。」[16]

與眾不同的精神科醫師

戰爭期間，道格拉斯・凱利醫師在美軍駐比利時第一三〇號總醫院擔任精神科總醫師，並順利推動戰鬥衰竭症的治療計畫。他以傑出成就和特異性格備受尊敬，顯然與眾不同，因此將他轉調至蒙多夫萊班並無任何爭議。凱利相當健談、能言善道，無論和誰都能侃侃而談，唯獨有時略顯好辯。此外，他也樂於成為目光焦點，因而經常令他人反感，尤其是在政治敏感的戰爭審判中。

凱拉來自加州特拉基市（Truckee）的麥格拉珊（McGlashan）望族，家族出了許多律師和法官。他天賦異稟，還曾經參與推孟（Terman）的天才兒童研究。他對司法精神醫學深感興趣，善於辨識詐欺和裝病及判別精神疾病。他也有一副好口才，不僅辯才無礙，也能從言談中輕易看透他人的強項和弱點。除了這些才能之外，他還是個職業魔術師，甚至在戰後為美國魔術師協會（Society of American Magicians）副會長。對了，他還是羅夏克墨漬測驗的專家。

羅伯特・萊伊的到來

在進一步分析紐倫堡審判之前，我們還要介紹兩名艾希康戰犯。一般人可能對羅伯特・萊伊不太熟悉，但他可是戰後被捕的納粹首領之一。戰後，萊伊化名恩斯特・迪斯特梅爾（Ernst Distelmeyer），藏匿於貝希特斯加登（Berchtesgaden）的施萊興小鎮（Schleching）。一九四五年五月十六日，他在睡夢中遭到逮捕，當下試圖服毒自殺，幸好軍方及時擊破他手中的藥瓶，之後還在他的戒指裡發現一顆氰化物膠囊。萊伊被送到艾希康之後，獲准換上卡其服。儘管如此，他看起來還是像個「寒酸又酗酒的士兵」。[17]

萊伊剛加入納粹黨的時候是個成天在酒吧鬼混的流氓，到了戰爭後期，他已成為首領，肩負許多重責大任。此外，他還是一家反猶太報社的編輯，後因擔任德國勞工陣線聯盟（German Labor Front）領袖而聲名大噪。他擊敗獨立勞工聯盟（當然也包含其領袖），建立一個支持納粹戰爭計畫的勞工黨派，並從中安排戰爭所需的人力。儘管遭到他人指控傲慢無能，但由於他與希特勒關係良好，因此地位絲毫不受影響。萊伊好高騖遠，行事魄力不足、組織能力也不強，夢想是將祖國的福斯汽車發揚光大、風行全球，建立勞工專屬的銀行、旅行社和郵輪，甚至有意推行勞工的統一監控以防止叛逃。

萊伊在一次大戰時期座機遭到擊落，之後便有著嚴重口吃。當時他昏迷了數小時之久，醒來後卻吐不出半個字。從此，他說話總是慢吞吞的，只有喝了酒的時候才能應答如流。這種現象並非特例，很多人都會如此。也可能是這個原因，才導致他逐漸酗酒。之後他只要在發表演說前喝酒，雖然內容不一定有條理，卻總是能順利感染群眾。

萊伊的私生活一蹋糊塗，[18]曾多次盜用公款和酗酒鬧事而損害納粹黨形象。他也經常為了擴張自己的勢力與黨派高層發生爭執，引起諸多不滿。希特勒的御用建築師阿爾伯特・施佩爾（Albert Speer）稱他為「粗俗的醉漢」，黨內的思想領袖阿爾弗雷德・羅森伯格（Alfred Rosenberg）對他「定期的狂妄作為」頗有微詞，其他黨員則毫不留情地批評他是個「無腦的騙子」。[19]

除此之外，萊伊也經常做出驚人之舉。他十分深愛第二任妻子因格（Inge），愛意之濃，甚至還在某次晚宴上脫掉她的衣服，向賓客展示妻子的胴體。[20]不久，因格對丈夫的脫序行為和染上毒癮的痛苦生活忍無可忍，於一九四二年十二月舉槍自盡。之後，萊伊的行為更加惡化，變得性情不定，對屬下經常暴怒，也縱酒無度。另一名納粹首領海因里希・希姆萊十分擔心萊伊的狀況，特別請私人醫生替他看診。不過一個月後，醫生表示自己束手無策，表示自己「去看診時，萊伊沒有一次是清醒的」。[21]

在艾希康營區裡，幾乎所有的納粹首領都不願意插手萊伊的事，因為他們之間有過太多勢力之爭的嫌隙，加上萊伊酗酒和貪腐成癖，連戈林也看不下去。因此，艾希康獄方在審問萊伊的過程中遇到非常大的阻礙。每次接受審問，萊伊總是不知所云，不是失控大叫就是結巴得說不出話，甚至還會在審問室裡來回踱步，更胡言亂語地表示自己可以像替德意志帝國所做的貢獻一樣，協助同盟國整頓勞工階級。想當然爾，同盟國拒絕了他的提議。

尤利烏斯・施特萊歇爾的到來

萊伊抵達艾希康一週後，身為報刊發行人兼「猶太人第一殺手」尤利烏斯・施特萊歇爾，在鄰近貝希特斯加登奧地利邊境的瓦伊德林（Waidring）遭美軍逮捕。[22]他以藝術家的身分化名為約瑟夫・塞伊勒（Joseph Sailer），被捕時正在描繪阿爾卑斯山的風景。施特萊歇爾到了蒙多夫萊班才幾天，便控訴黑人士兵凌虐他、強迫他喝尿，用菸蒂燙他的腳，甚至還請猶太記者全程記錄。[23]

矛盾的是，施特萊歇爾在蒙多夫萊班卻聲稱自己對猶太人的態度已有一百八十度轉變。據他所述的轉捩點是某次在營區房間裡，「一名美國人走進來，手裡拿著一罐可可亞和一些餅乾。他把東西放在桌上，往後退了幾步，並說：『這是給你的，施特萊歇爾先生。我是猶太人。』當下我崩潰痛哭……我一直認為天底下的猶太人都很壞，但他的舉動證明我錯了。」[24]這種態度的轉變肯定並未持續，因為安德魯斯在紀錄上寫著：「他提到『猶太』二字止不住地顫抖，顯然滿懷恨意。」[25]

一位艾希康獄所人員也表示，施特萊歇爾經常誇耀自己的豐功偉業，講到激動處更是滔滔不絕。他還認為其他納粹罪犯暗中使計阻止他洩密。[26]

施特萊歇爾處事不夠圓滑又俗不可耐，其他戰犯都很討厭他。他沉迷女色，還大言不慚地說，如果有人想知道他的性能力多強，就應該在獄中為他安排一名慰安婦。有一次獄方要求他脫光衣物進行身體檢查，女性翻譯官正要離開房間時，「施特萊歇爾輕挑地看著她說：『怎麼，你怕看到我雄偉的大鵰嗎？』」[27]可見他實在水準低落。

施特萊歇爾一直都不是個處事圓融的人。戰爭期間，他到處造謠，毀謗戈林雄風不振無法生育，一定是借助人工受孕才生下女兒愛達（Edda）。更糟的是，他還向《先鋒報》（*Der Stürmer*）散布這個謠言。戈林得知後，向納粹黨仲裁調查委員會（Arbitration and Investigation Committee）控訴施特萊歇爾。開庭時，法官宣布：「我們已準備好徹底根除這種心理變態。」[28]基於這項指控和多項內幕交易的罪行，施特萊歇爾於一九四〇年遭判在家拘禁，戰爭結束前都不得踏出自家農場一步。[29]

艾希康的生活

這些納粹戰犯的身分難以定位，應該說他們受到保護拘禁，還是以戰犯或戰俘的名義遭到監禁？實際上，他們並未以任何罪名遭到起訴，而是被當成戰俘對待，因此可進行的限制性活動比起一般囚犯來得少。這些囚犯在艾希康監禁時，認為自己的財產只是暫時遭到沒收，等到戰後局勢穩定後就可以取回。這幾個月的期間內，囚犯接受情報人員多次審問，但其他大部分時候都在走廊上閒晃、放空和聊天。至於營區外觀，儘管裝飾帶有些許斯巴達風格，整體看來還是像個度假中心，這點從一張被人譏諷為「一九四五年畢業班」的囚犯團體照便不難看出（如圖五）。

納粹戰犯似乎有說不完的話。他們很容易感到無聊和焦慮，而且不習慣自己已不再是目光焦點。「他們只要幾天沒有接受審問，就會覺得遭到忽略。還認為審問的次數越多，表示自己的地位越重要。」[30]有些戰犯坦承自己有罪惡感，但據艾希康情報人員約翰．多利布瓦指出：「他們最大的娛樂是互相推卸責任。」由此我們不難理解，為何這些罪犯會反常地樂於接受精神診斷和心理測試。

戈林在獄中不斷挑戰規範，並且將安德魯斯視為心胸狹隘的暴君，稱他是「自以為是的消防員」，因為安德魯斯視察營區時總是頭戴一頂光亮耀目的紅色安全帽。安德魯斯得知後暴跳如雷，表示：「他們都是變態、毒蟲和騙子。漢斯・法蘭克剛來的時候穿著一件蕾絲內褲；戈林帶了一個娘娘腔的男僕；患有淋病的萊伊成天嚷嚷沒有性交就活不下去；德意志國防軍（Wehrmacht）指揮官威廉・凱

圖五：拘禁於盧森堡蒙多夫萊班的「一九四五年畢業班」。最上排最右側為尤利烏斯・施特萊歇爾；往後數去第三排、右邊第二個為羅伯特・萊伊；最前排正中央的則為赫爾曼・戈林（經美聯社同意複印）

特爾（Wilhelm Keitel）警杖一被拿走就崩潰，還因此投書艾森豪將軍。你相信嗎？這些人居然是世界大戰的始作俑者。」[31]

整體而言，這些囚犯都是納粹分子的首領，對事物的看法應該差距不大。然而事實上，他們的出身卻有著天壤之別，包含將軍、政府內閣、企業家和社會運動人士。其中許多人長期對彼此懷恨在心。戈林堅稱自己是所有囚犯的指揮官，但其實艾德麥羅．卡爾．多尼茲（Admiral Karl Dönitz）才是希特勒指定的接班人；威廉．弗里克（Wilhelm Frick，納粹帝國內政部長）抱怨戈林將他當小孩對待；[32]施特萊歇爾聲稱戈倍爾處心積慮地防止他洩密；戈林則指控戈倍爾和芮賓特羅普挑撥他和希特勒的關係。[33]此外，幾乎所有人都刻意避開施特萊歇爾。接受審問時，多尼茲和其他幾名戰犯一看到施特萊歇爾就立刻搬開椅子，拒絕與他坐在一起，因為他們認為他是個虐待狂、強暴犯和令人作噁的色情狂。[34]

施特萊歇爾在蒙多夫萊班唯一的朋友是萊伊，大家都稱他們為「鮑勃西雙胞胎」（Bobbsey twins），因為他們不但總是並肩而坐，就連體型和長相也有些雷同。[35]施特萊歇爾會和其他人一同在監獄走廊散步，但獨自一人的時候卻會精神抖擻地敬禮，並且大喊「希特勒萬歲！」。[36]

人去樓空

大約過了三個月，艾希康於一九四五年八月十二日關閉，又恢復為皇宮飯店重新開張。納粹戰犯（連同典獄長安德魯斯和精神科醫師凱利）被調派至紐倫堡，除了原本關在艾希康的囚犯之外，還多了罪犯魯道夫．赫斯、心理學家古斯塔夫．吉爾伯特，以及檢察官羅伯特．傑克森。在第四章一一介紹他們之前，我們會先釐清猶太大屠殺的緣由，以及選擇紐倫堡進行審判的原因。

你是否好奇艾希康後續如何？曾經作為戰俘營的皇宮飯店於一九八八年拆除，原址興建了一家名為「蒙多夫多梅因溫泉」（Mondorf Domaine Thermal）的全新飯店。[37]一本旅遊書如此形容它：「這個溫泉度假勝地景致詩情畫意，東倚葡萄園和森林，西臨勞瑞茵山（Lorraine Hills）。」但書中隻字未提關於艾希康的歷史。

第二部

紐倫堡審判

第三章

紐倫堡審判：戰犯何去何從？

（這起審判）讓德國得以自我反省，並試著解開錯綜複雜的歷史謎團。這樣的謎團在紐倫堡遍地開花……愛花如痴的人們應該都會著迷於此地美麗卻簡約的景致。歷經多年，這裡的風景依舊純樸自然，綻放無害魅惑。嬌嫩微紅的清香針葉緩緩開枝散葉，最終成了高聳的松樹……池塘旁的繡線菊叢裡，飛蛾的亮黃色幼蟲翩翩飛舞，灰色小貓逗弄著又跑又跳，一切多麼天真無邪。但是，莫忘了光明的背後仍有黑暗。

——蕾貝卡．韋斯特（Rebecca West），〈不凡的流亡〉（Extraordinary Exile），

西元一九四六年九月七日

我們將懲辦的罪行是如此精心算計，如此惡毒，如此泯滅人性。人類文明不容許漠視這樣的罪行，若其再次發生，文明將不復存在。同盟國凱旋得勝，卻也遍體鱗傷，但他們沒有擅自展開報復，而是自願讓戰俘接受法律裁決。這是人類歷史上，權力向理智致敬的不凡作為。

——法官羅伯特·傑克森，紐倫堡國際軍事法庭開庭致詞，
西元一九四五年十一月二十一日

審判的目的

艾希康囚犯在皇宮飯店的長廊度過漫長夏日，在此同時，同盟國也緊鑼密鼓地商討紐倫堡國際軍事法庭的細節。他們自一九四三年起便開始研議，但三方意見卻總是談不攏。究竟該如何處置納粹帝國的領袖？

歷史上有各種處置戰犯的方式。拿破崙（Napoleon Bonaparte）戰敗後遭放逐至義大利厄爾巴島（Elba）；德國皇帝威廉二世（Kaiser Wilhelm II）於一次世界大戰結束後被迫退位，晚年四處流亡。然而，這些寬容慈悲的懲罰不足以平息納粹暴行帶來的傷痛和怨恨，尤其是集中營留下的深沉陰霾。

毫無意外地，同盟國協議舉行審判，但蘇聯認為沒有審判的必要，主張立刻秘密處決納粹戰犯。一九四三年德黑蘭會議（Tehran Conference）上，蘇聯總理史達林（Joseph Stalin）提議處決五到十萬名德軍官兵，令英國首相邱吉爾（Winston Churchill）為之震怒，甚至揚言退

出會議。美國總統羅斯福（Franklin D. Roosevelt）則試圖化解僵局，開玩笑地表示也許槍殺四萬九千名士兵就夠了。[1] 二次世界大戰步入尾聲，三位國家領袖對於處置德軍的意見仍然分歧。之後的會議中，邱吉爾一反以往態度提議立刻槍殺納粹領袖，但共產領袖史達林卻回應：「蘇聯絕不會在不舉行審判的前提下處決任何人。」[2]

部分美國人民認為，逐步審判只是浪費時間，比較合理的方式是一律處決該死的德國人渣。其中，美國報業大亨約瑟夫・普立茲（Joseph Pulitzer）甚至認為應該處死一百五十萬名德軍。[3] 經過一段時間的商議，美國贊成舉行公開審判，這樣不僅能懲罰納粹領袖，也可將他們的殘忍暴行公諸於世。

之後，同盟國成立國際軍事法庭。在納粹德國的法制中，正義蕩然無存，而國際審判正是為了讓德國重新找回法治與正義。據述，蘇聯於審判過程中一直都抱持「可以立刻殺了他們嗎？」的態度。在審判之前的法官正式接待會上，蘇聯檢察官代表安德雷・維辛斯基（Andrey Vyshinsky）特別舉杯向「即將步入正義宮（Palace of Justice）受死的納粹戰犯」[4] 致意。然而，審判都還沒開始，法官如此的舉動是否合宜？蘇聯法律學者亞倫・特倫寧（Aron Trainin）則辯稱：「蘇聯在處置軸心國戰犯時，將不會受傳統法制約束。」[5]

儘管同盟國決議進行審判，但仍存有疑慮，擔心這將淪為一場作秀，或演變為勝利方的正義宣示。另外，有鑑於蘇聯曾在波蘭與烏克蘭發動屠殺，外界是否會認為同盟國舉行審判只是做做表面功夫，實際上是在報復納粹罪犯？一九四五年，同盟國花了整個夏天逐項討論相關細節，但光是審判地點就爭執不定。

同盟國之間的意見分歧，為紐倫堡審判的激烈衝突埋下了暗棋。審判揭露了太多殘酷陰暗的事實，深刻侵害了律師、法官、守衛、翻譯官、見證人等參與人員的心理，當然也包含戰犯營的精神醫師與心理學者。這些法庭上種種的情緒反應，也影響了戰犯的精神評估結果。

這種現象稱為反移情作用。這些年我教導醫學院學生，時常聽到他們抱怨：「真搞不懂，為什麼精神科實習總是這麼累？值班不多，也沒有垂死的病人，但結束一整天看診離開病房的時候，我都有股想大叫的衝動。」精神科醫師與病患進行治療時，難免會對患者所描述的內容產生情緒反應。某些新手治療師十分驚訝自己竟然出現這些情緒反應，因而不知所措。儘管多年來治療過數千名病患，但假如我在紐倫堡監獄工作，我並不認為自己在近距離面對戰犯駭人的認知與作為時，仍能泰然自若。

紐倫堡：國際軍事法庭的開庭地

所有暴戾凶殘的過往，都在這個以美景與文化聞名的地方逐一揭露。數世紀以來，紐倫堡一向被譽為玩具之都，專門出產模樣討喜的陶瓷娃娃、作工精細的木製與錫製玩具，以及造型吸睛的玩具火車與蒸氣引擎。然而，納粹分子改變了這一切。納粹衝鋒部隊（Storm Troopers）集結在廣場與露天劇場，踏著雄健的步伐，呼著震耳欲聾的口號，揮舞著熊熊火把。黑白紅交雜的旗幟取代了色彩繽紛的玩具，整座城市瞬間風雲變色。早在一九三五年德國國會（Reichstag）於紐倫堡通過種族法律時，已有許多言論低劣的納粹宣傳報刊在此成立。不久後，此地開始發展軍備工業，引進奴隸勞工，並設立弗洛森伯格（Flossenbürg）集中營。戰火綿延，令人愛不釋手的玩具已不復見。到了戰爭結束之時，紐倫堡一無所有。無止境的炸彈突襲幾乎摧毀了所有建築，約有三萬名屍體遭到斷垣殘壁掩埋。城市暗無天日，四處瀰漫著枯槁氣息和塵土灰燼。

諷刺的是，紐倫堡正義宮卻完好無缺地熬過了戰爭的摧殘，成為國際軍事法庭之前主要戰爭審判的開庭地點（如下頁圖六）。此外，一座毗鄰紐倫堡法院的監獄也倖免於難。滿目瘡痍的戰後廢墟，剛好為這兩座建築提供了天然的屏障。

除了地理上的優勢外，紐倫堡也是納粹德國象徵性的權力中心。如果要選一個納粹德國大本營作為審判地點，沒有幾個地方比紐倫堡更加適合了。因此，此地以其實質和象徵意義，正式成為納粹戰犯軍事法庭的開庭地。然而，審判的性質又是什麼？

法官之間的爭執與猜忌

國際軍事法庭選定最高法院法官羅伯特・傑克森擔

圖六：紐倫堡正義宮俯瞰圖，攝於西元一九四五年十一月二十日。其為照片中心的廣大建築群，右方為紐倫堡法院。正義宮後方為監獄（由半圓形圍牆環繞）。資料出自哈佛大學法學院圖書館歷史特藏。（國家檔案館）

任首席美國檢察官（如下頁圖七）。傑克森從小在紐約郊區長大，從未上過大學。他曾在奧爾巴尼法學院（Albany Law School）接受一年法律訓練，之後從事律師實習。他的實務經驗相當豐富，以雄辯口才出名。一九三四年，傑克森加入聯邦政府，一路從國稅局（Bureau of Internal Revenue）法律顧問、助理檢察長、副檢察總長晉升為檢察總長。一九四一年，他受任為美國聯邦最高法院大法官。[6]

前美國總統羅斯福於一九四五年四月十二日逝世。隔天傑克森剛好進行一場演講，主題是「各國的法制」。他在其中提到，雖然自己不反對將納粹首領統一處死，但仍擔心若沒有舉行審判就行刑，將會促使他們成為殉難烈士。關於審判程序，他也擔憂司法與國際法規會遭有心人士利用，藉此「將罪惡的判定標準化」。最後，他以親身觀察為演講作了強而有力的結尾：「如果你不想看到罪犯因為罪證不足而逍遙法外，就必須先將他交由法院裁決，再進行審判。」[7]此話令在場觀眾有如醍醐灌頂般備受啟發。

兩週後，在羅斯福去世後接任美國總統的哈利．杜魯門（Harry Truman）要求傑克森暫時擱置最高法院的職務，專心主導美國檢察局的運作。隔月，傑克森因不滿強硬派人士的作為，放話表示如果他們再繼續干擾納粹戰犯審判的司法程序，就要辭去檢察總長的職位。言論一出，引起政府內部與報章媒體諸多爭議，媒體指控他竟然「對德國仁慈」。儘管如此，傑克森最終還是成功排除輿論壓力前往歐洲，開始搜索納粹罪行的證據。一九四五年六月七日，他以極具說服力的言詞公開發表舉行紐倫堡審判的理由：

> 我們該拿這些納粹分子怎麼辦？當然，我們可以不進行任何審訊就釋放他們，但這樣會使得不計其數的美國人尋求私刑等途徑進行報復。這種方式不但汙辱了死者的犧牲，也嘲諷了生者的無能。另一方面，我們也可以不進行任何審訊就處決或懲罰他們，但若在未獲明確罪證之前就進行無差別的處死或懲罰，將會違背美國精神的良知。唯一適當的方式是舉行一場公平的審訊，並依照現實事證來判定他們有罪與否……我們肩負重責大任，必須確保這段過渡期中的所有行為能夠穩固整個社會對於國際法律制裁罪惡的信心，進而嚇阻任何掌權者欲藉戰爭手段以達一己目的之意圖。[8]

圖七：大法官羅伯特．傑克森（國家檔案館）

一九四五年整個夏天，傑克森四處奔走，蒐集納粹戰犯的罪證，並與相關人員商討審判事宜。隨著冷戰逐漸形成，加上各國法制傳統不一，同盟國之間遲遲無法達成協議。某次會議討論審判程序，蘇聯少將伊歐納・尼基琴科（Iona Nikitchenko）不滿地質問傑克森：「你懂不懂『交互詰問』是什麼意思？」[9]之後，衝突越演越烈。

紐倫堡審判是第一個處決數千名罪犯的審判。希特勒、戈倍爾與希姆萊均在審判前自殺，其他未遭逮捕的官員則下落不明。同盟國在紐倫堡處決了所有俘虜的納粹高階首領，包含掌管納粹帝國經濟、軍事和宣傳事務等領袖。這起審判讓世人得以看清納粹罪犯的面貌、聆聽他們的自白，並試著探究惡行背後的成因。

紐倫堡審判牽涉了約一千五百位人士，包含翻譯官、律師、審問官、監獄守衛，以及其他由數百名記者密切關注的相關人員，其中包括記者蕾貝卡・韋斯特、作家華特・李普曼（Walter Lippmann）與約翰・朵斯・巴索斯（John Dos Passos），另外還有電影明星訪客麗塔・海沃斯（Rita Hayworth）及瑪琳・黛德麗（Marlene Dietrich）。眾多人員齊聚一堂，無疑是場混亂的夢魘。[10]

我上過法庭，因此知道審判的運作程序，不僅從中看到對立的雙方如何敘述各自認定的真相，也曾經歷數小時冗長乏味的證詞表述。不過，我無法想像連續十個月每天進行令人精疲力盡的審訊會是什麼樣子。紐倫堡法庭的相關報告清楚指出，審判過程充滿千篇一律的訊問程序，不時會有罪犯供出駭人聽聞的證詞，或是與會人士做出怪異舉動。

傑克森看到國內的法官與檢察官意見歧異，因此自願從最高法院大法官降等為首席檢察官，但這也使得他必須屈服於法官的裁決，尤其是他的後輩弗朗西斯・彼得爾（Francis Biddle）。彼得爾並未因輩分而手下留情，還曾在法庭報告中表示：「整體而言，傑克森的交互詰問無法切入重點，論證也十分薄弱。他根本沒有在聽對方答辯，只專心在自己的筆記上，這一向是他的弱點。他並未充分理解案子。」[11]

大部分的觀察員也持相同看法，認為傑克森交互詰問的技巧生硬，但事先準備的述詞卻是流暢有力。他在最後陳述中引用了莎劇理查三世的典故，至今仍令人印象深刻：「這些被告猶如殺害愛德華四世（Edward IV）的理查三世。他向愛德華遺孀找理由為自己開脫：『姑且說我並未殺了他們。』而皇后回答：『倒不如說他們沒有被殺，可是他們的確死了。』如果你們讓這些人若無其事地離開，就等於沒有發生過戰爭、沒有死過人。」[12]

儘管傑克森天生口才過人，但他仍用功研讀所蒐集的大量納粹相關文件。就他看來，這些資料足以扳倒戰犯的證詞，畢竟證詞可能存有許多問題，像是無法證實、囚犯記憶模糊，或是動機遭到質疑等。但是文件就不一樣了，白紙黑字寫得清清楚楚，誰也無可置喙。紐倫堡審判的文獻證據數量多到可以裝滿六個貨車，總計超過數百萬頁，包含十萬頁宣誓書和至少三千五百名證人的供詞紀錄。[13]

結果證明，傑克森是對的。不過，其他人也注意到，這起審判的意義不只是將戰犯定罪而已。戰略情報局（Office of Strategic Services）局長威廉・多諾萬（William Donovan）將軍認為，必須現場轉播審判過程，才能讓德國人民及全世界都看到戰犯陳述供詞的畫面，實際發揮審判的作用。[14]但若是供詞索然無味，審判也無法吸引大眾注意。因此，多諾萬自願協助傑克森處理檢察事宜。可惜的是，兩人後來因為責任歸屬不清而產生嫌隙。

多諾萬深知同盟國的合作關係瀕臨危險邊緣，認為西方勢力必須與前敵人德國聯手對抗蘇聯，並利用納粹遺留的軍事武力作為後盾。雖然這些考量是冷戰時期的關鍵，但傑克森不屑一顧。

傑克森與多諾萬之間的衝突越演越烈，後來更演變成人身攻擊。[15]傑克森將多諾萬視為一心想中傷他的膚淺攀權者，多諾萬則認為傑克森對於外交關係一無所知、缺乏世界觀。如此的針鋒相對也延燒至雙方對於檢察偵辦的認知，兩人因此為資料偵查和法庭訊問孰輕孰重而爭論不下。

各國之間的政治角力日益加劇且越趨心機。其中一個美國檢察官湯瑪士・陶德（Thomas

Dodd）在家書中生動描繪了法庭上的對立：「大家爭權奪位，每個人都想各顯神威。許多人盛裝出席只為搶鏡頭前的曝光率。」[16]

審判庭上爭辯不斷，人人為了出名勾心鬥角。開庭首日，法官們就為了座椅高低發生爭執，甚至到了行刑當天還在彼此較量。一九四六年十月一日宣判當天，傑克森駁回軍方請求，不願以官方觀察員的身分與檢察小組共座。數週後，軍方為了報復傑克森的輕蔑舉動，拒絕讓他的一名組員到場見證行刑。[17]

數個月後，即便在研擬審判程序的過程中，同盟國對於法律體制的解讀仍然存在懸殊看法，其中以蘇聯的行為最令人頭痛。蘇聯少將尼基琴科於審判中途擅自變更職務，從檢察官變為法官，對於司法公正性的認定也前後不一。他認為沒有必要進行漫長的審判，這樣只是為了「塑造法官公正無私的形象……如此只會延遲進度」。[18]身為史達林的發言人，尼基琴科相信速審速決是最好的解決之道。

審判的過程

戰犯營指揮官安德魯斯一直為了囚犯的安全憂心忡忡。他嚴正抗議監獄守衛人力不足、人員訓練不完善且道德低落。在艾希康營區，他擔心囚犯越獄或納粹親衛隊人士劫囚。到了紐倫堡，他要擔心的事更多，每天都精疲力竭。

囚犯自殺對於安德魯斯一直都是個威脅。他一向不吃精神病學和心理學這套，不過他與健談的精神科醫師凱利處得相當融洽。儘管一開始不願意，但他後來還是聽從凱利的建議，採取一些方法提振戰犯們的士氣。同時，他也在獄中實行嚴密安全管制，反覆搜索囚犯及其牢房、嚴格限制人員進出，並為每一名囚犯指派專門的守衛以全天候監控。此外，牢房裡的桌椅也經過特別設計，防止囚犯用來自殘。

這些措施終究還是失敗了。囚犯李奧納多・康提（Leonardo Conti）於一九四五年十月五日成功自殺。康提擔任納粹德國內政部健康局長，專門負責執行猶太安樂死計畫，但他在紐倫堡還未接受審判前就先行自盡。之後還有兩名戰犯相繼自殺，一個比一個更離奇，也讓安德魯斯的聲望逐漸下跌。雖然如此，他仍然維持監獄的高度警戒，持續進行人員訓練，並要求戰犯遵守嚴格紀律，使得許多囚犯不堪壓力而難以入睡。有八名戰犯向律師表示自己承受典獄長施加的龐大壓力，經常做惡夢。[19]除此之外，囚犯也互相暗算，像是施特萊歇爾與漢斯・弗里切（Hans Fritzsche，納粹宣傳部廣播司司長）口角不斷，以及納粹親衛隊將軍恩斯特・卡爾藤布倫納（Ernst Kaltenbrunner）中風發作等，對於安德魯斯的工作無疑是雪上加霜。

一九四五年十月十九日，安德魯斯決定控訴納粹戰犯，囚犯們被要求做出回應。赫爾曼・戈林寫下這段話：「法官永遠是贏家，被告永遠是輸家。」魯道夫・赫斯寫道：「我什麼都不記得。」施特萊歇爾看著律師名單說：「猶太人，全都是猶太人的名字，我想法官也是猶太人吧。」羅伯特・萊伊則像釘在十字架上的基督一樣高舉雙手，大喊：「怎麼不乾脆讓我們靠牆排成一列，通通槍斃算了？」[20]

一九四五年十一月二十日，審判終於開始。檢方聽完所有戰犯的證詞後，於隔年七月二十六

圖八：審判日。位於法庭中央的法官們宣判紐倫堡戰犯的罪刑（國家檔案館）

日著手結案，同時法庭也為了進一步商議而決定暫緩開庭。一九四六年十月一日，紐倫堡軍事法庭宣判結果，並於兩週後行刑。

納粹戰犯的辯駁

紐倫堡審判為精神科醫師提供了難得機會，讓他們得以在法庭、監獄飯堂與牢房進行觀察。某些囚犯的行為始終一致，有些則只在接受精神評估時才會展現特定行為。精神科醫師很快便發現，所有戰犯的本質大相逕庭。有些是高層首領，其他則因逃亡失利而成了階下囚。其中有許多人不分官階彼此憎恨。舉例來說，芮賓特羅普與戈林便時常爭吵。有一次，戈林一邊拿著警杖作勢攻擊芮賓特羅普，一邊大叫：「閉嘴，你這個酒鬼。」芮賓特羅普則堅稱自己地位崇高：「別忘了我還是外交部長，你不能直呼我的名諱。」[21]

在審判的龐大壓力下，囚犯對於外界的敵意也隨之高漲。戈林咒罵出庭證人是「豬玀」；施特萊歇爾則咯咯地笑說大家都會被吊死，就連配合調查的前軍備部長阿爾伯特・施佩爾也不例外。然而，所有戰犯都對一件事看法一致，那就是芮賓特羅普的無能。其中，希特勒青年團（Hitler Youth）領袖兼維也納大區長巴爾杜爾・馮・席拉赫（Baldur von Schirach）

恨不得芮賓特羅普是個「騙子」的事實被揭穿；經濟部長兼德國國家銀行（Reichsbank）總裁亞爾馬・沙赫特（Hjalmar Schacht）則稱他為「無腦的白痴」；希特勒副手弗朗茲・馮・巴本（Franz von Papen）罵他是「傻蛋」。[22]層出不窮的辱罵令紐倫堡審問員約瑟夫・梅耶（Joseph Maier）都不禁搖頭說道：「這群雜種！」[23]

大多數的囚犯都會推卸責任，尤其是把罪責指向已辭世的希特勒與希姆萊。長達十個月的審判中，同樣的說詞不斷重演：這一切實在太可怕了，但我們都不知情；我知道，但沒想到屠殺的規模會如此廣泛；任何提出反對意見的人，都會遭到希特勒下令槍斃；我們只是批准文件蓋章而已。其中以弗里茨・紹克爾的供詞最為經典：「我想不透這種恐怖的事怎麼會發生。濫用外籍勞工這件事和我沒有什麼關聯。我只是居中牽線，對於任何殘忍的暴行一無所知，也沒有責任。我的工作就只是調度人力，就像希特勒的座車一樣聽命行事。這些勞工到了營區之後面臨悽慘遭遇，也與我無關。」[24]

換成是戈林絕不會這麼說。他認為這些是懦夫的說詞，有損尊嚴，等於向敵人出賣自己的靈魂。他也堅信自己是這起審判和其他同袍的主宰者。檢察官陶德在觀察報告中提及：「戈林不斷恐嚇其他戰犯，尤其是可能認罪的人。他要大家一起受死，證明羅斯福才是需要為這場戰爭負責的人！」[25]某次聽完一位證人憤恨不平的證詞後，戈林向戰犯同袍喊話：

「該死，大家什麼都不用解釋，只要說『去死吧』這三個字就好。」[26]

自詡為納粹戰犯領袖的戈林曾向凱利醫師表示：「我們就像一個團隊，每個人都是被告，只能相互團結以達成強而有力的防衛。基本上，我就是團隊的首領，負責監督每個人善盡本分。」[27]

審判初期，戈林會利用中午放飯時間對心志動搖的囚犯下馬威。他不允許任何人挑起衝突、與敵人協商、推卸責任，或俯首認罪。某次施佩爾不小心說溜嘴，洩漏了戈林的計畫，因此安德魯斯立刻變更用餐規範。對此，我在文獻中注意到一項特別之處。某天，我在馬里蘭州國家檔案館偶然發現囚犯午餐的座位圖（如下頁圖九），上頭標示了每一桌的座位安排。你可能會認為這看起來就像個正式晚宴的座位表，但實際上它卻暗藏玄機，因為戈林與其他囚犯並沒有坐在一起，而是自成一區。[28]然而開庭時卻不是如此，戈林總是坐在最前排，與其他人不斷竊竊私語。

審判過程中，魯道夫・赫斯不是大喇喇地看小說，就是嚷著身體不舒服，假裝滿不在乎，令法官和辯護律師都非常頭痛。施特萊歇爾更是讓人拿他沒轍，所到之處無不引起反感。有句諺語說：「脖子的敵人是舌頭。」這句話套用在他身上真是再貼切不過了。

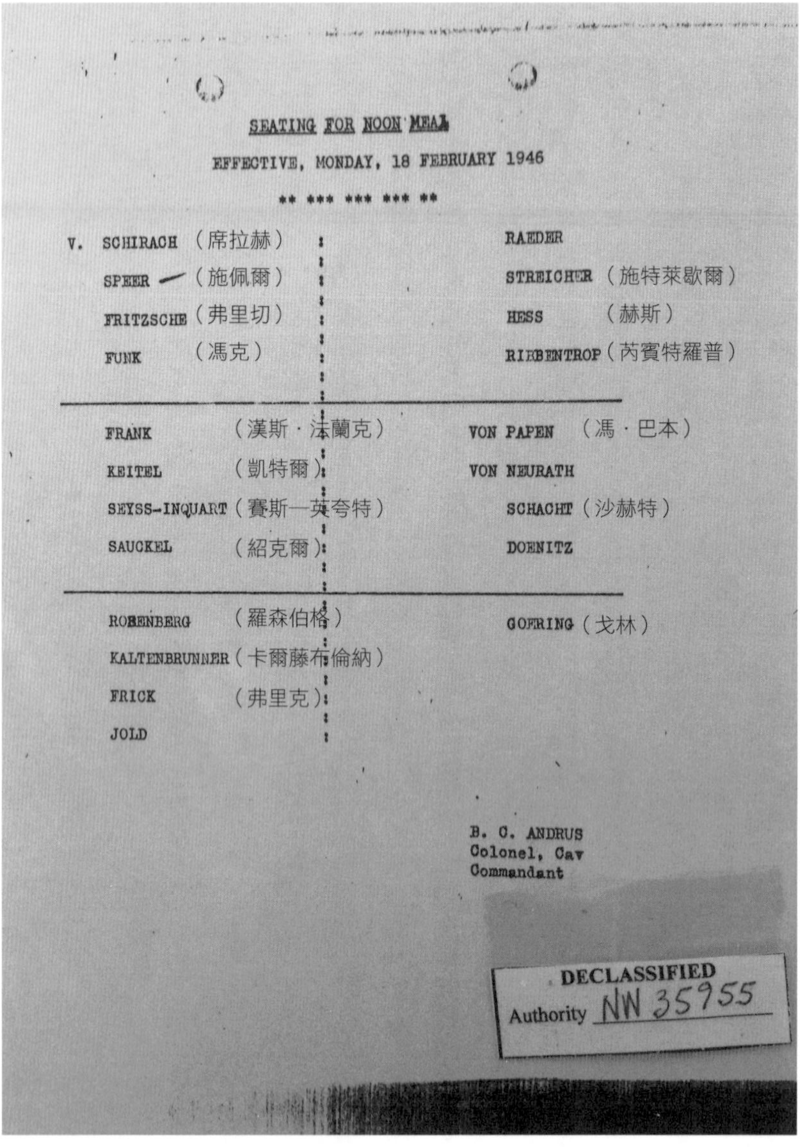

SEATING FOR NOON MEAL

EFFECTIVE, MONDAY, 18 FEBRUARY 1946

** *** *** *** **

V. SCHIRACH（席拉赫）	RAEDER
SPEER（施佩爾）	STREICHER（施特萊歇爾）
FRITZSCHE（弗里切）	HESS（赫斯）
FUNK（馮克）	RIBBENTROP（芮賓特羅普）
FRANK（漢斯·法蘭克）	VON PAPEN（馮·巴本）
KEITEL（凱特爾）	VON NEURATH
SEYSS-INQUART（賽斯—英夸特）	SCHACHT（沙赫特）
SAUCKEL（紹克爾）	DOENITZ
ROSENBERG（羅森伯格）	GOERING（戈林）
KALTENBRUNNER（卡爾藤布倫納）	
FRICK（弗里克）	
JOLD	

B. C. ANDRUS
Colonel, Cav
Commandant

DECLASSIFIED
Authority NW 35955

圖九：典獄長持有的座位表，戈林遭隔離於其他囚犯（國家檔案館）

審判的結果

經過將近一年的傳喚與審議，法庭終於落幕，參與審判的觀察員與相關人士也心滿意足地離開飽受戰火摧殘的紐倫堡，開始將法庭所見所聞撰寫成文。與會人士心裡都明白，自己參與了一場歷史意義非凡且形勢極度對立的審判。一位參與後續納粹審判的研究分析家烏蘇拉·雪曼（Ursula Sherman）為此作結：「審判的所有相關人員最後都有點失去理智。我們在過程中都曾忍不住動怒，畢竟這是一種宣洩情緒的管道。那一年，我感覺恐懼似乎在心中緩緩蔓延，即使審判結束仍是如此。」[29]

心思較為細膩的觀察員則對審判所揭露的人性面感到不安。紐倫堡律師群成員之一布萊迪·布萊森（Brady Bryson）如此評論：「我們生活在一個極其險惡的世界，這場審判絲毫沒有改變人類挑起戰爭的潛在黑暗面……偉哉的人類大腦暗藏致命缺點，因為它集結了浩瀚無垠的智慧與殘暴凶惡的本質。」[30]

一個組織的成員越多、規模越大，必然會出現相互敵對的黨派、似真似假的流言、微不可見的隙縫與一言難盡的文件紀錄，但紐倫堡審判不僅如此。

十個月來日復一日地坐在法庭上，聽著令人膽顫心驚的證詞，檢視駭人的文件與照片，看著戰犯如何替自己辯駁脫罪，除此之外，這起審判還潛藏著慢性劇毒，一點一滴地侵蝕著所有與會者的靈魂。[31]

第四章

納粹戰犯與精神分析師

納粹主義是一種社會文化疾病……在紐倫堡，我得以透過二十二個樣本深入研究病態的納粹文化。

——精神分析師道格拉斯．凱利，《紐倫堡的二十二名罪犯》（*22 Cells in Nuremberg*），西元一九四七年

蒙多夫萊班飛往紐倫堡的旅程風平浪靜。萊伊、施特萊歇爾與戈林在飛機上望著紐倫堡的斷瓦殘垣，不禁目瞪口呆。他們即將抵達一個必然比艾希康更加暗無天日的地方（下頁圖十），那兒不再是四周環繞鐵絲網的度假飯店，而是一所名副其實的監獄，即將拘禁二十二名來自紐倫堡的囚犯及其他將接受審判的罪犯，並承受所有在艾希康（音同英文的「垃圾桶」）的過往。新監獄規模龐大，建有三層以冰冷石材砌成的牢房，每間牢房面積不到一百平方公尺。裡頭死氣沉沉，空氣中還瀰漫著一股濃厚的霉味。之後幾個月裡，監獄一片死

圖十：廢墟遍布的紐倫堡（國家檔案館）

寂，只有鑰匙轉動、守衛巡邏和施特萊歇爾偶爾的吼叫才會劃破寧靜。

除了原本關在艾希康營區的囚犯之外，紐倫堡監獄也多了兩名關鍵人物，分別是從英格蘭移送的魯道夫・赫斯，以及不久後成為凱利死對頭的古斯塔夫・吉爾伯特。

魯道夫・赫斯的到來

納粹德國副元首魯道夫・赫斯自一九四一年以來便拘禁於英格蘭。他身形瘦長、面容靦腆，對於納粹黨以外的事物一概不感興趣。赫斯是黨內重要的精神領袖，經常於大型集會中發表演說，也是紐倫堡法律（促成猶太大屠殺合法化）的主要推手。

一九四一年五月十日，赫斯做了一件驚天動地的事。他偷偷駕駛一架梅塞施米特（Messerschmitt）雙引擎戰鬥機飛往蘇格蘭，意圖遊說英國與德國結盟作戰。身著德軍制服的赫斯降落在蘇格蘭某處田野，一名農夫發現了他，當時的情景彷彿英國喜劇影集《非常大酒店》（*Fawlty Towers*）的情境。赫斯向農夫宣稱：「我來這裡是為了通知漢彌爾頓公爵（Duke of Hamilton）一個非常重要的消息。」農夫聽了不知該如何是好。赫斯之後描述：「他帶我走進屋子裡，讓我坐在壁爐旁的搖椅上，還幫我倒了杯茶。」[1]之後，赫斯旋即遭遣送至倫敦郊區一處設防的宅邸，一待就是好幾年。最後，他被轉往曼帝夫軍醫院（Maindiff Court Military Hospital）監禁三年。

由於赫斯因駕機潛逃的時候跳傘不慎傷到後背與腳踝，以及有多次自殺未遂、情緒激動、身體不適與精神不穩的紀錄，因此需要長期接受醫療診治。[2]從那時起，赫斯的精神病症便異常複雜，並在他本人的指示下刻意公開，好讓大眾了解「人類可以透過至今仍然未解的方式進入某種類似催眠的狀態，並且產生一種副作用，在可能失去意識的狀態下，不由自主地關切任何他人指涉的事物」。透過赫斯的這段自我陳述，我們得以一窺當時紐倫堡精神分析的研究焦點。

第一個與赫斯進行診療的醫生是吉布森．格雷厄姆（Gibson Graham），他提到赫斯在飲食方面高度警戒。[3]赫斯經常出奇不意地要求與守衛互換食物，有時甚至只吃醫師吃過的食物。他擔心廚師會「替猶太人復仇」，在食物中下毒。[4]另一方面，如果他進食後感覺良好，也會幻想這是猶太人策畫毒害他的陰謀。他還抱怨監獄或街坊太多噪音，認為這些都是刻意干擾他睡眠的計謀。格雷厄姆因此診斷：「赫斯明顯患有疑病症、偏執症、恐懼症和被害妄想症。任何突發狀況都會被他聯想成惡意的陰謀。」[5]

赫斯在英國囚禁期間有過多次精神治療的紀錄。其中，黎斯（J. R. Rees）對於赫斯的失眠、焦慮、沮喪、多疑與自知力缺失等症狀感到驚訝，並判定他「患有精神分裂症，容易出現歇斯底里的舉動」。[6]另一名精神科醫師亨利・狄克斯（Henry Dicks）則形容赫斯是個「懷有敵意與多疑的典型精神分裂病患」，[7]另外也注意到赫斯經常抱怨自己無法專心。為了證明其真實性，他讓赫斯進行瑞文氏圖形推理測驗（Raven's Progressive Matrices Test），謊稱這只是一項遊戲，藉此測試他的智商，結果赫斯得到的分數高於百分之九十的受試者。由此證明，他完全沒有專注力的問題！

強斯頓（M. K. Johnston）醫師則回報赫斯在牢房裡藏匿紙條，不時嚷嚷自己無法專心、記不住東西，還因為腦部中毒而失去部分記憶。赫斯患有間歇性的失憶症，不論是短期或長期記憶都受到影響。他會刺傷自己的胸口，再指控猶太人誘使他自殺，「因為他是唯一知道他們具有神秘催眠能力的人」。[8]另外，強斯頓也指出，赫斯曾為了測試餐酒是否被人下毒，要求與瑞士大使館人員見面。

強斯頓表示：「赫斯簽署了一份切結書表明尋死意願，因為他認為自己中的毒無藥可醫。他希望自己可以穿著軍服受死，死後遺體送往德國檢驗，以證明他的『體內確實存有毒物』。」[9]

有時候，赫斯似乎會假裝失憶。例如，他說不出「滑雪」是什麼意思，或是不知道莎士比亞是誰。這些顯然不是一般失憶的症狀。其他時候，他不是表現得像是絲毫沒有失憶的困擾，就是痛苦地抱怨自己徬徨無措。醫師們建議赫斯注射阿米妥（Amytal）改善記憶力，起初他拒絕了，並表示：「只要你們不提到失憶的問題，我就沒事。或許這是上天仁慈的旨意，讓我逐漸遺忘過去的事情。如果恢復記憶，我可能會更痛苦。」[10]儘管如此，他最後還是同意了，於一九四五年五月十七日的會診中施打阿米妥，接著與狄克斯醫師進行精神治療。以下節錄阿米妥治療的部分經過。過程中，赫斯不斷嚷著腹痛，完全不在乎要努力恢復記憶。

醫生：你有什麼困擾？

病患：病痛！我肚子很痛！（生不如死地呻吟）要是能不痛就好了，我好痛啊（呻吟）！水！我要喝水！我快渴死了！

醫生：等下你就可以喝水了。現在，先說說你忘了哪些事。

病患：我不知道。我好痛！我要喝水！

醫生：先告訴我你忘記了哪些事。

病患：水！痛死了！我快昏倒了……

醫生：你的兒子叫什麼名字？

病患：（低聲說）我不知道。

醫生：你的妻子是伊爾莎（Ilse）嗎？

病患：我不知道。

醫生：那你記得你的好朋友有誰嗎？像是豪斯霍弗爾（Haushofer）……

病患：不記得。（持續呻吟）肚子好痛啊！天啊！

醫生：為什麼會肚子痛？

病患：……（呻吟）。

醫生：記得你小時候在亞歷山大（Alexandria）的生活嗎？

病患：不記得。

醫生：那你記不記得在慕尼黑與希特勒共事的日子？

病患：不記得。

醫生：記得你曾與希特勒在蘭茲堡（Landesberg）營區工作嗎？

病患：不記得。

醫生：努力想想，告訴我你之前受過哪些傷害。[11]

赫斯告訴醫生自己得了怪病，因此隨身攜帶吃了就會自我痊癒的藥物，其中包含一位西藏喇嘛給他的萬靈丹。[12]這一點也不令人意外。他一直深受疾病與飲食問題困擾，就連與希特勒共餐時也會自備食物。

經過四年在英國的觀察，精神分析師們診斷赫斯的精神問題分為三方面，一是偏執懷疑英國人在他的食物中下毒，並讓他無法入睡；二是患有嚴重的妄想症；三是患有就醫學角度而言完全不「合理」的失憶症。英國首相邱吉爾看過赫斯的診療紀錄後也同意醫生們的看法，表示「這些報告顯示病患的心理失調。從對話紀錄看來，赫斯就像是個患有精神病且殺了人或縱了火的小孩」。[13]

赫斯原本就性格古怪，這些診斷更凸顯他異於常人。他沉迷占星術、迷信怪力亂神、好求神問卜，還曾表示自己前往蘇格蘭是因為算命師曾夢到他駕駛一座飛機。然而，這些紀錄充其量只能說他極度怪異，但他是否失去理智，必須根據他在紐倫堡的表現來判定。

一九四五年十月十日，赫斯終於回到德國家鄉，然而一切人事已非。昔日衝鋒部隊集結紐倫堡廣場、高喊希特勒萬歲的景象已不復見，取而代之的是罹難者的魂魄與支離破碎的廢墟。在紐倫堡迎接赫斯的不是他所敬愛的希特勒元首，而是不苟言笑的典獄長安德魯斯。赫斯一見到安德魯斯，第一件事就是把口袋裡的食物與巧克力交給他，要他送交檢驗以確定其中是否含毒。在紐倫堡漫長的監禁期間，赫斯的記憶時好時壞，精神一直處於混亂狀態，簡直到了無藥可醫的地步。

吉爾伯特的加入

由於凱利只會說一點德語，因此獄方指派約翰．多利布瓦負責凱利在蒙多夫萊班與紐倫堡的翻譯工作。多利布瓦作為一名口譯員相當隨和易處，卻太過急於展現自身才能。[14]一九四五年十月二十三日，美軍心理分析官吉爾伯特替任多利布瓦的職位，他生性嚴謹，對於上級的指令使命必達（下頁圖十一）。[15]吉爾伯特生於紐約，來自一個奧地利裔猶太移民家庭。他從小在孤兒院長大，大學就讀紐約市立學院（City College of New York），後於哥倫比亞大學完成博士學位，專攻社會心理學。他在哥倫比亞大學時期曾短暫研究過羅夏克墨漬測驗，但並未進一步鑽研。[16]

轉調至紐倫堡之前，吉爾伯特替美軍工作，負責審問戰俘。他的德語非常流利，一直以來都致力於揪出所有應當為戰爭負責的納粹罪犯。他認為紐倫堡的任務是個大好機會，讓他得以「進行史上最完備的社會病理學實驗」。[17]

凱利與吉爾伯特的專長與研究方式迥然相異。前者將紐倫堡監獄的工作純粹視為一項有趣的任務，可以為自己廣泛的臨床與法醫經驗再添一筆。凱利對納粹罪犯深感興趣，並將他們當成一般的囚犯看待。儘管如此，他在研究過程中仍遭遇許多需要智取的挑戰。凱利由於軍階貴為上校，很自然地便將中尉吉爾伯特視為專屬的口譯員和助理，認為吉爾伯特只是替補多利布瓦的空缺。然而，吉爾伯特卻不這麼認為。對他而言，這件任務不僅

圖十一：古斯塔夫．吉爾伯特（右）與幾名紐倫堡戰犯（國家檔案館）

是擔任凱利的口譯員，更是審訊這些有如惡魔化身的納粹囚犯，糾舉他們的道德缺失。

除了擔任口譯員外，吉爾伯特也受安德魯斯委託一項秘密任務：充當他的耳目，回報囚犯的所有動靜。不過，兩人關係並不友好。雖然吉爾伯特服從安德魯斯的命令，但他經常態度輕蔑，尤其是當安德魯斯提出一些對於囚犯精神治療的獨到看法時，更是充滿了不屑。之後，他們的互動降到冰點，導致安德魯斯一度有意將吉爾伯特轉調至其他地方。後來，凱利打消了他的念頭，同時告誡吉爾伯特應該好好修補與典獄長的關係。[18]

凱利與吉爾伯特的互動，也因界線模糊的職責與從屬關係日益惡化。兩人之間存在著許多懸殊差異。凱利是羅夏克墨漬測驗專家，但德語能力欠佳；吉爾伯特德語能力強，但羅夏克測驗的學識卻略顯不足。凱利處事客觀卻好譏諷；吉爾伯特待人熱情卻毫無幽默感。凱利出身富裕，家族聲望顯赫；吉爾伯特則來自紐約移民家庭，家境貧困。

某天晚餐，凱利與吉爾伯特談論各自負責的囚犯，決定把觀察結果寫作成書。凱利建議吉爾伯特每次與囚犯會談時都做一份紀錄，但吉爾伯特覺得在囚犯面前做筆記會妨礙會談的進行，因此總是事後回想再做紀錄，然後將筆記複製一份提供給凱利。當時，他懷疑凱利如此建議別有用意，但不知道確切的原因。

科學研究的提議

多年來，我一直好奇凱利與吉爾伯特在紐倫堡的工作，也想知道他們之所以受到指派是否還有別的原因。圖書館的特藏與文獻就像住家附近的房地產拍賣，你永遠不知道會在裡面挖到什麼寶。在美國國會圖書館（Library of Congress）蒐集資料時，我無意間找到了學者專家、情報人員與紐倫堡檢察官的通信紀錄。這些信件中，他們提議透過羅夏克墨漬測驗來研究戰犯的精神狀態。

一九四五年六月十一日，來自紐約的約翰．米勒（John Millet）博士代表一群各個專業領域的知名教授致信大法官傑克森；這些知名教授包括了：艾爾文．巴拉克（Alvin Barach）、卡爾．賓格（Carl Binger）、理查．布里克納（Richard Brickner）、法蘭克．佛列蒙特．史密斯（Frank Fremont-Smith）、阿道夫．梅耶（Adolf Meyer）、翠西．普特南姆（Tracy Putnam），以及喬治．史蒂芬森（George Stevenson）。[19]當時，學術界一致認為應該在處死納粹首領之後保存其屍體，以解剖大腦進行分析。這是一封相當特別的信件。審判尚未展開，學術界卻已經提議將囚犯以特定方式處決，方便未來透過解剖進行相關腦部研究。此外，信中也特別要求針對囚犯施行羅夏克墨漬測驗。

若能深入研究納粹首領的人格，將有助於德國重整社會秩序與教育。對於這些戰犯，除了進行精神診療，也應該施行羅夏克墨漬測驗等精神測試。假如被告遭判處死刑，我們應在被告行刑後針對屍體進行細部解剖，尤其是他們的大腦。因此，我們強烈建議以瞄準胸口而非頭部開槍的方式行刑。

約翰・米勒 筆[20]

米勒寄出信件三天後，美國戰略情報局（OSS）幹員薛登・葛魯克（Sheldon Glueck）致信多諾萬將軍，建議他可以指派精神醫療小組前往紐倫堡進行研究。他表示：「審判的主要目標是讓後人信服歷史事實，並以法律、醫學與社會學的角度解析這些事實以及所有的納粹領袖。這將是有史以來第一項針對德國軍隊、政黨與工業界人士的心智所進行的全面性科學研究。」葛魯克還主張，醫療小組成員也應包含羅夏克墨漬測驗的專家。[21]

或許你會好奇，為何大家都提議透過羅夏克墨漬測驗來研究納粹戰犯。其實，真正的原因與這項測驗在四〇年代的主流地位有關。瑞士籍精神科醫師赫曼・羅夏克（Hermann Rorschach，生於西元一八八四年生，卒於一九二二年）發現，模稜兩可、模糊不清的墨漬卡片可以反映病人的幻想與煩惱，也可揭露病患如何以認知進行測驗。雖然腦部斷層的技術多年後才問世，但當時這項測驗可說已能顯現人類大腦的運作分析。[22]墨漬測驗呈現了病患的心理投射，在當時著重無意識研究的精神學界中，一度成為精神治療的有力工具。其不具特定結構的特性，也有助於評估防禦心強或配合度低的病患。因此，以墨漬測驗來評估紐倫堡戰犯精神與心理的要素十分合理。

精神測驗的相關文獻可說汗牛充棟。多諾萬收到葛魯克信件隔天，也將這項提議轉達傑克森。六月二十三日，傑克森回覆米勒表達支持，不過抱持保守態度。他同意米勒的提議有其優點，但也擔心若在囚犯定罪前進行精神評估，可能不利審判。「辯護律師可能會要求審閱這些精神報告。結果也許會演變成我們必須就被告的心理狀態進行訴訟或討論，屆時你們內部可能會出現許多分歧……恐怕到最後還會有謠言說，我們意圖將精神失常的罪犯定罪。」[23]

然而，傑克森支持在裁決確定後對罪犯進行精神評估：「我認為透過科學方法研究這些罪犯的缺陷、異常與扭曲的心智，並將結果公諸於世，可以避免後世德國人將納粹分子神化。」至於米勒要求行刑時顧全罪犯的大腦，傑克森則回應：「關於罪犯槍決方式的建議，美軍普遍認為死刑犯應該接受絞刑而非槍決，因其帶有汙辱的意味。」[24]

一九四五年八月十六日，米勒回信表示，如果時機到了，他可以舉薦研究專家人選。一個月後，傑克森回信感謝米勒的建議，並提到：「將一群能夠如此荼毒全世界的人關在不起眼的狹小監獄裡，在國際上少有前例，一切都還在摸索中。目前這些罪犯正在訊問階段，如果再加上精神評估的會談，恐怕過多的測試或審問會讓囚犯無法承受。」[25]

隨著情勢變動，傑克森逐漸了解到施行精神測試的必要，但並非出於歷史或科學研究的考量，而是為了評估他們是否能夠面對審判。因此，同年十月十二日，他致信米勒詢問專家人選。有趣的是，傑克森在信中表達需求的急迫性，卻也表示他理解學術界要在短時間內討論出合適人選相當困難。「如果你能推薦人選供我正式呈交仲裁調查委員會審查，萬分感謝。畢竟這項請求極為倉促，也因此未能與你一同進行充分的商議。」[26]

迫切的問題：赫斯

傑克森之所以突然改變對於精神測試的態度，可能是因為赫斯的心理狀態極度不穩定。赫斯的失憶症與妄想症日趨嚴重，使得凱利醫師不得不請求安德魯斯同意對他施打阿米妥。凱利承認阿米妥有致死的可能，但也表示根據自己治療近千名病患的經驗，從來沒看過嚴重的負作用。[27]雖然阿米妥的致死風險極小，傑克森還是拒絕了凱利的請求，他表示這是為了審判起見，如果赫斯是自己的家人，他也許就會聽從凱利的建議。[28]

五天後，多諾萬將軍請求法庭准許他「調查赫斯的心理狀態，評估他的心智能力是否足以與律師商討辯護事宜」。一九四五年十二月，國際軍事法庭通過戰犯精神評估的決議，並明定執行人員必須為「領有執照的精神科醫師，且基於與審判無關的科學研究目的」。[29]只是在此之前，凱利與吉爾伯特早已完成囚犯的羅夏克墨漬測驗，因此這項「授權」只是做做表面工夫。

一九四六年六月，米勒再度致信大法官傑克森，表示根據凱利的指示與觀察，沒必要指派精神分析師前往紐倫堡研究戰犯，他也懷疑目前是否有足夠的精神醫學專家與心理學者能夠在審判及行刑期間進行觀察。[30]傑克森收到信後大為震怒，回信表示目前已選定精神研究人員，加上宣判之後可能很快就會處決罪犯，因此如果米勒想再推薦其他人選，請在短時間內辦妥相關事宜。

情報單位與精神分析師的合作

我在閱讀這些信件時始終抱持懷疑的態度，因為當中顯示了精神研究人員與情報單位的關係出乎意料地和諧。一九四五年，世人都注意到納粹政權對於屠殺、砲火與迫害的無法自拔，這些作為幾乎已變成他們發動戰爭的最終目的。[31]學術界與政府因而達成共識、展開合作，這樣的現象在現代社會難以想像。

艾希里・弗洛姆（Erich Fromm）與弗莉達・萊克曼（Frieda Reichmann）等德裔精神分析師，以及希爾多・阿多諾（Theodor Adorno）與赫伯特・馬爾庫塞（Herbert Marcuse）等社會哲學家，早在戰爭爆發前就出版過許多探討納粹心理的著作。塔爾克特・帕森斯（Talcott Parsons）等社會學家鑽研納粹的道德意識，而人類學家如瑪格麗特・米德（Margaret Mead）與葛雷格里・貝特森（Gregory Bateson）則解析敵人的民族性（敵國的文化），並協助進行白色宣傳（重振國家士氣）和黑色宣傳（消磨敵人鬥志）。這些學者的研究，主要都關注納粹分子從小的生活與教育養成。[32]

美國戰略情報局的研究分析部門以哈佛大學歷史學者威廉・朗格（William Langer）為首。這個單位為中央情報局（Central Intelligence Agency）前身，其中延攬了許多精神學家與心理學者。[33]朗格的弟弟華特（Walter Langer）即是一位精神分析師，曾與哈佛心理學者亨利・莫瑞（Henry Murray）、社會研究新學院（New School for Social Research）學者恩斯特・克里斯（Ernst Kris），以及紐約精神分析學院（New York Psychoanalytic Institute）人員伯特倫・盧因

（Bertram Lewin）共同撰寫〈希特勒精神分析〉（Psychological Analysis of Adolf Hitler）。[34] 此文章不久後被列為機密文件。另外，專案小組則由年輕律師莫瑞・柏奈斯（Murray Bernays）帶領，其妻為佛洛伊德（Sigmund Freud）的姪女。顯而易見地，當時發展中的美國社會科學界與政府並無對立，反而與戰略情報局關係密切。因此，情報單位有意針對紐倫堡囚犯施行測試，一點也不令人意外。

戰爭期間，多諾萬將軍收到各方對於戰犯心理分析所提出的建議，之後到了紐倫堡，也不忘根據這些意見制定納粹心理分析計畫。其中，較具建設性的方向包含研究納粹如何策動宣傳、激勵士氣、分析敵人戰略及遴選新兵，另外也探究一些旁門左道的作為，例如放火燒毀城市，或是在希特勒的飲食上動手腳以影響他的行為。[35]

囚犯的例行精神評估

多數西方國家均相當注重囚犯的心理健康，即使是死刑犯也不例外。雖然囚禁的目的是拘留和懲罰罪犯，但在美國，囚犯還是可享有特定的醫療與心智照護福利，因為政府不希望囚犯藉由生病或自殺等手段逃避罪刑。[36] 如典獄長安德魯斯所說：「罪犯被關在狹小牢房，又得接受多項心理研究，長久下來是會失去理智的。」[37]因此，紐倫堡監獄設有牧師、輔導照護人員與精神科醫師。即使囚犯最終可能遭判死刑，依然必須嚴加監控他們的健康。例如，凱利就曾建議戰犯們可以到監獄圖書館晃晃，或是多多運動。起初，安德魯斯認為這種做法會慣壞囚犯，但之後也慢慢同意凱利的建議。

精神分析師與心理治療師的責任是：確保囚犯擁有足夠的心智能力，以面對審判及與律師合作。然而，某些罪犯的心理狀態難以掌握。例如，德國企業家古斯塔夫・克虜伯（Gustav Krupp）因年事已高早在審判之前便已辭世。某些囚犯則是極度沮喪，不斷試圖自殺，像是李奧納多・康提便在紐倫堡獄中上吊自盡。

其中以赫斯的心理問題最為嚴重。由於赫斯一直懷疑同盟國意圖下毒害他，因此軍事法庭相當擔心他會絕食自殺，另外也無法確定他的失憶症是否會影響審判的進行。為此，法官指定了一群國際心理研究團隊來評估赫斯的認知能力。

光是處理施特萊歇爾與其他囚犯的緊張關係，凱利與吉爾伯特就已忙得不可開交。由於施特萊歇爾的行為過於怪異，因此法庭也為他指派了專屬的心理分析師。至於戈林，法庭認為他的表現相對穩定，完全沒有心智能力的問題。

凱利的特殊測試

道格拉斯．凱利是少數幾個可以自由接觸囚犯的人。他與口譯員多利布瓦每天都會一一探監。由於多利布瓦會幫這些囚犯一些忙，像是傳話給家人，因此如果多利布瓦參與精神評估或測試過程，他們都會盡量配合，間接提升了凱利進行會談的效率。雖然事後凱利宣稱自己研究一名囚犯平均就花了八十小時，但這與實際的時間可能有點出入。無可否認，他確實在戈林身上耗費許多時間，但要是說他在紐倫堡二十二名戰犯每個人身上都花了八十小時，未免過於誇大。畢竟，戰犯們於一九四五年八月十二日抵達紐倫堡，而凱利於一九四六年一月離開，算起來他研究戰犯的期間不到半年。

凱利憑藉出眾的口才，得以順利進行囚犯的精神分析。他在著作中表示，自己一直將納粹分子視為屠殺的幕後主使、強盜與事業狂，但在與他們互動時會將這些想法暫擱一旁，盡量保持客觀理性。久而久之，這些囚犯也逐漸習慣接受訊問。然而，凱利的研究方式與其他精神治療師不同，他試圖將囚犯當成一般人來看待和理解，因此戰犯都樂於與他會談。

除了在監獄擔任精神治療師外，凱利也私下進行其他計畫。他測試囚犯的智商，施行至今精神分析仍然準確的羅夏克墨漬測驗，藉此判別納粹戰犯的心理特徵。

吉爾伯特扮演的角色

一九四五年十月下旬，新的口譯員古斯塔夫．吉爾伯特到職，卻顯得與一般口譯員十分不同。多利布瓦一心想離開紐倫堡，因為他的役期即將屆滿，希望在最後一年從事其他職務，所以申請轉調；吉爾伯特則一心想進入紐倫堡研究喪心病狂的納粹首領。起初，凱利與吉爾伯特看似合作無間，但各自卻有著截然不同的處事風格。凱利能言善道，能輕易與任何人打成一片；吉爾伯特則言詞尖銳，事事講求效率。從他們的報告中，也可明顯察覺到納粹罪犯對兩人造成的不同影響。凱利發現納粹是個「有趣的族群」，相當熱衷於向媒體講述他們的故事，但令人不解的是，他居然會因為反覆思索與這些罪犯的互動而久久難以入眠。相對地，吉爾伯特並不認為納粹有趣，反而十分厭惡且不吝於表現這樣的態度。除此之外，凱利擁有豐富的臨床經驗，能夠在治療患有戰爭衰竭症的美軍病患時，設身處地為他們著想；吉爾伯特則對軍人較無同理心，認為患病的士兵不出幾年就會因為「不適任」遭到軍隊淘汰。[38]

凱利與吉爾伯特的個性迥異，從他們耶誕節假期的行程可見一斑。凱利離開紐倫堡度假，吉爾伯特卻是前往達浩（Dachau）採訪等待受刑的集中營士兵。[39]

基於這些不同之處，他們也受到不同囚犯的歡迎。有些囚犯喜歡隨和的凱利，有些則欣賞行事嚴謹的吉爾伯特。凱利注意到囚犯在會談時總是滔滔不絕：「我很少遇過如此順利的精神治療會診……他們不需要醫師的詢問或引導，就會自己說個不停。」他也提到，赫斯總是保持距離，而戈林則是「每天都笑臉歡迎我的到來。我離開紐倫堡回美國時，他還因此哭了」。[40]

精神分析師對於檢察事務的介入

在紐倫堡，醫師沒有替病患保密的義務。凱利與吉爾伯特會向監獄的行政長官（典獄長安德魯斯）與檢察長官（大法官傑克森）回報囚犯的行為及其律師的辯護策略，甚至還會提供檢調方向的建議。

凱利曾致信多諾萬，表示戈林宣稱自己「與多諾萬將軍交情匪淺，還說他和凱利是自己在這個世界上唯一信任的兩個人」。同時，凱利也提醒多諾萬留意希特勒青年團領袖巴爾杜爾·馮·席拉赫，因為他不斷「抄襲戈林的述詞，還表示『在法庭上，同志們一定要砲口一致』」。[41]吉爾伯特也不甘示弱，定期向檢察單位回報。對此，一名評論家曾毫不留情地批評吉爾伯特像個「在森林裡東嗅西聞的松露豬，汲汲營營地想在情報事務中參一腳」。[42]

心理評估

凱利與吉爾伯特在為囚犯進行精神分析的過程中，都採用了心理測試的方法。吉爾伯特製作德文版的魏氏成人智力量表（Wechsler-Bellevue Intelligence Scale），凱利則施行羅夏克墨漬測驗以分析囚犯的思維與犯罪動機。[43]如果吉爾伯特因事未能值勤，凱利會自備口譯員。由於監獄牢房空間狹窄，因此他們只能各自占據床的兩側，並讓囚犯坐在中間進行審問。

根據測驗結果，納粹戰犯的智商各有高低，其中以一〇六分的施特萊歇爾最低，一四三分的亞爾馬．沙赫特最高。囚犯們還像美國高中生談論大學入學考試一樣互相比較分數，為自己的成績沾沾自喜。凱利離開紐倫堡後接受《紐約客》雜誌（*New Yorker*）訪問，談論納粹罪犯的智商。他在訪談中表示：「他們都不是天才。舉例來說，戈林儘管智商高達一三八，但他並非聰明絕頂。」[44]這番評論引人發噱，顯得好像他自己才是高分通過智力測驗、貨真價實的曠世奇才。[45]許多戰犯也對羅夏克墨漬測驗深感興趣，像是戈林就曾感嘆，要是德國空軍能夠開發出如此精準的測試技術就好了。[46]

凱利與吉爾伯特共用一間辦公室，有時會一起探訪囚犯，有時各自會診。根據文獻紀錄，他們似乎未曾因為戰犯的心理測驗結果起爭執。不過資料顯示，他們會針對某些囚犯重複施行羅夏克墨漬測驗，詳細原因不明。[47]

一段時間過後，吉爾伯特開始覺得大部分的工作都落在他身上，像是撰寫會談紀錄和提供複本給凱利等等。他們兩人都具有野心，也都明白這份工作的重要性，以及最終的評估報告將對事業發展有何影響。然而，外界也質疑他們為了名氣與財富，刻意誇大評估結果。[48]

凱利的離開

一九四六年二月六日，凱利離開了紐倫堡。[49]原因是他希望回國陪伴家人，因為他從一九四二年離家後就未曾見過妻子，加上他也急欲著手寫作納粹心理的書籍，因此提出辭呈。之後，精神分析師里昂・戈登松（Leon Goldensohn）接任他在紐倫堡的職務。[50]

每個人對於凱利的離開都有不同看法。典獄長安德魯斯一直看不慣凱利經常向媒體透露精神治療會談的細節以自我推銷，認為他過度陶醉成為鎂光燈的焦點而無法自拔。雖然如此，凱利確實憑著個人的特色與魅力成功擄獲了媒體的注意，儘管受訪言論的真實性令人存疑，他卻時常語出驚人。他曾向記者表示自己「與赫斯接觸頻繁，等同於一起生活」；戈林則經常服用止痛藥，「不論閱讀或講話都會不時吃個一、兩顆，簡直就跟吃花生沒兩樣」。[51]他形容戈林是個「控制欲強、激進、冷酷的人，卻又外向開朗，偶爾還會流露溫和的一面。」[52]另外他還透露，希特勒的親信都是些唯命是從的官員，而戈林更曾在審判中表示，「全德國沒有人敢反抗希特勒」。你能想像嗎？凱利居然把這些事全都在媒體上揭露了！[53]

一九四六年九月六日，安德魯斯向戰爭事務部門抱怨凱利：「他離開紐倫堡並不光榮，而是因為有人質疑他違反保密協定，並向報社記者透露機密資訊。更糟的是，這種舉動觸犯了國際軍事法庭的政策與規定。」安德魯斯表示，自己對於凱利於一九四六年八月二十五日接受英國《週日快報》（*Sunday Express*）的訪談相當不滿，並且懊惱地表示：

由於凱利博士已辭去職位，雖然我不清楚後續的精神分析事宜該如何繼續，但我希望有關單位能採取一些必要的行動……茲附上凱利博士受訪的新聞報導，裡面幾乎每一句話都違反了國際軍事法庭的規定，嚴重損害了法庭對他的信任。除此之外，我相信他在報導中引述的內容也扭曲了囚犯所說的話。[54]

從《週日快報》的新聞副標題多少可嗅出凱利作秀的意味，像是「希特勒的個人喜好造成了一切慘劇」；好大喜功的芮賓特羅普；為何希特勒直到最後一刻才結婚」，這點令安德魯斯及其他人極為惱怒。

儘管安德魯斯對凱利終於離開紐倫堡感到慶幸，但大多數的囚犯卻十分難過。一九四五年十二月二十六日，前納粹德國駐東部占領區（Occupied Eastern Territories）首長阿爾弗雷德．羅森伯格致信凱利：「我與其他同志對於你將離開紐倫堡深表遺憾。感謝你這段時間的仁慈對待，及理解我們動機的所有努力……祝好運。」[55]之後有段時間，凱利似乎真的受到幸運之神眷顧，但終究還是不敵自己的心魔而崩潰自殺。

第三部

仇恨的面貌

第五章
羅伯特‧萊伊：「畸形的大腦」

我身負崇高使命，必須維護勞工和平、工廠產能，並建立工人對於國家社會主義的信心；事實證明，我也達成了任務……到一九四五年五月為止，沒有出現任何一場罷工或不利政府的報導。相反地，軍備產量穩定成長，甚至外國勞工的數目也逐漸增加，可見國人對政府多麼有信心啊。

——羅伯特‧萊伊，自傳陳述，
一九四五年

納粹德國的外國勞工政策是一項大規模的驅逐與奴役行動……他們讓外籍工人挨餓、過勞，透過各種剝削、殘暴與不人道的方式折磨他們。

——檢察官湯瑪士‧陶德於紐倫堡法庭上為納粹苦力作證，
一九四五年十二月十一日

合適的人選

每一位拘禁於紐倫堡的納粹戰犯都具有獨特且強烈的個人特質，令人難以抉擇該選誰作為主要的討論人選。最後，我選了四名不管在來頭或行為上均南轅北轍的罪犯。第二章與第四章曾介紹過這四位戰犯，本章將進一步詳細敘述他們的背景，例如他們在掌權時期做了哪些事？凱利與吉爾伯特在監獄中如何研究他們？他們又面臨了什麼樣的罪刑？

圖十二：遭到逮捕的羅伯特・萊伊（美國大屠殺紀念博物館授權重新印製，由猶太裔美國軍官亨利・普利特〔Henry Plitt〕提供）

關於這四位焦點人物，其中兩位（魯道夫・赫斯與尤利烏斯・施特萊歇爾）出現許多精神方面的問題，迫使國際軍事法庭明令對他們二人進行精神評估；羅伯特・萊伊則在獄中自殺，研究人員解剖他的大腦後，推論萊伊是因為腦部病變才會對猶太人具有極大恨意；至於赫爾曼・戈林則由於納粹最高首領的身分成為最重要的戰犯。本章將依照行刑順序介紹他們，首先介紹的是在處決前就自我了斷的萊伊（如圖十二），他不僅是最複雜難懂的罪犯之一，也是個幾乎沒人記得卻不該被遺忘的人物。

解剖萊伊的大腦

萊伊於一九四五年上吊自殺，萬萬沒想到此舉反而促成美方某些學術界人士的心願。之前他們曾致信傑克森法官，要求在處決戰犯後解剖他們的大腦。如前一章所述，他們在信中提出：「如果被告遭判處死刑，建議針對屍體進行細部解剖，尤其是腦部。因此，我們強烈主張以瞄準胸口而非頭部開槍的方式行刑。」[1]

眾多納粹戰犯之中，只有萊伊滿足了他們的願望，讓他們得以鉅細靡遺地檢視他的大腦。其他戰犯處決後則進行火化，心中的秘密就這麼跟著灰燼一同煙消雲散。[2]

某些根深蒂固的醫學傳統觀念認為，恨意與腦部受損——所謂「畸形的大腦」——具有關聯。毫無意外地，當時紐倫堡的研究人員均以神經缺陷來解釋這種現象，尤其是萊伊的案例。他們認為他的頭部長期遭受重大損傷，明顯是一個不正常的大腦。

萊伊的背景

萊伊身為德國勞工陣線聯盟領袖，掌管德國百分之九十五的勞工族群。憑藉這項職權，他策謀殺害聯盟裡反納粹的激進人士，也在德國境內設置多座苦力工廠。他的罪行還包括參與宣傳活動、大肆批評天主教會，並和黨內多數人一樣出版反猶太報紙。他在報導中寫道：「猶太人唆使一群骨子裡敗壞至極、墮落到令人作噁、像骯髒生物一般懦弱無能的勢利派系，來攻擊國家社會主義……我們必須清除這些汙垢，一併斬草除根。」[3]他也在另一篇文章中表示：「猶太人當然也是人……就像跳蚤也是一種動物，只不過是令人厭惡的動物。既然我們不認為自己對討厭的跳蚤有監督、保護、協助繁衍的義務，就必須使牠們變得無害，以免到頭來反被牠們叮咬、刺痛和折磨。這個道理也適用於猶太人。」[4]

萊伊生於一八九〇年，來自德國萊茵省一個貧窮的務農家庭。如第二章所提，他的頭部在一次世界大戰中嚴重損傷，之後便一直有口吃的困擾。戰後，他過著靡爛的生活，酗酒無度。儘管如此，他卻也重回大學念書，還以優異成績取得化學博士學位。他曾進入德國法本化學工業公司（IG Farben）工作，但不久便因酗酒問題和參與納粹政治活動遭到開除。後來，基於化學背景，他還曾鼓吹希特勒在戰爭中使用致命化學武器。

萊伊狂熱效忠於希特勒，將納粹黨視為「宗教秩序的主宰，心靈的最終依歸」，並認為「沒有納粹黨，人就活不了」。[5]對他而言，希特勒是救世主，猶太人是惡魔，而二次世界大戰則是上天註定的正邪對抗大戰。德國若想贏得勝利，就必須朝和諧統一邁進。

萊伊是納粹宣傳活動的主要推手。戰爭結束之後，美聯社（Associated Press）刊出一些他曾說過的名言，像是對於戰爭的歌頌，如「戰爭是上帝的恩賜……體現了人性的至高無上」，以及對於美國的憎恨，如「恨！恨！恨！每一個德國人都必須怨恨來自猶太世界與資本主義美國的匪徒、殺人凶手和刺客……我們也不能放過任何一個硬要介入與他們無關的戰爭還大開殺戒的美國雜種」。[6]

萊伊更在國際勞工大會上讚揚國家社會主義是勞工族群的天堂，試圖藉此拉攏人心，不過他的外交任務並不成功。某次國際勞工會議上，他不小心喝了太多酒，指著拉丁美洲代表團，說他們看起來一副「受不了香蕉的誘惑才跑出叢林」的模樣，讓兩國關係盪到谷底。[7]

納粹黨以「可笑的妖怪」和「自以為是的空想家」為由解除萊伊黨職，之後，他決定建立一個忠實牢靠的德國勞工組織。[8]只要組織內的勞工團結合作，他就會盡其所能地確保他們有舒適的生活可過。他在組織中呼風喚雨，提倡女性勞工應該與男性勞工享有相同報酬、實行強制休假，也雇用更多勞工而非逼迫現有勞工超時工作。他還提出建立更好的住宅、人道的工作條件與「力量來自歡樂」等主張。針對最後一項目標，他設立了勞工專屬的旅行社，提供大量又低廉的休假福利。這項政策深受勞工歡迎，百分之八十五的德國勞工都申請參加，搭乘渡輪遊覽萊茵河或前往北海度假。[9]萊伊甚至買了一艘專供勞工使用的郵輪，並謙虛地將郵輪命名為「羅伯特・萊伊」。他也推動福斯汽車的平民化，還鼓勵使用再生原料打造建築。他深信勞工只要身心愉快，生產力就會提高，但同時也命令蓋世太保（Gestapo，納粹德國的秘密國家警察）嚴密監控所有的福利措施。其他納粹首領眼紅萊伊的浩大權力，也質疑這些勞工福利是否真有其價值，像是戈林對此便相當不以為然，還曾嘲諷：「勞工陣線聯盟應該要多一點力量、少一點歡樂。」[10]

然而，萊伊不只是一位慈善的理想主義者，也是個凶殘的納粹分子。如果勞工不合作（如罷工或反抗等），他就會「執行清除」工作。他在管理勞工這方面頗為專橫，從組織成立初期處置反抗勞工的方式，不難看出他的冷血。一九三三年五月某日，納粹黨舉行勞工遊行，施放煙火慶祝。隔天，納粹卻突襲工會大樓、逮捕工會首領、凍結銀行帳戶，並解散工會報社。除此之外，萊伊還有許多暴虐的作為。同盟國入侵德國邊界時，萊伊與戈倍爾成立了人狼國民防衛隊（Werwolf），對侵入者發動游擊戰，並暗中從事破壞和刺殺行動，最終殺害了三萬五千人。[11]

萊伊還是個心思複雜的人。儘管過著奢靡無度的生活，他仍會想起小時候的窮困日子，因此更加努力地提升下層階級的士氣。「人在社會中如果毫無價值，是天底下最大的恥辱。」[12]

他也經常暴怒，貪腐的程度更甚於其他納粹首領，酗酒的惡習更是無人能比。一九三七年，他駕船載著溫莎公爵夫婦出遊，卻因酒醉險釀意外。一名助手之後也透露：「萊伊曾經開車衝撞柵欄，在軍營中亂竄、大罵工人，還差點輾過幾名工人。」翌日，希特勒指示戈林代替萊伊接待溫莎公爵夫婦，以免萊伊誤殺了他們。[13]由於萊伊的行為日益失控，也逐漸喪失在納粹黨中的權力，地位也遭阿爾伯特．施佩爾所取代。

萊伊在獄中的表現

萊伊於一九四五年五月遭美軍逮捕。戰犯的稱號令他暴跳如雷，他指稱同盟國自訂國際法並追溯過往以將他制裁是不合法的。「我不明白為何他們可以在戰爭過後，才制定法律來定我的罪。你要知道，就連上帝也是先頒布十誡之後再來審判以色列子民。」[14]萊伊在紐倫堡等候審判的期間，曾對凱利與吉爾伯特說：「乾脆就讓我們在牆壁前排成一列，一次通通槍決，簡單俐落，你們也贏得爽快。但是我為什麼得上法庭，像個罪……罪……罪犯一樣接受審判……你看，這個詞我連說都說不出口咧！」[15]他在寫給律師的信中繼續抱怨：「我了解同盟國認為他們必須消滅討厭的敵人，但我並不是害怕槍決或死刑，而是在為自己辯護。我有權利不被套上罪犯的標籤，也有權利不遵守沒有任何法律根據、純粹出於隨性妄為的審判程序……我是德國人，也是社會主義者，但我不是罪犯。」[16]

在獄中接受訊問談到納粹戰敗時，萊伊出乎意料地有問必答且言之有物。一九四五年九月一日，他表示：「此時我只想說……有一件事令我們潰敗，不只是外在環境，也和我們的內心有關……我們相信人性意志是萬能的，相信自己不需要天堂的憐憫。這場災難（意指納粹戰敗）給了我們教訓。」[17]

萊伊在審問中的陳述顯露了複雜的懊悔與自責情緒，耐人尋味，然其錯誤的觀念也讓人驚訝。他表示自己在獄中一直與死去的妻子談論戰爭，並認為只要自己能與猶太領導人柴姆・魏斯曼（Chaim Weizmann）會面，猶太人就會赦免他。他有意成立一個由反猶太人士及猶太人的委員會，甚至還想在美國建立一個非反猶太的納粹政黨。[18]

與萊伊進行審問非常困難，因為他的話很難懂，不只因為他有口吃，更因為他容易情緒激動和失控。口譯員多利布瓦指出，萊伊會從椅子上跳下來、揮舞手臂、在審問室裡來回踱步，每一次會面他最少都會失控吼叫三次。[19]凱利認為萊伊若沒有先發洩心中的怒氣，「就完全無法進行連貫的對話」。他會從椅子上站起來，四處走動、揮舞雙手，越說越激動，最後就會忍不住大叫。[20]

紐倫堡監獄一名審問員請萊伊敘述納粹黨的組織過程，他卻文不對題，一味發表自己對於國家本質的獨特看法，闡述血脈、種族、生存、能源與權力的重要性。由於他的談話經常牛頭不對馬尾（之前艾希康觀察人員就已注意到這件事），因此這裡我只節錄了部分內容。

> 人的地位越高，需求就越多。很自然地，需求分很多種，像是勞工、交通和社會組織，還有許多職權。首先最重要的是摸透國家的本質與國人的感受，也就是血脈、種族、生存與歷史背景。和能源法則相比起來，這就像個大型的權力戰場。你必須認清這些權力，並在經歷過程序和生存掙扎後獲得更深的體認。國家是一個由人民為了滿足需求而建構的概念。人民永遠都會將國家視為夥伴，與國家站在同一陣線。[21]

一週後，萊伊在審問中談論自己的成就。他在言談中刻意避開「解散」商業工會及「解雇」工會領袖的細節，這兩個詞彙是引述他的說詞，實際上工會是受到勒令關閉，工會領袖也遭到謀殺。

我們的確解散了商業工會，但同時也實行了「力量來自歡樂」計畫、休假制度、豐富的休閒活動、在工廠增設醫師等優渥的健康照護福利，以及大規模專業教育課程，並設立模範工廠、制定法規讓有數百萬名勞工在裡頭工作的工廠遵循，來促進工廠生產效能。另外還有大型住宅方案與數百萬人的公共教育計劃……我致力讓本國及外國勞工盡可能享有最好的福利……現在，無法將如此理想的組織進一步推廣至其他國家、促進人民福利，我覺得非常遺憾。[22]

一九四五年十月，國際軍事法庭正式起訴萊伊。對此，他卻感到十分驚訝。他不介意同盟國將他視為敵人，卻認為罪犯一詞對他是種羞辱。儘管他從同年五月以來就遭受囚禁和多次審問，但在過程中不斷否認種種指控，直到正式起訴。當他看到辯護律師名單時，居然表示：「可以的話，我想找個猶太人當我的辯護律師。」[23]

說出這番話兩週後，他將告別人世，但不是死於國際軍事法庭之手。一九四五年十月二十五日，他將毛巾撕成條狀，嘴裡塞著內褲以防別人聽到他痛苦呻吟。接著，他耐心地將一條條毛巾綁在馬桶水管上，身體前傾坐在馬桶上吊自殺。守衛巡邏時都以為萊伊只是在上廁所，發現的時候為時已晚。之後典獄長安德魯斯還挖苦他：「多麼聰明的自殺方式，在自己的糞堆上咬著內褲上吊自殺。」[24]安德魯斯除了嘲諷之外，也明白萊伊自殺將對審判造成影響，因此他增派多名守衛，對外宣稱再也沒有囚犯能在監獄中自殺。這樣的舉動只有四個字可形容：狂妄自大。

萊伊留下了好幾張遺書。其中一張，他特地澄清自己並未在獄中受到虐待，另一張則表達了悔恨之意，並對自己在戰爭中的所作所為感到罪惡：

我再也無法承受這種恥辱了……我一直是個盡忠職守的人。納粹帝國巔峰時期，我與希特勒一起實現了偉大的計畫與希望。即使帝國崩潰了，我仍然效忠元首。我做的一切都是跟隨上帝的旨意……我們背叛了上帝，所以上帝遺棄我們。反猶太主義扭曲了帝國的展望，我們犯下了滔天大錯。承認錯誤很難，但這關係到國人的生存。身為納粹的我們必須鼓起勇氣擺脫反猶太主義的思想，必須向後代承認這場大屠殺是個錯誤。[25]

其他囚犯對萊伊自殺的消息冷漠至極。監獄醫師雷內．烏奇利（Rene H. Juchli）向多諾萬將軍回報表示，其他囚犯認為萊伊是個「狂熱的空想家，他的夢想就跟他的表達能力一樣令人困惑」，並且覺得「他早在十五年前就該死了」。納粹德國經濟部長亞爾馬・沙赫特更尖刻地表示：「只可惜萊伊自殺得太晚了。」其他人的態度雷同，例如戈林便表現出「極度的厭惡」，而施特萊歇爾則為自己與「這麼一個懦夫關在一起感到羞愧」。希特勒青年團領袖巴爾杜爾・馮・席拉赫則認為，萊伊自殺不僅是懦弱的表現，也對其他人不公平，因為他再也無法為納粹辯護。[26]這群戰犯的同理心如此薄弱，內心世界自然也齷齪至極。這種缺乏同理心的傾向，後來也逐漸成為納粹首領病理研究的焦點。

凱利與吉爾伯特所做的精神評估

由於吉爾伯特抵達紐倫堡兩天後，萊伊便自盡身亡，因此他對萊伊的觀察十分有限。凱利則是從艾希康時期就與萊伊共處，總計進行了六星期的研究，而且剛好就在萊伊自殺前幾天，將觀察報告呈交給紐倫堡監獄內部安全分隊的指揮官。從凱利的紀錄中，我們可以發現萊伊的心理狀態評估與其舉動不謀而合。

> 病患的精神運動反應正常，態度正常，行為也正常。儘管情緒表現正常，卻極為多變。

他極容易感到興奮，並做出明顯情緒不穩的舉動。雖然有狂喜的傾向，但談話內容也算正常。病患的感官功能完好，能夠表達想法和做出判斷。羅夏克墨漬測驗的結果顯示情緒不穩，對色彩和陰影的回應、對形式產生的混淆及不當的構造回應，也顯現大腦額葉受損……基於病患頭部舊傷間接引起的極度情緒不穩，我認為他是最有可能自殺的囚犯之一……研究總結，萊伊有能力接受審判。[27]

針對萊伊的羅夏克測驗結果，凱利指出：「從整體測驗結果看來，可以斷定萊伊的大腦額葉受損。」[28]此外，他也表示萊伊的「自律中樞神經失能」。[29]

萊伊的羅夏克測驗結果十分有趣，顯示他相當容易失控。凱利如此描述：「第四張卡片，他看到『一頭滑稽、毛髮四散的熊』，並且回應：『你可以看到熊有著懾人面貌和一嘴利牙，還有強壯的雙腳。牠的體型龐大、四肢奇特、生命力旺盛，就如同歐洲盛行的布爾什維克主義（Bolshevism）一樣。』之後，萊伊開始滔滔不絕地談論布爾什維克主義，使我們費了一番功夫才導回正題。」[30]

凱利觀察到的大多是萊伊貧乏的判斷力與不穩定的情緒，並將這些症狀歸因於大腦額葉的損傷。萊伊曾妄想移民美國，協助當地勞工脫離困境。他在自殺前一個月還曾致信亨利．

福特（Henry Ford）尋求一份工作，信中他尊稱對方為閣下，表示由於他們都從事汽車業，也都是反猶太主義者，因此應該一起合作。[31]

關於萊伊的自殺，凱利於一九四六年在著作中譏諷道：「既然萊伊如此好心地提供大腦做解剖檢驗，我們應該要把握這難得的機會，好好驗證這些臨床研究與羅夏克墨漬測驗的結果。」[32]

萊伊的大腦

萊伊的死讓軍方如願取得納粹首領的大腦，我並非刻意使用「如願」二字，但至少當時各大媒體是如此描述的。事實上，紐倫堡眾多納粹罪犯之中，也只有萊伊的大腦得以交由解剖。軍方在萊伊自殺後數小時將其大腦取出，接著運送至位於華盛頓的美國三軍病理研究所（Armed Forces Institute of Pathology），由知名神經病理學家韋伯．哈梅克爾（Webb Haymaker）進行研究。他用鉛筆在橫線筆記本上寫下初步報告，指出萊伊的大腦表面皺摺（腦溝）寬大，可見大腦萎縮；而肥厚的腦膜可能是因之前頭部受傷所致。哈梅克爾表示：「這是一個額葉萎縮的大腦……由外觀明顯可知其患有長期退化，或是一種病原不明的『慢性腦病』。」[33]

哈梅克爾也進一步說明額葉是「自律神經中樞的分布位置，即實際控制暴力行為的傳導中心，也是使我們對他人產生同理心的區域」。[34]他透過顯微鏡檢視萊伊的大腦，發現「長期且嚴重的慢性腦病損害了萊伊的心智與情緒官能，合理解釋了他的行為與情緒失常」。[35]

《薩拉索塔先鋒論壇報》（*The Sarasota Herald Tribune*）引述美軍總醫官特爾克（Turk）的言論，表示這些變異「足以說明萊伊的異常行為」；《生活》雜誌（*Life*）也刊出哈梅克爾解剖萊伊大腦的專題文章；美聯社頭條新聞更引用了《華盛頓時代先鋒報》（*Washington Times Herald*）的報導：「萊伊的畸形大腦」；而《華盛頓郵報》（*Washington Post*）的新聞標題則顯得保守許多：「納粹首領萊伊患有大腦病變」。

萊伊左腦翻拍如圖十三所示。從中明顯可見額

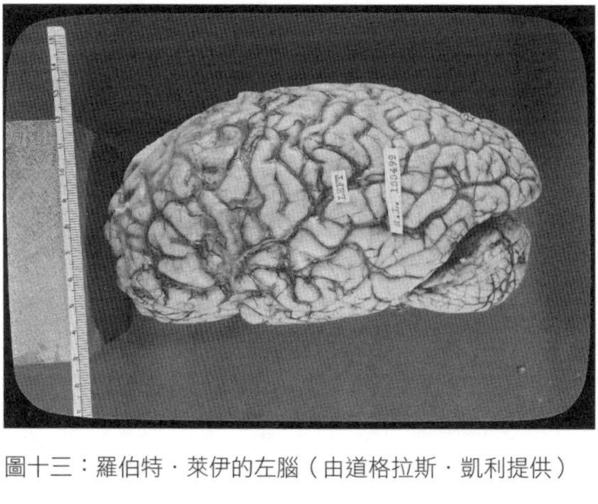

圖十三：羅伯特・萊伊的左腦（由道格拉斯・凱利提供）

顳葉輕微萎縮，腦溝開口偏大，皺摺也偏少。外表看來並無挫傷痕跡，但腦膜卻有纖維化及肥厚的傾向。另外，大腦的乳頭狀體也與一般人不同，這通常是酒精過量與營養不足所致。哈梅克爾一定有注意到這點，但他對此隻字未提，所以我們只能推論這與萊伊的異常行為無關。

關於萊伊的額葉受損，凱利認為是他在一次大戰時頭部受傷所致，並指出他當時昏迷了好幾個小時。除此之外，萊伊還曾於一九三〇年一起車禍中再次傷到頭部，有很長一段時間都失去意識，不僅使他的口吃症狀加劇，也造成嚴重耳鳴。[36]凱利表示：「萊伊為了克服口吃只能不斷酗酒。他發現自己只要喝很多酒，就會比較不容易受口吃困擾。」[37]對於凱利主張額葉變異是重大創傷的結果，神經病理學家提出反駁，他們觀察到萊伊腦部的兩側額葉均有變異，因此認為主因應該是酒精濫用。[38]

萊伊的腦部解剖還有後續發展。哈梅克爾致信任職於舊金山朗利・波特神經精神病學研究所（Langley Porter Neuropsychiatric Institute）的奈森・馬拉穆德（Nathan Malamud），問他對於解剖結果有何看法，馬拉穆德於一九四七年三月三十一日回信表示：

> 隨信附上尼氏體（Nissl）樣本與幾瓶凴吉遜（Van Gieson）染劑……如先前所提，我對

於這個案例的明確病理沒有太多想法，不過仍有一些值得關注的臨床器官病徵。基於死後解剖或固著假影的因素，解剖的結果實在難以評斷，不過如果這些變異屬實，對死者的行為也沒有太大影響……依這個案例而言，即使具有固著假影或石蠟包埋，也能肯定是非特定慢性擴散腦病。39

顯微鏡檢查結果證實了馬拉穆德的解讀（如圖十四）。這個不起眼的玻璃載片呈現了一些固著假影，但並未顯示梅毒（具有微細神經膠質的細胞增生、漿細胞圍管現象，或神經細胞流失）、阿茲海默症（具有神經斑塊或神經纖維糾結），或是皮克氏症（具有神經細胞包涵體）的傾向。如果萊伊天生對猶太人懷有恨意，光從這些解剖是看不出來的。

哈梅克爾收到馬拉穆德的信之後，於同年年底致信凱利，信中寫道：「我仔細地研究了這個案

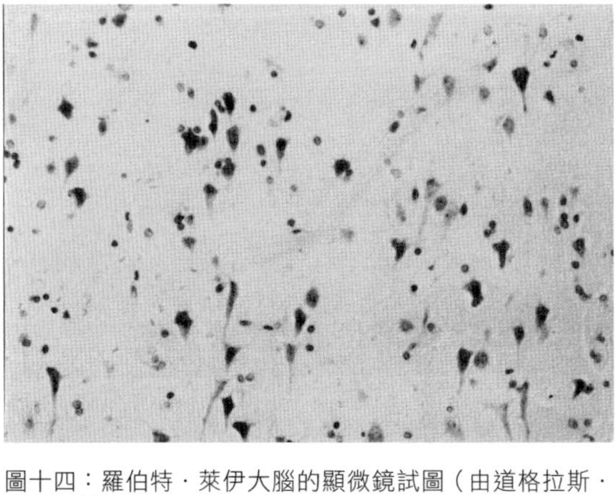

圖十四：羅伯特．萊伊大腦的顯微鏡試圖（由道格拉斯．凱利提供）

例，發現大腦確實有變異，但程度並未如我們原先預想的那麼嚴重。我個人認為最好不要公開這項發現，避免引來諸多批評和臆測。」[40]

大眾媒體則依照以往處理醫學新聞的方式，並未加以修正這項報導。如先前所述，對於美聯社讀者而言，羅伯特・萊伊的行為必然肇因於他的畸形大腦。然而，不論萊伊的大腦是否畸異，他並非科學怪人般的「怪獸」，純粹只是紐倫堡少數幾個透過行為表現悔恨的戰犯之一。

現代社會的觀點

就二十一世紀社會的角度而言，萊伊一定是納粹戰犯之中值得不同評價的人。畢竟，他的神經精神症狀呈現了許多問題。他的頭部經歷兩次嚴重損傷，曾有很長一段時間失去意識，甚至短暫患有失語症。他的餘生深受口吃所苦，令人不禁懷疑這是否也是一種失語的症狀。過去的意外留下了後遺症，使他變得行為衝動且怪異，也更因過度酗酒而愈發不可收拾。

今日，我們可以藉由文獻紀錄了解萊伊的行為，並且以精神測試來評估其程度，但同時也必須持續研究，進一步評估他的記憶與判斷能力。可以肯定的是，未來學者將透過神經影像繼續勘測其腦部受損程度，並進行反覆評估，而現代醫學在進行腦部解剖時，也必然會使用更先進的染色技術（免疫組織化學染色），得出更準確的結果。假如當時萊伊親自接受審判，他的辯護律師一定會將這些研究發現呈交法庭，而法官們也必定會在萊伊的腦部缺陷與罪行之間再三權衡。

第六章

赫爾曼·戈林：「貌似和善無害的精神病患」

戈林是極端的自我主義者、聰明絕頂的騙子，卻也是個手腕高超的惡徒。

——紐倫堡檢察官湯瑪士·陶德，
一九四六年三月十八日

他們大可不必播放影片、宣讀文件來證明我們是戰爭的罪人。事實就是如此！為什麼？因為我動員全國人民，蓄勢待發，迎接戰爭的到來！唯一可惜的是，我國的武力無法再繼續增強。你們的條款毫無疑問是堆廢紙。沒錯，我就是想讓德國變得更強！如果可以和平達成，很好；但如果一定要透過暴力的方式才能實現，那也無妨！

——赫爾曼·戈林接受古斯塔夫·吉爾伯特審問，
一九四五年十二月十一日

戈林接受審問

戈林與萊伊是兩個截然不同的人。如果說萊伊將自己的罪行視為毀滅性的羞辱，那麼戈林可說是對整起審判不屑一顧。他們就連自殺的動機也天差地遠。萊伊是出於內疚與悔恨；戈林則想藉此羞辱同盟國，壯烈成仁。

戈林聲望達到巔峰之時，曾經擔任德國國會議長、蓋世太保組織創立人、空軍總指揮官與集中營的創建者。他看似開朗無邪，其實內心暗藏著既迷人又可恨的複雜心機。

戈林是個不同凡響的人物，行事放縱狂妄，生活奢華無度。與黨內其他同袍相比，他舉止優雅、坦率健談，卻也行為特異、滑稽有趣。他自詡為當代的凱薩大帝，喜好古裝打扮，配戴要價不菲的胸針，還經常在官邸卡琳宮（Carinhall）大肆宴客。此外他也豢養獅獸，收藏一系列精巧逼真的飛機與火車模型。戈林每次向賓客炫耀完這些不凡嗜好後，便會帶他們到另一個房間觀賞自己最愛的牛仔與印度主題電影。

儘管戈林過著極度靡爛的生活、專注於從各國搜刮掠奪大量藝術收藏品，卻特別愛護動物，更以德國林務首長的職權為傲，致力推動動物保護法。不僅如此，他在普魯士（Prussia）地區成功推行反動物活體解剖的法律後還公開表示，任何違反動物法的人都將面臨「嚴刑厲罰……還可能被關入集中營」。[1]戈林溫暖人道的作為背後，總是潛藏著殘暴凶狠的懲罰。

對於戈林來說，種族主義與反猶太主義並不是最重要的事。審訊中被問到為何指定具有猶太血統的埃爾哈德・米爾希（Erhard Milch）擔任副元帥時，他表示：「在德國，誰是猶太人是我說了算。」[2]數年後，他暗中協助曾於一九二三年慕尼黑政變救了他一命的一對猶太姊妹逃出德國。由此可見戈林殘暴與溫柔並存的人格，令人玩味。他的溫柔更在致妻子的家書中表露無遺：

> 看到摯愛的你的筆跡，知道熟悉的那雙手擱放在這張紙上……有時我覺得我的心，終究會因累積太多對你的愛意與渴望而破裂，但即便如此死去也很美好。我親愛的妻子，衷心感謝你一直以來帶給我的幸福、關愛和所有的一切……你和艾達〔戈林之女〕對我的意義，還有我對你的心意，我永遠也說不盡。我好想給你最熱情的擁抱，親吻你甜美的臉頰。[3]

儘管如此，戈林的柔情只限於家人與動物。畢竟，是他召開了萬西會議（Wannsee Conference），制定了進行猶太大屠殺的「解決方案」。[4]

在交互審問的過程中，研究人員一直難以確定戈林（人稱胖子）的心理狀態。情報人員多利布瓦察覺到戈林的複雜心理：「大家用各種事物形容他，從惡魔的化身到可笑又痴肥的懦夫……不過其實他是個精明能幹的管理者，既聰明又勇敢、既無情又貪婪。有時他散發著個人魅力，是個相當好相處的人；有時卻是讓人看了就討厭。不過，我覺得與他共處的每一刻都還滿有趣的。」[5]

關於戈林的研究文獻，大多藏於馬里蘭大學學院公園國家檔案館。某天早上，我在檔案館一個大房間工作，裡面充滿了嗡嗡作響、不停運轉的微縮膠捲機器，以及嚴肅安靜的工作人員。我碰巧發現幾捲戈林審問資料的文件，令人意外的是，其中還包含了戈林之弟阿爾伯特．戈林（Albert Göring）的審訊檔案。我之前從未聽聞過阿爾伯特這號人物，不過他可是大有來頭。阿爾伯特曾反對納粹黨，獨力拯救猶太人，還曾自願陪著受迫害的猶太婦女一起跪在潑滿鹽酸的街道上。每次阿爾伯特與納粹黨高層發生衝突，都是戈林為他開脫。一九四六年九月二十五日，阿爾伯特接受審訊，其中的過程節錄如下：

審訊人員：戈林知道猶太人遭受殘忍對待之後有說什麼嗎？

阿爾伯特：他一直都知道實情，覺得事情沒那麼嚴重。他知道我對政治一竅不通，所以叫我不要干預國家的事、不要插手歷史，還曾經對我說：「你是個政治白痴！」……在戈林眼裡，我是家族的害群之馬，因為我和猶太人站在同一陣線，反對納粹黨。[6]

戈林對於紐倫堡審判的指控感到十分憤怒，認為同盟國虛偽至極，還表示英國早在波爾戰爭（Boer War）時期就發明集中營，蘇聯曾在卡廷森林（Katyn Forest）中屠殺波蘭士兵及數百萬名無辜人民，美國也曾屠殺印地安人。戈林得知美國在廣島投下原子彈後還笑稱：「哈，現在誰才是真正的戰爭凶手啊？」[7]

美軍上校約翰．亞蒙（John Amen）曾對戈林進行鉅細靡遺的審問，留下的紀錄也揭露了戈林對於個人職責的看法。一九四五年九月六日，亞蒙針對德軍轟炸鹿特丹進行審訊。

亞蒙：轟炸鹿特丹是你親自下達的命令嗎？

戈林：是，但我下令轟炸的地方不是鹿特丹，是發生戰爭的地區。我們的傘兵在那裡降落後遭到包圍，因此我們決定轟炸那個地方。整起轟炸行動總共由三十六架戰鬥機負責執行。要是鹿特丹人民沒有那麼懦弱，他們大可以起身反抗，但是鹿特丹軍方並未採取任何滅火行動，所以火勢才會蔓延得那麼快，燒毀所有老舊房子。大火一發不可收拾，把房屋和街區燒得慘不忍睹。即使轟炸結束了，還是沒有人試圖滅火。整起行動只維持短短五分鐘。[8]

審訊過程頗為有趣，原因有幾。戈林對於細節有著過人的記憶力。儘管轟炸行動已經過了五年，但是他仍然記得轟炸行動的每一處細節，還能在鹿特丹的地圖上一一指出事發地點。值得注意的是，他也不斷推卸責任。他一直主張自己並非下令轟炸鹿特丹，而是指示攻擊「戰爭的發生地點」（實際上就是鹿特丹）。此外，他也強調，只有三十六架戰鬥機轟炸鹿特丹，進攻時間非常短暫，燒毀的房子本來就十分老舊，整座城市變得滿目瘡痍也是當地人民的錯，因為他們是懦夫，不夠努力滅火。

亞蒙試圖誘導戈林的圈套註定失敗。對於每個引導性的問題，戈林總是能斷然加以反駁。一九四五年九月七日，亞蒙企圖引導戈林承認自己下令發動猶太大屠殺：

亞蒙：你是否還記得自己曾經公開表示……如果英國殺了任何一個德國空軍士兵，你就要殺十個英國士兵當作報復？

戈林：沒有，我從來沒這麼說過。

亞蒙：但檔案是這麼寫的。

戈林：讓我看看檔案。

亞蒙：我知道你想看，你終究會看到，但我想先知道你是否還記得這件事……

戈林：所以這份文件記錄了一項我下達的命令？
亞蒙：我不會回答你的問題。你才是接受審問的人……
戈林：上校有文件做依據，而我什麼都沒有，只能靠自己的記憶。[9]

戈林的坦白也令人吃驚。問到納粹的奴隸勞工政策時，他表示：「他們的用途是促進國家經濟。我們推行這項政策是出於國家安全考量，這樣他們就無法在祖國貢獻生產力，與德國作對。」[10]與接任凱利職務的精神分析師里昂．戈登松進行的一場面談中，戈林如此評論紐倫堡審判：「老實說，我是故意要讓這場審判淪為一個笑柄。一個國家沒有權利審判另一個主權國家的政府。」戈林還批評審判制度與法庭選擇起訴的戰犯：「我一直克制自己不要批評同袍，但他們實在是一群烏合之眾。有些人根本不重要，名字我連聽都沒聽過。」戈林指的人包含漢斯．弗里切、瓦爾特．馮克（Walther Funk）與威廉．凱特爾。他認為這些人跟自己比起來簡直微不足道。[11]

另一次會談中，戈林對種族屠殺、愧疚及善與惡提出看法：

如果一個人對消滅一個種族的行為完全不會感到內疚，他通常會被文明社會認定為野蠻人，也會遭受國內外諸多責難，並因歷史上最大的罪行遭到譴責。儘管我有俠士風範，但我不是一個道德家。如果要說屠殺猶太人代表德國贏了這場戰爭，我沒有什麼意見，不過這場審判除了把德國冠上惡名之外，一點意義也沒有，對任何人也沒有好處……我不相信《聖經》或信仰那些東西，但我尊敬女性，也認為殺害幼童是沒有風度的作為，這是我在猶太屠殺中最在意的事情……就我個人，我認為自己對於整起屠殺不須負上任何責任……我聽過很多關於猶太大屠殺的傳聞，但對此無能為力，我也知道調查和證實這些消息只是徒勞無功……你知道，我還有其他事要忙，要是我真的發現了一些事，只會更難受而已，再說我也無力阻止那些事發生。[12]

「殺害幼童是沒有風度的作為？」戈林談論「幼童」的態度，彷彿他們只是松鼠或烏鴉之類的動物，這實在難以印證他自稱具有同理心的說法，也不足以支持他只因「害怕自己難受」而沒有查清屠殺謠言的理由。

此外，戈林也是個性格善變的人。紐倫堡審問人員約瑟夫．梅耶提出敏銳的觀察：「對法國人來說，戈林一副高傲自負的模樣；對我們（美國人）來說，他是個精力充沛又深具威脅性的強盜，自以為能矇騙好萊塢電影裡天真的美國人；對於處事冷漠卻圓滑的英國人而言，他顯得安靜、恭敬，極欲偽裝紳士風度以迎合他們……對於蘇聯來說，戈林則顯得有些畏縮卑微，他只要遇到俄國人，就嚇得屁滾尿流。」[13]

戈林的審判

戈林自認是紐倫堡戰犯的首領與發言人，理應受到特殊待遇。當典獄長安德魯斯要求他也必須跟其他囚犯一樣每個星期五都得清理自己的牢房，戈林怒不可遏，還氣到心律不整。安德魯斯不得已只好讓步，指派一名獄所人員幫戈林清理房間，但私下卻厭惡地表示：「戈林一直在裝模作樣，整個審判過程都是如此。法庭上，他肥胖的手臂一手搭在赫斯瘦弱的肩膀上，另一隻手橫靠著審判席的欄杆，抵著下巴露出詭異的笑容，看著審判進行。」[14]

戈林也試圖策動所有戰犯在辯護過程中口徑一致。若是有人不這麼做或認罪，他就會暴怒。戈林曾罵艾里希．馮．德姆．巴契—塞洛希是「雜種和叛徒」，因為他向檢察官供出德軍於東部戰線（Eastern Front）進行反游擊戰的細節。[15]難聽的還不只如此，他不斷大罵：「該死的骯髒下流胚！卑鄙無恥！……居然為了苟且偷生出賣靈魂！」[16]戈林氣到嘴角抽蓄，不屑地指罵同袍是「一群膽小如鼠的懦夫」。[17]

相較於其他受審的戰犯，戈林的呈堂供詞毫無道歉之意，也沒有提出任何藉口（下頁圖十五）。不僅如此，他耐心且卑微地「坦承」，戰爭中發生了骯髒下流的事，所有人都責無旁貸。

戈林對於最終的審判結果不抱任何期望。儘管他因為遭判處絞刑而非槍決氣憤不已，但他仍將受刑視為殉難。「我知道自己即將面臨絞刑。我準備好了。我註定在德國歷史上名留青史……五、六十年後，赫爾曼·戈林的銅像將矗立在德國各地，家家戶戶也會擺著我的雕像。不管尺寸是大是小，一定都會擺上一尊。」[18]

傑克森與戈林的對立

一九四六年三月，戈林做了一場鞠躬盡瘁的表演。他一整個星期都在即席作證、敘述戰爭的經過、交代自己的職責、說明戰爭的正當性，並展現對於細節的驚人記憶力。大家對於這樣的表現驚訝不已，因為肥胖臃腫的戈林看起來不過是個平凡人。《紐約客》雜誌記者珍妮特·弗朗納（Janet Flanner）曾提出自己的觀察：「這個納粹德國元帥讓馬基維利書中的王子顯得像是個愚蠢的辯者；相形之下，戈林彷彿跳脫了道德的束縛、顯得風趣幽默……除了擁有高超手腕、臃腫外貌和豐功偉業，他還是當時最具政治頭腦的人物之一，當時頭腦清晰之人可說寥寥可數……那些複雜難解的論述，乃是出自一顆泯滅良知的頭腦。」[19]

法庭上，戈林與檢察官傑克森陷入一場鬥智的角力賽。起初，傑克森似乎占了上風，而其他被告就像是希臘歌舞團般在旁歡呼鼓譟。有些戰犯嫉妒戈林的權勢，因此並非每個人都站在他那邊。[20]他們樂於隔空觀戰，其中亞爾馬·沙赫特還津津有味地說：「目前為止胖子戈林都處於挨打的狀態。」[21]

圖十五：坐在證人席上的赫爾曼·戈林（國家檔案館）

第一回合由傑克森拿下，但這只是短暫的勝利，不久即遭到逆轉。駐軍記者哈洛德·伯森（Harold Burson）對此做了簡潔有力的評論：「戈林徹底擊敗對手（意指傑克森）。」[22]前幾次審判中，傑克森習慣於許多被告千篇一律的供詞，多是「這些事很可怕，但我完全不知情，也沒有全力阻止」。不過戈林卻與眾不同，他不僅不道歉，反而直說：「還用說嗎？我們確實這麼做了。蠢蛋，因為我們在打仗啊，換成是你們也一定會這麼做。」傑克森沒料到戈林會如此大膽狂妄，只能憤怒地啞口無言。

對於傑克森的審問，戈林總是能提出反駁並發揮得淋漓盡致。英語流利的他還抱怨逐步口譯不夠精確，甚至要求多一點回答問題的時間。傑克森三番兩次想打斷戈林，但無奈其他法官認為即使戈林供詞冗長，也是他身為被告應享有的權利，因而駁回傑克森的請求。以下節錄的審訊過程便透露了傑克森的難處與挫折：

傑克森：據悉你受限於納粹德國元首體制，未能警告德國人民、未能利用職權阻止屠殺發生，甚至未能辭職下台以捍衛自己在歷史上的名聲。

戈林：你一次提太多問題了。我只能先回答第一個問題……

傑克森：……我再重複一次。賽斯─英夸特（Seyss-Inquart）當上奧地利總理之前，是否知道之後必須允許德軍入境，讓奧地利屈服於德國？或是你刻意讓他誤以為奧地利能繼續獨立？

戈林：抱歉，太多問題了，我不能一次回答所有問題。如果你問的是，「賽斯─英夸特是否在希特勒和我的指示下當上奧地利總理？」是的。如果你問的是，「他在當上總理之前，是否知道自己之後必須發送電報讓德軍入境？」我會說「不是」，因為他當上總理的時候，我們根本還沒有這個計畫。如果你的第三個問題是，「他當上總理之前，是否以為自己能夠讓奧地利繼續維持獨立？」那我必須再說一次「不是」，因為當天晚上元首還沒做出決定。[23]

類似的詰問和答辯不斷上演，而多數旁觀者均認為戈林較占優勢。他甚至還曾得意地向律師自誇：「傑克森根本不是我的對手。」[24]戈林結束供詞後，得意洋洋地誇耀自己的勝利：「別忘了，我有顆頂尖的法律頭腦，英國、美國、蘇聯和法國還得聯合動員最優秀的律師來對付我咧！而我呢，單槍匹馬就所向無敵了！」[25]

凱利與吉爾伯特對戈林做的心理評估

凱利的評估報告言詞尖銳直接，吉爾伯特則較為主觀，後期的報告也越趨空泛。不過，兩個人都認為戈林貪腐、墮落和殘暴。吉爾伯特指出：「戈林刻意表現得像個務實主義者，雖然不小心輸了大把賭注，仍舊一副無關緊要的樣子……他總是可以為戰爭提出合理藉口，聲稱自己對殘忍的屠殺作為與盟軍的『罪行』一無所知，也似乎隨時都準備好利用幽默言詞，讓大家誤以為如此一個和藹可親的人物毫無威脅性……他的自負已經到了病態的地步。」[26]不過這些都只是心理分析師的推論。吉爾伯特認為戈林是禽獸，雖然總是做出令人不屑的霸道行逕，但其實只是個懦夫。然而，凱利卻不這麼認為。他欣賞戈林毫不掩飾地展現惡霸行為，還表示社會上不乏這種人：「美國一定也有這種人，他們不惜踩著別人的屍體往上爬，只為了追求、獲得權力。」[27]對於這種欣賞「惡霸」的言論，吉爾伯特斥為胡說八道，深惡痛絕。

戈林與凱利處得很好，也的確有些人覺得凱利與戈林走得太近。[28]凱利對戈林循循善誘，戈林也覺得凱利是個很好的聽眾，偶爾還能幫他一點小忙。凱利如此形容兩人的互動：「戈林可算是很好相處和面談的囚犯和病人。每天我到他的牢房探視，他都會興奮地從椅子上跳起來，開心地與我寒暄：『早安，醫生。很高興你來看我。請坐，醫生，坐這兒。』接著他會移動笨重的身軀坐到我旁邊（審判初期他的體重仍然有九十公斤），等我問他問題。」[29]

戈林請凱利協助聯絡妻女，而凱利也幫他帶信。戈林曾對他說：「請你幫我向妻子轉達：凱利少校是我的醫生，我委託他將這封信交給你。你可以放心與凱利少校談話……也可以請他轉達你要說的話。期盼你的回覆。」[30]

戈林十分感激凱利幫忙，因此想送他一只貴重的珠寶戒指，但凱利婉拒了。儘管如此，戈林還是送他一張自己的照片略表心意。[31]

戈林十分關心女兒艾達，擔心要是他和妻子過世之後，她該怎麼辦。因此，他向自己信任的人——也就是凱利——求助，詢問他如果有天艾達變成孤兒，是否願意領養她。[32]凱利一直沒有回覆。然而，就現代觀點而言，可能會認為這似乎踰越了精神分析師與病人之間應有的分際。戈林顯然相當喜歡凱利，凱利要離開紐倫堡時，他甚至難過得哭了。[33]

凱利形容戈林是個「迷人（刻意偽裝的）、極為聰明、富有想像力和風趣幽默的人，同時卻也殘暴凶惡、罔顧人命」。[34]雖然凱利與戈林十分親近，不過他仍觀察到戈林的黑暗面：「前一刻，他還是納粹的核心人物，與每個人都交好；下一刻卻可以冷血下令處死所有同伴。」[35]凱利還表示：「他的人格屬於激進自戀的類型……眼中只有自己……對於與自身相關的事物充滿熱情，對於他人的事務卻毫不在乎。」[36]

有鑑於戈林嗜藥成癮、身形肥胖，健康狀況也不穩定，凱利擔心戈林可能撐不到審判結束。戈林遭美軍逮捕時重達一百二十公斤，還患有多種心臟疾病。凱利聲稱自己利用戈林的自戀人格成功幫他減重，不斷告訴他「要是瘦一點，在法庭上會比較好看」。[37]此外，凱利也認為戈林能夠戒除痲醉藥全是自己的功勞，因為是他慢慢減少藥物劑量，並持續針對外貌勸誘戈林戒藥。「戈林非常驕傲於自己的體能和忍痛力，因此要說服他很容易。只要舉一些其他囚犯的例子，像是身體較差的芮賓特羅普（戈林十分討厭他）。我先對他說，芮賓特羅普的藥癮很嚴重，可能一輩子也戒不掉，接著再拿戈林來比較，說他如此強壯，根本不需要靠藥物也能痊癒。然後，他就會覺得我說得很有道理……因此全力配合我的指示。」[38]

凱利指出，戈林的羅夏克墨漬測驗結果顯示他是個「天賦異稟且具有高度想像力的人，沉溺於豪奢、激進且空想的生活。擁有急欲依自我思維主宰世界的強烈野心」。[39]另一份紀錄中，凱利則指出測驗結果「揭露了顯著的自我中心傾向與強烈的情緒欲望」。因此，他得出與之前相同的結論：「被告心智健全，並未呈現病理特徵。他有能力接受審判。」[40]其他文件中，凱利則評論：「他的健康狀況極佳，不只近幾次出庭神智清醒，也仍對納粹黨懷有高度忠誠……戈林對命運抱持著隨遇而安的態度。他期待接受絞刑，精神狀態正常。依目前的狀況評估，他崩潰的機會很小，若面臨大量的罪證指控，他應該也會奮力抗戰到底。他可以接受審判，這點沒有問題。」[41]

相較於凱利，吉爾伯特似乎更注意到戈林邪惡的一面（又或者戈林只對吉爾伯特顯露出這一面）。根據戈林於一九三四年所發表的某場演說，吉爾伯特引述了其中一段言論，並提出誇張的詮釋：

戈林：我來這裡不是為了行使司法權，而是為了消滅敵人！

吉爾伯特：如果沮喪至極的人民回歸獨裁主義文化，恢復一味順從的行為模式、高舉強權統治的旗幟，戈林鐵定不會令他們失望。[42]

吉爾伯特的報告有時顯得生硬空泛，充滿死板的譴責性術語，例如：「如同典型的精神病患者，戈林始終無法成熟到不為幼稚的自尊失控。」[43]此外，他也嚴厲批評戈林只顧著盲目效忠希特勒而不管妻子的感受。提到這件事，戈林一派漠然，直說女人本來就不該插手這些事。吉爾伯特對此大力譴責：「戈林古板的自我本位意識，完全展現了陳腐的性別觀點。表面上是為了保護妻子而不得已做出的決定，實際上是出於高傲自負，認為女性天生就沒有資格干預這些事。」[44]

吉爾伯特非常擅長從旁觀察囚犯，經常竊聽並記錄他們的談話。從戈林對戰爭的態度看來，他無疑是個為達目的不擇手段的權謀主義者。

人民當然不喜歡戰爭。好吃懶做的平民怎麼會想冒生命危險打仗呢？畢竟最好的下場也只是全身而退地回復正常的生活而已。一般人當然不會想要戰爭……這很容易理解。但是，畢竟領袖才是統治國家的人，而強迫人民順從通常是最簡單的做法……領袖下達命令，人民一般都會乖乖遵守。這非常容易，只要告訴人民國家正遭受攻擊，如果有人主張和平，就譴責他們不愛國、不顧國家的安危。這方法無論到哪個國家都管用。[45]

儘管戈林能言善道、才智非凡，但也本性邪惡。由於吉爾伯特經常四處巡訪，像是飯堂、牢房或法庭，因此觀察到許多正式文件所未記錄的細節。某天法庭上，沙赫特供稱自己是反納粹分子，而當傑克森正要展開辯證攻防時，吉爾伯特聽到戈林偷偷對赫斯說：「快戴上耳機，好戲要上場了！」[46]

吉爾伯特將戈林視為「以自我為中心的交際者與謀利者，也是一個狡詐又偏執的現實主義者，將政治當作一場純粹關乎一己之利的遊戲、一場唯有聰明強勢的人（就像他一樣）才可贏得勝利的表演」。[47]吉爾伯特也發現凱利未能注意到的傾向。戈林是個手段高明的「挑撥者」，十分擅長在兩方之間挑起衝突，更透露他「試圖挑撥心理醫師與精神分析師及天主教牧師與新教牧師的關係，卻又同時兩邊討好。」[48]

吉爾伯特要求戈林進行羅夏克墨漬測驗之前，並不知道凱利已對他做過測試。當戈林看到他從公事包中拿出卡片，脫口而出：「又是這些亂七八糟的卡片。」[49]吉爾伯特得知凱利搶先一步後有些失望，但他也承認：「兩次測驗的結果幾乎相同，唯一不同的是，病患在第二次測驗當中顯露較多沮喪和焦慮的傾向。」[50]

凱利認為戈林的羅夏克測驗結果呈現顯著的智能天賦，但吉爾伯特卻不這麼認為，主張測驗結果顯示：「他智力平庸，而非具有極富創造力的智商……具有膚淺且古板的現實主義傾向。」[51]這樣的解讀反映了吉爾伯特對於凱利的偏見，因為他在其他評估中的紀錄都註明戈林智力過人。

然而，吉爾伯特從戈林檢視卡片的一個小動作巧妙觀察到一點。

他試圖「擦掉」卡片上面的血漬，再次檢視卡片後給了病態且殘暴的答案……儘管病患的表現是虛張聲勢，但他這麼做卻正好洩露出內心的罪惡感，以及想從中開脫的需求……如同馬克白夫人（Lady Macbeth）即使內心焦慮不已，仍假裝冷靜地抹除「該死的汙點」……可見他（戈林）是個懦夫，有能力採取行動卻逃避責任。

遭判死刑的數天後，戈林向吉爾伯特詢問墨漬測驗的結果，得到了以下的回答：

坦白說，結果顯示儘管你擁有主動進取的心理傾向，卻缺乏勇敢面對責任的膽量。你在測驗中的一個小動作，意外透露了你的想法……（在其中一張卡片的紅色汙點上輕輕彈了一下）。你以為這樣就能抹掉卡片上的血漬。事實上，整個審判過程中，你一直在做同樣的事……就如同你在戰爭中所做的事一樣，失控地將內心的暴虐想法付諸行動，卻沒有勇氣面對現實……你在道德上是個懦夫。[52]

這番見解頗為精闢，但我認為這也顯現出吉爾伯特在紐倫堡期間未能客觀地執行自己的工作。他比較像是個復仇者，而不是口譯員或囚犯的精神分析師。吉爾伯特得意地描述戈林的回應：「我的解讀一針見血地擊中戈林的要害，使他氣得向辯護律師指責我。」[53]這段話充分顯示了他將囚犯視為敵人的心態。在一場新聞採訪中，他清楚表達對這些戰犯的看法：「赫爾曼·戈林的無所畏懼全是胡扯。包含戈林在內，他們每個人都是不折不扣的窩囊廢。他們在牢房裡總是害怕地發抖，到了法庭才戴上假面具，裝得一副無所謂的模樣，等到真正面臨死刑，才發現事情不如想像中簡單。」[54]

從吉爾伯特所做的總結描述，可知他對戈林的看法是有所根據的：

當然，羅夏克測驗結果無法完全揭露戈林的人格架構，甚至可能連他的天生個性都無法判定。然而，長期觀察下來，我發現他是個偏激的精神病患者，對權力、頭銜、財富與食物具有永無止境的欲望，好炫富擺闊，隨時都準備好發動謀殺、偷竊或陰謀以達到目的，並且以和善開朗與幽默風趣的態度作為掩飾……他在法庭上的表現，即是他在歷史中為自己所塑造的形象的縮影：外表溫和無害，一副虛張聲勢、忠誠、天真與愛國的模樣，但又不經意流露出粗俗的本質。[55]

吉爾伯特將戈林總結為「一個無情且偏激的人物，以毫無威脅性的可親形象作為偽裝，只為了達成目的」。[56]紐倫堡審判數年後，他則改口婉轉地形容戈林是個「和善無害的精神病患」。[57]

戈林的下場

戈林遭到判刑後，問題的徵兆層出不窮。陸軍中校威廉·唐恩（William H. Dunn）接任凱利的職務，在囚犯等待行刑期間擔任他們的精神分析師。當時他就已提出警告，指出戈林「將因過度自我中心、虛張聲勢與裝模作樣而自食惡果，因此會不擇手段地抵抗」。[58]戈林在執行絞刑的一個小時前吞服氰化物自殺。之前他一直嚷嚷著絕不會讓同盟國處決自己，否則有損自己的尊嚴。他留下的遺書中如此寫著：「我寧願死在行刑隊手中。堂堂一個帝國元帥不應該死在絞刑台上……我知道自己會被判死刑，因為我是這場審判中的政治俘虜……但我希望自己能像烈士般死去。以上帝、人民與良心為誓，我認為我一點罪過也沒有。」[59]

戈林在另一封給妻子的家書中寫道：「我最親愛的唯一，經過仔細思考與虔誠祈禱後，我決定自我了斷，這樣至少可以不讓敵人以如此惡劣的方式處決我……我的生命已走到盡頭，因此我要與你告別……你要記得，我永遠深愛著你，永誌不渝。」[60]

原本軍方安排了幾名記者觀看行刑過程，其中一個特派記者金斯伯里·史密斯（Kingsbury Smith）洩漏了戈林自殺的消息。他在報導中寫道：「今日赫爾曼·戈林並未帶領最後一場納粹遊行，也就是戰犯們步向絞刑台的遊行。他在牢房裡親手了結自己的生命，因此約阿希姆·馮·芮賓特羅普接替他的位置，成為第一個受刑的戰犯。」[61]

因此，上校安德魯斯被迫向全世界詔告戈林自殺的消息。凱利得知消息後表示：「他的自殺充滿謎團，也凸顯了美軍守衛的無能。這是相當高明的舉動，完成了一個足以讓後世德國人尊崇的壯舉。」[62]吉爾伯特則持不同看法：「戈林無論是死是活，其行事風格都證明他是個試圖踐踏所有人性價值卻失敗、只能以戲劇性方式逃避罪咎的精神病患。」[63]

儘管戰爭結束後，德國境內氰化物氾濫成災、自殺率急遽飆升，*但戈林如何取得氰化物仍是個謎。[64]一九四五年四月，柏林愛樂管弦樂團（Berlin Philharmonic）舉辦演奏會，其中一首曲目為華格納（Richard Wagner）所作的歌劇《諸神的黃昏》（*Götterdämmerung*）。表演結束後，希特勒青年團站在音樂廳出口，偷偷遞上氰化物藥丸，讓不願屈服於等在門口的紅軍（Red Army）的人可以服藥自盡。[65]

戈林自殺之後，獄方多次搜索其他囚犯及其牢房，並且沒收所有違禁品，不過搜索的範圍並未包含擺放囚犯財物的儲藏間。雖然訪客與律師也都必須接受搜查，但由於受訓成為監獄守衛的士兵人數逐漸減少、人力不足，因此無法一一仔細搜查。此外，有些囚犯的牢房更配置專屬守衛，尤其是像戈林一樣知名且善於交際的戰犯。除了囚犯會暗藏藥物之外，獄方也發現至少有兩名守衛疑似偷渡氰化物給囚犯。其中一位守衛赫伯特·李·史蒂福斯

（Herbert Lee Stivers）聲稱自己受德國籍女友所託，在審判後期替戈林帶入「藥物」；[66]另一名守衛傑克．威利斯（Jack Wheelis）曾經替戈林從財物儲藏間拿回好幾件物品，也遭懷疑與戈林過於親近。

法庭甚至懷疑美國戰略情報局是戈林自殺的幕後推手。美軍仰賴戈林提供德軍的資訊，得以在迫在眉睫的冷戰之中占得先機。照這樣看來，他們很可能與戈林交換條件，讓他死得光榮一點。美國戰略情報局局長多諾萬的助理內德．普利策（Ned Putzell）宣稱是自己把氰化物送給戈林的，因為「多諾萬私下與英國代表協議，讓戈林服用氰化物自殺。戈林一直非常配合，似乎也理應獲得一些憐憫……他很高興能夠自殺，總比被處死刑來得好」。[67]

發展到最後，外界也懷疑凱利暗中幫助戈林，尤其是他在數年後也一樣自殺身亡，更加啟人疑竇。許多觀察人員注意到他與戈林關係密切，認為有可能是他偷渡氰化物給戈林。儘管如此，數十年後的今天，要再追究誰才是幫凶已不太可能。戈林自殺深深打擊了典獄長安德魯斯，因為這代表敵人的智慧更高一籌，且許多媒體都將責任歸咎於他。《時代》雜誌的報導頗有煽風點火的意味：「這是如何發生的？原因在於軍方指派了一個好大喜功卻又毫無

＊ 譯註：事實上，當時德國政府甚至鼓勵民眾自殺。

創意的人來管理監獄，而他並未善盡本分。然而，上校柏頓·安德魯斯深愛這份工作，每天早上都像隻圓胖的球鴿一樣，直挺威嚴地走進監獄，開始一天的工作。」[68]

幾年後，安德魯斯駁斥《時代》雜誌的報導：「我體重七十三公斤，身高一百七十八公分，胸圍一百一十公分，腰圍九十公分……哪來的胖球鴿？」[69]他還不厭其煩地仔細回答記者提出的其他問題。一九七七年，即使他已臥病床榻，戈林自殺帶來的陰影仍揮之不去，還曾精神錯亂地大喊：「戈林剛剛自殺了，我必須立刻通知理事會。」[70]

第七章

尤利烏斯．施特萊歇爾：「壞蛋」

小學上宗教課時，讓我生平第一次體會到猶太人是多麼令人厭惡。

——尤利烏斯．施特萊歇爾，一九四五年八月三日

陸軍中校葛瑞菲斯．瓊斯（Griffith Jones）問道：「你將猶太人稱為『吸血鬼』，指他們是『一個吸血鬼與強盜的民族』，是不是為了激起仇恨與對立？」

施特萊歇爾回答：「這只是在陳述事實，歷史會證明一切。」

——紐倫堡法庭紀錄，一九四六年四月二十九日

我們的目標不是提供資訊，而是慫恿、煽動和鼓勵民眾。宣傳部之所以成立，是為了喚醒那些還在沉睡中的人，鞭策他們持續展開行動。

——約瑟夫．戈倍爾，一九三八年

再一次來到紐倫堡

目前我們已經認識了深感懊悔的羅伯特・萊伊——捍衛勞工權益的理想主義者，以及目中無人的赫爾曼・戈林——交際手腕高明的謀略者。他們不是單純的喪心病狂，就是心懷各種幻想與恨意。但是，說到全然徹底的卑鄙惡劣、毫無可取之處的戰犯，這個人非尤利烏斯・施特萊歇爾莫屬。

這不是施特萊歇爾第一次來到紐倫堡法庭。過去幾年，他因誹謗、貪汙、施暴和強姦等罪名屢次遭法庭傳喚。[1]對此，他一點也不在意，還向吉爾伯特誇耀自己曾遭判刑「十二或十三次，上法庭的次數多到數不清，就像家常便飯」。[2]二戰爆發前，他也曾在紐倫堡監獄坐過牢，罪行是性侵。[3]儘管如此，他與凱利進行面談時卻表示自己「問心無愧」，在獄中都睡得很好。[4]

性與暴力是施特萊歇爾一貫的興趣。他極度沉迷於性愛，甚至會與年幼孩童討論性事和自己的夢遺。[5]此外，他還喜歡鞭打的快感，經常虐待囚犯以發洩壓力。[6]權力正值巔峰之時，他在某次虐待罪審判結束後性欲大開，發抖地喊著：「終於解放了，我要找個人做愛才行！」[7]

施特萊歇爾對自己的前科紀錄感到非常驕傲。後來他在納粹政權中地位攀升，曾命令下屬在自己之前待過的牢房掛上門牌，以茲紀念。他得意地說，那間牢房後來還變成納粹狂熱分子的朝聖地。[8]儘管施特萊歇爾擁有豐富的坐牢經驗，但之後遭國際軍事法庭監禁的生活並未因此比較好過。即使他外表粗暴冷酷，仍然因艱困處境的龐大壓力而喘不過氣。他經常在深夜淒厲喊叫，使整座監獄不得安寧，自己也深受心律不整所苦。[9]除此之外，為了激勵自己的鬥志，他甚至在牢房裡全裸運動，讓守衛們倒盡胃口。

多位觀察人員都曾提及施特萊歇爾異於常人的外表（下頁圖十六）。英國陸軍少校艾瑞．尼夫（Airey Neave）將他比喻為「在動物園牢籠裡大肆裸露的猩猩」，如同「十六世紀繪畫中常見的猥褻物體……（看起來像個）裸著上身、津津有味地啃著鮮肉的古代野蠻人」。[10]記者喬爾．謝爾（Joel Sayre）更如此形容施特萊歇爾：

> 雖然他只有一百六十七公分，體重卻有八十六公斤……他厚實強壯的身軀彷彿擁有源源不絕的精力。他的頭型像顆雞蛋……臉上有著濃密的眉毛和鬍鬚，簡直是希特勒的翻版……其中最醒目的特徵應該就是眼睛了——藍色的瞳孔炯炯發亮，眼白分明，血絲滿布。下巴還掛著一團肉，和那些冠軍獒犬沒兩樣。[11]

蕾貝卡・韋斯特提出了更深入的見解：「施特萊歇爾令人鄙夷，因為受害者顯然是整個社會，而不是罪魁禍首的他。他下流齷齪，就像會在公園裡幹骯髒事的那種老頭。要不是德國遭到納粹統治，不然當權者早就將他送去精神病院了。」[12]

審問人員很快便意識到施特萊歇爾不只外表奇特，連行為也十分怪異惱人。他在審訊過程中非常好辯，對自己的罪行毫無悔意。[13] 某次法庭審問中，他堅持自己和納粹黨都是無罪的，還辯駁：「現在的一切都有賴神人（意指希特勒）才能存在。」

圖十六：尤利烏斯・施特萊歇爾（國家檔案館）

他天生擅長煽風點火，無論演說或文章皆能教唆人心。曾有忠實讀者寫信向他通報猶太人的陰謀，讓他樂得在反猶太週報《先鋒報》中散布這項消息。還有個精神病患投書，指稱猶太籍醫生讓他染上毒癮，試圖逼瘋他，並與其他病患聯手在晚上扮鬼，讓他無法入眠。[14]在施特萊歇爾的指示下，《先鋒報》全是這類文章，包含猶太作法儀式和性成癮等主題，甚至還指控猶太人必須為德國的高失業率和通貨膨脹負責，因為他們從東方蜂湧而來，壟斷最繁榮的商業活動與土地。《先鋒報》也報導猶太籍醫生毒害病人，甚至還指出猶太人做善事都是為了達到邪惡目的。

在施特萊歇爾的審判中，同盟國針對他發行的《先鋒報》提出質問。

法庭：你是否曾批准刊登這篇提到「消滅」一詞的文章？

被告：「消滅」與「毀滅」在德文裡的意義不同。當時我用的詞是毀滅。「毀滅」是元首才能用的詞……在德文中，如果要說讓某人受死，我會用「殺害」或「謀殺」來表示，不過，「殺害」會是比較正確的說法。消滅有可能是為了消毒……所以不一定是殺害的意思。[15]

這些澄清並未能幫他開脫罪行。畢竟，命令不一定是指「處死」囚犯，有時只是要替他們進行消毒，這種說法實在太可笑。

一九四五年十月二十日，國際軍事法庭正式起訴納粹戰犯。施特萊歇爾收到起訴書後表示：「所謂的起訴全是胡扯，因為他們一定得抓些替死鬼來審判。難道這樣就是國際司法正義嗎？倒不如說是國際猶太正義咧。」[16]

國際軍事法庭為戰犯們提供了一些辯護律師人選，但施特萊歇爾拒絕從中挑選，因為他認為名單上的名字聽起來全都像猶太人。他想要一個支持反猶太主義的律師。之後，他如願選擇了一位名為漢斯·馬克斯（Hans Marx）的前納粹黨員作為辯護律師。其他被告則是仔細地閱讀律師名單，左思右想，努力做出明智的決定。[17]

施特萊歇爾認為「猶太人」無所不在。例如，他非常確定「傑克伯森」（Jacobson）才是法官傑克森的真實名字，還有艾森豪將軍也是猶太人。[18]他也不信任吉爾伯特與凱利，因為他覺得所有精神分析師與心理醫師都具有猶太血統。[19]因此，可以肯定的是，無論漢斯·馬克斯的政治傾向為何，辯護的工作都將極具挑戰性。

施特萊歇爾持續自掘墳墓，不斷做出不利判決的怪異行為，以致法庭不得不裁請庭外專家對他進行精神評估。實際上，這樣的決定是一向嫉納粹如仇的蘇聯所提出的要求，因為施特萊歇爾向他們表示，他其實是猶太復國主義者。有鑑於這番驚人自白，蘇聯的代表人員懷疑他心智有問題。[20]施特萊歇爾的律師在與他討論訴訟的過程中也發現許多問題，因此同樣提出被告應接受精神評估的要求。

法庭延請三位分別來自蘇聯、法國與美國的精神分析師。對比赫斯結果差異甚大的精神評估報告，專家們對於施特萊歇爾的看法顯得頗為一致：「被告尤利烏斯・施特萊歇爾神智清醒，具有上法庭為自己辯護的行為能力。所有精神分析師皆一致同意施特萊歇爾心智健全，他能夠清楚認知自己在審判期間的一切行為。」[21]

一九四六年一月十日，法庭正式審判施特萊歇爾的罪行。儘管他的審判期間比其他罪犯來得短，但當中牽涉的法律議題卻相當特殊。他為人卑鄙，就連納粹分子也受不了他，因而在一九三九年秋天起禁止他公開發表演說，並自隔年開始規定他在家拘禁。這也使得軍事法庭難以蒐集證據指控他策動戰爭。最終，法庭改以長期積極鼓動種族仇恨而犯下泯滅人性之罪行，起訴施特萊歇爾。

檢方將施特萊歇爾的文章和演說作為呈堂證供，指控他煽動暴行。關於這點，「極為」大量的歷史紀錄均有所指，畢竟他曾親手寫下這段敘述：

光是與猶太人同居的事實，就足以作為一名亞利安女性毒害子嗣的理由，因為她吸收了異種的靈魂，即使之後與亞利安男性結婚，還是無法孕育純種的亞利安兒女。她生下的孩子將會是雜種，具有雙重的靈魂與混種的身體，而孩子的孩子也將全是雜種，不僅長相醜陋、性格不定，也容易生病。現在你就知道為何猶太人會使盡各種手段來誘惑德國少女，也知道為何猶太醫生會趁女病患麻醉的時候強暴她們……因為他們想讓德國的每一個少女與婦女都懷上猶太人的異種。[22]

此外，施特萊歇爾還提倡立法將犯了種族汙染罪行的猶太人判處死刑，鼓吹入侵蘇聯以主宰猶太人與共產主義的世界。「他們必須徹底消失，這樣全世界就會了解，猶太人一旦絕種，布爾什維克主義就會跟著灰飛煙滅。」[23]

一九四六年四月二十六日，施特萊歇爾展開辯護。三天後，檢方進行交互詰問。檢察官試圖使他承認罪行，問他是否在文章中將猶太人指稱為「吸血鬼與強盜的民族」，意圖煽動種族仇恨。他回答：「這不是煽動仇恨，是在陳述事實。」[24]

他的好辯令法官反感，也讓其他戰犯瞧不起他。施特萊歇爾作證時，戈林悄悄對赫斯說：「至少我們做了一件好事，就是把這混帳踢出黨外。」[25]另一名戰犯曾向吉爾伯特表示：「他們總算要將他繩之以法了，這是應該的，至少我們都是這麼想的。」[26]

作證當天，施特萊歇爾與律師馬克斯發生激烈爭執。他知道馬克斯不會在法庭上出示猶太作法儀式的「證據」後大為光火，但律師辯稱這是考量許多納粹領袖都討厭他，加上他從一九三九年秋天起便遭退黨，因此理應難以鼓吹任何反猶太行動。這樣的辯護策略儘管有其道理，卻令施特萊歇爾感到受辱和憤怒，辯稱自己的權力並未遭到剝奪。到了法庭，馬克斯提出任何問題，他都以挑釁言詞回應，最後還失控指責馬克斯怠忽職守，並未依他希望的方式進行辯護。對此，法官們勒令他保持安靜，否則就將他逐出法庭。法官傑克森甚至還有意以藐視法庭為由驅逐他。施特萊歇爾雖然曾因口才出眾攀上權力高峰，但俗話說得好，水能載舟，亦能覆舟啊。

施特萊歇爾在法庭上為自己辯駁：「拿出證據來啊，證明有人是因為看了我的報紙才去殺害猶太人。」他宣稱自己對屠殺事件毫不知情，不需負起任何責任。「我從來沒有寫下『燒毀猶太人的房子，打死他們』這些話。《先鋒報》從來沒有出現過這種煽動性的話語。」[27]另外，他也聲稱自己的目的只是讓猶太人都離開德國，到一個屬於他們的土地（即他所稱的猶太復國主義）。結辯時，傑克森將施特萊歇爾的證詞斥為無稽之談：「真是個低俗的惡霸，專以寫作詆毀猶太人的下流文章為業，卻完全不知道這些垃圾沒人要看。」[28]

吉爾伯特與凱利對於施特萊歇爾的評估

吉爾伯特形容施特萊歇爾是個思想死板、冷漠無情又極度偏執的人：「他認為《聖經》是種色情文學，對任何人都沒用，甚至對基督也是，因為他本身就是猶太教徒。」[29] 施特萊歇爾總是可以輕易激怒每一個他認識的人。即使他因散播戈林性無能的謠言遭強制在家監禁，他在紐倫堡與吉爾伯特面談時還是無法克制自己，不斷面帶猥褻笑意地提起這件事。[30]

吉爾伯特與施特萊歇爾的互動，從以下這段交談過程可見端倪：

吉爾伯特：「你為什麼要刊登猶太人的性醜聞？」

施特萊歇爾：「原因都在《塔木德》（*Talmud*，猶太教律法）裡面了呀。猶太人是個奉行割禮的民族。像約瑟（Joseph）不就承認自己與法老（Pharaoh）的女兒通姦嗎？……那些法官是專門來迫害我的，我看得出來。有三個法官是猶太人。」

吉爾伯特：「你怎麼知道？」

施特萊歇爾：「我會辨認血統。我跟他們對到眼的時候，他們的舉止很不自然。我就是看得出來。我研究種族可是有二十年的經驗耶。」[31]

吉爾伯特在日記中如此形容施特萊歇爾：「與這個心智扭曲的人共處一室，每一刻都痛苦難熬。他說的話千篇一律，總是以猶太人割禮傳統為由，指控他們行為猥褻，並發起反猶太主義行動。」[32]

吉爾伯特請施特萊歇爾說明他如何辨識猶太人。這個話題正對施特萊歇爾的胃口，因此他不假思索就滔滔不絕，只是他給了一個怪異的答案——猶太人的臀部。他解釋：「猶太人的屁股，和其他非猶太教徒的屁股不一樣。猶太人的屁股非常女性化、非常柔軟，從他們走路時屁股晃動的姿態就看得出來。」[33]

吉爾伯特也測試了施特萊歇爾的智商，並在報告中指出，他光是回答一個簡單的數學問題就花了一分鐘（譬如：「拿五十芬尼（德國貨幣單位，等於〇．〇一馬克）去買七張郵票，一張郵票兩芬尼，共可找回多少錢？」）。[34]吉爾伯特認為施特萊歇爾精神沒有太大問題，卻具有變態偏執的人格。因此，他在報告中做了這樣的結論：「病患的態度並無凶殘或羞愧之意，只表現了冷酷、無情和偏執的特性。」[35]

一九四六年七月二十六日，施特萊歇爾聽了檢方的答辯總結後，原先偏執狂妄的態度有了一百八十度的轉變，還向吉爾伯特透露自己準備好幫助猶太人了：「我準備好加入他們一起奮戰了……猶太人將會統治全世界，而我非常願意幫助他們贏得勝利。」[36]

凱利也從許多方面觀察施特萊歇爾。他認為施特萊歇爾是個偏執的反猶太狂熱者，「完全依自己的情緒、偏見和無知發展出一套結構健全的信念……不過在其他方面卻相當理性」。[37]凱利覺得施特萊歇爾是個有趣的案例，表示：「他的生活與事業幾乎全跟著情緒走。如果你看過他懶懶地躺在床上，身穿破舊工作服、頂上無毛、大腹便便又皮膚鬆垮，一定難以想像眼前這個生物居然曾經以魅惑言詞，控制了數千名『理智的』德國人。」[38]

施特萊歇爾將自己視為因猶太人而犧牲的英雄。他向凱利表示：「過去的歷史證明，領悟真理的人總是少數，而我就是這些少數人的其中一個。我身為領悟真理的先驅之一，得以度過這些艱難的試煉。」[39]

一九四五年十二月十三日，凱利為施特萊歇爾寫了一份簡短的評估報告。他描述病患心智正常，但其思維顯露了「多年來因自我臆測而發展出根深蒂固的猶太迫害幻想」。報告最後，凱利以一貫的結論收尾：「被告心智健全，並未呈現病理特徵。他有能力接受審判。」[40]

然而，關於施特萊歇爾的羅夏克墨漬測驗結果，凱利卻是長篇大論，並以高度神經質的正常人格特質總結（因病患作答時幾乎都處於情緒化和衝動的狀態）。[41]施特萊歇爾的抗壓性（依卡片移動與色彩的測驗結果衡量）出乎意料地高，但其他答案則顯示他承受極大的壓力（由大量比例的陰影答案所推斷）。對於墨漬圖形，他則給了許多與解剖學相關的答案

（骨骼、解剖樣本、髖骨、血液和保存的半月板等等）。這些答案一般意味著受試者情緒沮喪。[42]畢竟，施特萊歇爾是囚犯，也是面臨審判的戰犯，出現壓力和沮喪的答案並不令人意外。

一九四六年一月五日，凱利於某份監獄文件中寫道：

> 施特萊歇爾代表一種極為粗俗的人格典型，他因為無法獲得他人注意而執著於一己之念。這樣的信念隨著時間逐漸發展為幾近真實的偏執狂熱。病患毫無質疑地全心奉行此信念，並顯然憑藉此信念度過審判。他的智力中等，而他唯一的成就是由幾近虛幻的深刻信念所衡量。儘管病患的認知錯誤且特異，但仍無法歸類為確切的幻想，因此可知他神智清醒。雖然這些認知是錯誤的，但病患仍不斷試圖證明，至少，他成功說服了自己。[43]

之後，某位紐倫堡精神分析師提出：「施特萊歇爾令我印象深刻，一個具有傳統精神病徵、性認知等衝突的人格。此人格缺陷反映在其極度偏執的行為上，過去二十年來一直占據他視野狹窄的生活。」[44]

現代社會的觀點（引述西賽羅之看法）

所有觀察人員均提及施特萊歇爾的「偏執傾向」。這個詞彙代表多種人格類型，最極端的症狀是精神病或精神變態。一些精神分析師認為施特萊歇爾患有精神病，但他多疑、暴力與性沉迷的傾向似乎是與生俱來。儘管施特萊歇爾令人反感的認知與行為反應了道德層面的墮落，卻不一定代表他精神異常。然而，他好猜忌的人格特質的確帶來某些惱人的問題，例如，冥頑不靈且令人反感的政治觀點是否為精神異常的病徵？若這類看法廣泛存在於某文化當中，這個問題便格外棘手。當代精神分析師與心理學家進行精神診斷時，會將這種文化理念屏除在外。即使某文化秉持的信念建立於錯誤之上或能煽動暴力，我們也不能將其視為病態文化，意圖加以「治療」。

施特萊歇爾之所以是個有趣的案例，是因為他的行為就連在納粹同類眼中也顯得古怪至極。他並非僅僅是個凶暴邪惡、意識偏執的反猶太納粹分子。對他而言，反猶太主義比較接近他存在的意義，有如指引他一切作為的明燈。

我一向對傳記很感興趣，不只因為它們的內容或風格，更因為其中顯露了一個人如何篩選出其意欲凸顯的人生樣貌。一九四五年十月，施特萊歇爾在等待行刑的日子裡寫了兩篇自傳性文章。較長的一篇有兩頁半，將近六成的篇幅都在闡述他認為猶太人都是危險人物的理念。[45]此外，他也應凱利的要求親手寫了一封短信：

致凱利少校

我生於一八八五年二月十二日，在三個兄弟和三個姊妹中排名第五。我是一位作家，曾經當過弗蘭肯（Franken）地方長官。

「他領東風起在天空、又用能力引了南風來。」

我覺得自己身強體壯。

尤利烏斯・施特萊歇爾[46]

施特萊歇爾在這封信的開頭公式化地描述了家庭背景，接著表明作家與政黨領袖的身分。然而，信中卻突兀地引述了《聖經》〈詩篇〉七十八章二十六節。我們可以將這段話視為施特萊歇爾謙卑、向命運低頭或浮誇造作的表現。不論以何種方式解讀，這段話都意味著，他除了一貫偏執的傾向之外，還具有其他面向。

不過，施特萊歇爾在其他方面的行為也頗為怪異。他與納粹同袍關係不睦，經常發生爭執與惡意批評。他無法克制自己不去散播有關戈林的謠言，甚至差點賠上性命，最後落得在家監禁的下場。

他還犯下不計其數的性犯罪。

施特萊歇爾的行為無疑受到國家社會主義影響，但也有著其他因素。他的表現接近人格異常的症狀。人格指涉一個人長期的生活模式，意即他或她的氣質。每個人生活中都會遇到低潮，狀況不盡相同，偶爾陰天、偶爾暴雨。但就施特萊歇爾而言，他的氣質明顯偏離正道，呈現墮落、猜忌、暴力與性侵的傾向。

在精神病學的研究中，人格型態始終是個模糊領域。人有各式各樣的個性，好勝、多疑、失控或孤僻，也有善變、怪異或自戀。許多人也擁有起伏不定的個性，可能視情況同時呈現多種特質。若一個人與世界連結的方式變得異常醒目且執拗難移，他就會發展出全然的精神障礙，而這些障礙通常會進一步發展為其他症狀，而且沒有一定的病癥。

人格異常的症狀千奇百怪。許多病患身受其苦，有些則會拖累周遭的人。多數病患令人厭惡，有些人卻顯得頗為迷人。但說到施特萊歇爾，我不認為有人會用「迷人」一詞來形容他。

我的房裡堆滿各種書籍。某天晚上失眠時，我選了古羅馬政治哲學家西賽羅（Cicero）所著的《圖斯庫蘭的爭論》（*Tusculan Disputations*）來看，驚訝地發現他在當中對於人格型態所提出的直接看法。從西元前四十五年的角度出發，西賽羅表示人們受「各種墮落與倔強所苦」：「人的心理障礙比生理障礙多更多，危險性也更高……人的心智一旦失常……即無法承受任何情緒，而且會持續受欲望所控制。」他還指出，這樣的「道德敗壞」根深蒂固，受社會力量所驅動。「只要有一群人一致斷定哪些事是錯誤的，所有人便會屈服。」這段敘述簡直就是在形容國家社會主義下的施特萊歇爾。[47]

然而，或許我忽略了最核心的問題。如果施特萊歇爾接受某個紐倫堡以外的精神分析師或心理醫師的評估，可能遭診斷為具有某些形式的人格異常——即一種長久存在的扭曲社交型態與認知障礙。對於一般人而言，他可能只是個「壞蛋」，集好辯、暴戾、墮落、多疑與邪惡於一身。關於施特萊歇爾這種人是否呈現了另一種恨意的本質，我們將在第十二章深入探討。

處決時刻

按照慣例，每個死刑犯在接受絞刑之前都必須表明姓名，但施特萊歇爾拒絕回答，還大喊：「希特勒萬歲！我是誰你清楚得很！」劊子手將絞索套在他頭上時，他在臨死前說的最後一句話是：「一九四六年的普珥節（Purim Feast）。」此話巧妙引述了《舊約聖經》〈以斯帖記〉（Book of Esther）的故事，將自己比擬為圖謀滅絕猶太人不成、反遭絞刑吊死的哈曼（Haman）。他不停喊叫：「你們終究都會死在布爾什維克主義者手中！」[48]

據述這場行刑情況混亂。施特萊歇爾在絞刑架上不斷掙扎，下落板開啟時，他的雙腳還是不停踢動，導致身體未能順利從絞刑架上墜下。施特萊歇爾的垂死呻吟持續了好一陣子。諷刺的是，後來他的骨灰放置於標記某個猶太人姓名亞伯拉罕・戈爾德貝格（Abraham Goldberg）的骨灰罈中，直到散撒於他處。[49]

第八章
魯道夫·赫斯：「瘋到無可救藥」

赫斯之所以如此引人注目，是因為他瘋到無可救藥；正因為他瘋到無可救藥，強押此人出庭受審似乎有違道德。他膚白蒼蒼，身體會扭曲成怪模怪樣長達數小時之久，此乃瘋人特有的舉止，要是換成常人，不消幾分鐘便受不了……他的樣子宛如心神盡失、魂飛魄散，只剩內心棲息著駭然夢魘的深淵仍完好如初。

——蕾貝卡·韋思特，〈溫室與仙客來第一章〉（Greenhouse with Cyclamens I）*，一九四六年

以圖例說明的話，若街道代表理智，人行道代表瘋狂，赫斯大半輩子都緊靠著人行道邊緣踽踽而行。

——道格拉斯·凱利，《紐倫堡的二十二名罪犯》，一九四七年

---

* 譯註：此出自作家韋斯特之著作《滿載火藥的列車》（*A Train of Powder*）。她在此章節鉅細靡遺地描寫了紐倫堡審判始末。

未解之謎

相較於禽獸不如的施特萊歇爾，形容枯槁、雙眉濃密的赫斯其精神狀態診斷起來可謂相當棘手（左頁圖十七）。外向的戈林屬越墮落越愉悅的享樂分子，赫斯則與之「迥然不同」，他為人內向，直白得不近人情，又畏畏縮縮，卻對希特勒忠貞不二（吉爾伯特形容他「如忠狗般為主人效命」）。[1]赫斯不時埋怨自己健忘痴呆，全身上下疼痛不斷，並深信受猶太人操控的同盟國，不分青紅皂白圖謀毒害他。他常前後搖晃身軀，抱怨肚子痛，但若因事分心，便馬上恢復原狀。他彷彿六神無主，整場審判都維持著詭異的姿勢。有名法庭觀察員說他「看起來瘦削憔悴，『魂不守舍』。……我不是精神科醫師，也不是心理分析師，但在我看來，他活脫像個世事於己無關的活死人」。[2]

參與觀察的醫師對此看法亦深表認同。一篇刊在醫學期刊《刺胳針》（*Lancet*）的社論認為「赫斯主要的診斷應為妄想型精神分裂症（paranoid schizophrenia）」，除此之外還患有歇斯底里失憶症、詐病症及拒絕症等林林總總症狀。[3]有些人卻覺得赫斯不過是個精於詐病的能手，其狡詐足以蒙蔽無數專家之眼。

抵達紐倫堡前的英倫插曲

一九二〇年代，赫斯與希特勒為同房牢友，還曾幫著他執筆《我的奮鬥》（*Mein Kampf*）一書。之後，赫斯便一躍當上納粹黨領袖，不僅監督黨內外教育、宗教及勞動等大小事，還不斷鞭策黨員與世界各地親納粹的盟友交流。雖然他長相奇特、性格古怪，但在早期紐倫堡集會上，卻相當能言善道。他的言語鏗鏘有力、十分渲染人心，經常呼籲群眾犧牲小我、完成大我。他常說希特勒「正在執行一項神聖的任務，引領德意志走向命定的康莊大道」，還時時鼓吹同袍「先擴充軍備，再發展經濟」，窮兵黷武以成大業。身為副元首，他也曾協助策劃入侵奧地利及捷克。

戰火持續蔓延不止，怪裡怪氣的赫斯又常惹希特勒的親信妒忌，其影響力

圖十七：魯道夫·赫斯於獄中閱讀（國家檔案館）

因而逐漸衰退。當時納粹即將展開入侵蘇聯的第二戰線，滿懷雄心壯志的赫斯卻異想天開擅自飛去英國，企圖遊說英軍與德軍結盟共同對抗蘇聯，對此英軍也束手無策。此事傳開之後，希特勒大為詫異，一怒之下將赫斯逐出黨外，並稱他「精神異常」。

赫斯的「精神異常」不久便讓英方嘗到苦頭，此待本書第四部詳述。英國精神科醫師懷疑他患有精神分裂症，並表示：「他認為自己被間諜團團包圍，性命堪憂。間諜會逼他自殺，或謀殺他後再布局成自殺，不然就是會在食物中下藥毒殺他。」[4]

失憶於紐倫堡

所有政治人物中，就屬赫斯的精神病史記載最為詳盡。身陷囹圄時，他的心理狀態一變再變，時而妄想，時而失憶，時而慮病。等到他抵達紐倫堡之後，法庭上下無一不懷疑：此人是否是裝出來的？

自古以來，裝瘋賣傻這招不外是囚徒慣用的老伎倆。在《舊約》中，大衛為保護自己不受迦特王（king of Gath）荼毒，故作心神喪失，瘋瘋癲癲地在門柱上塗鴉，口水流得滿鬍子都是（〈撒母耳記上〉二十一章十二至十五節）[5]。綜觀歷史，不時可見被告為求脫罪想盡千方百計裝瘋賣傻。難不成赫斯也是如此？美國軍事審訊部隊首長約翰・亞門（John Amen）和許多人英雄所見略同。無論赫斯的記憶究竟出了什麼問題，這傢伙無疑是個聰明人。

亞門：「你是從何時開始打算裝失憶的？從何時開始覺得這是個妙計？」

赫斯：「你以為我假裝失憶故作玄虛？」

亞門：「要是你不記得自己所犯之罪，我們不就拿你沒轍了嗎？……雖然你自稱記不得妻子的名字，英軍卻說你無時無刻都在寫信給她。」

赫斯：「啊，沒錯，我是收過她的信，所以我就直接從信封上抄下名字啊。」6

接下來的審問皆如出一轍。亞門不斷想套赫斯的話，但狡詐的赫斯不是佯稱失憶，就是沒來由地「話鋒一轉」。若雙方踢的是足球賽，亞門早就輸得一踏塗地。

問：你最後正式擔任的職位是？

答：很不幸，這部分的記憶已一去不返……醫生說這很常見，尤其是在戰時。不過我還是有可能恢復記憶。連十或十四天前發生的事，我也常忘得一乾二淨……醫生昨天還說……有時戰犯會連自己的名字也想不起來，但大受震驚後搞不好就會突然全部想起。不久我就得出庭受審為自己辯護，所以這可傷腦筋了呢。除了我自己，沒人能替我辯護。

問：你的意思是，你連在德國最後擔任的正職也記不得了？

答：完全沒印象。就像陷入一團迷霧。

問：這場審判的緣由為何，你也一概不知？

答：我不知道。我被告以何種罪名、有沒有人告訴過我，我全都不記得。我只知道這是場政治審判。

問：你知道猶太人是誰嗎？

答：知道。是一個種族。

問：你不怎麼喜歡他們對吧？

答：我對猶太人是沒什麼好感。

問：所以你立了不少法案來抵制猶太人，對不對？

答：你硬要這麼說的話，我也不得不信。不過我可沒印象。[7]

翌日，審問持續進行：

問：今天的記憶如何？

答：還是老樣子。剛才肚子絞痛了一下，現在有點不舒服。

問：你是從何時開始打算裝失憶的？

答：我不知道。我這失憶可不是裝出來的。

問：我的意思是，你是從何時開始覺得這是個妙計？

答：我聽不太懂。你的意思是我……故意耍手段裝失憶騙你？

問：沒錯，就是這意思。

答：那我也只能說，這可是天大的冤枉啊。

問：不過審判即將到來，裝失憶不是挺方便的嗎？

答：……為了審判而裝失憶對我也沒啥好處。

問：倒也是，不過你可是下令屠殺了許多人，就這點而言，裝失憶就有可能脫罪。

答：我真的做過這種事嗎？

問：證人的供詞是這麼說的。

答：你的意思是，如果我什麼也記不得，證人供詞的可信度便會降低囉？

問：多少會受影響吧。

答：還是你的意思是，我說謊會影響到判決？

問：你這麼做也是故意想博人同情吧。[8]

亞門上校在一九四五年十月正式起訴赫斯，兩週後帶著凱利回來一起加入審問。儘管雙方已數度周旋，這次赫斯卻稱自己連亞門也不認得。此次交鋒將會是一場艱苦的拉鋸戰。抵達紐倫堡時，赫斯在走廊與戈林擦肩而過，一見他便立刻行納粹禮，一面大喊「希特勒萬歲！」，而後他卻宣稱自己不認識戈林。[9]他還向典獄長安德魯斯要他在艾希康吃過的巧克力作為英方下毒的鐵證。安德魯斯認為赫斯不過是「大騙子」一個[10]，質問凱利，要是赫斯真有失憶症，怎能記得如何說英語？安德魯斯無所不用其極地費盡苦思，就為戳破赫斯的謊言，還放了早期紐倫堡集會的影片給他看，但赫斯依然故我：「顯然我一定曾參與過集會活動。不過……我記不得了。」[11]

為喚起赫斯的記憶，審問者還找來他的妻子、前任秘書，還有其年邁的教授，但赫斯卻一個也不認得。典獄長安德魯斯見狀，覺得赫斯應該是名同性戀。他在蘭茲堡監獄的鐵窗歲月中，曾和希特勒是同休共戚的牢友，因此將希特勒的大名銘記於心，髮妻之名卻忘得一乾二淨。安德魯斯透露：「若非和希特勒有非比尋常的斷臂情誼，他不會如此難以忘懷。同性戀自然會記得與自己有過另類魚水之歡的情人，而非僅行過敦倫之禮的髮妻，所以其記憶可能受此異常行為（同性戀）所干擾。」[12]

身為典獄長，安德魯斯算是中規中矩、盡職守本分，但說到審問技巧，他可是精於此道的箇中高手。他曾建議凱利如此套赫斯的話：「你騙倒了其他醫生，卻騙不了我。你的記憶力絲毫未受損，實情我倆心照不宣。若我守口如瓶，你搞不好有很大的機會能無罪開釋。要真如此，我問你，你願意轉為汙點證人嗎？要是你拒絕的話，我就揭發你的真面目。」[13]

法庭上赫斯與戈林同席而坐，開庭沒多久，他便在戈林耳邊竊竊私語：「你看著吧，這些荒謬的幻影不久便會成過眼雲煙，然後不消一個月，你就會當上德國元首了。」戈林向吉爾伯特坦言，當下聽了這番話，他才「確信」赫斯真的瘋了。[14] 作風強硬的亞門上校在一九四五年十月九日審問戈林關於赫斯之事。

問：你覺得赫斯說的是實話嗎？

答：當然，毋庸置疑。他像變了一個人似的……看起來活脫像個瘋子。

問：你是說，擅自飛去英國之前，他看起來就瘋了嗎？

答：是還沒到瘋透了的地步。但那時他就已經不太正常，莫名情緒高昂，可說是興奮異常。

問：飛去英國時比之前的狀況還要糟嗎？

答：戰爭爆發後，身居高位的他反而相對無事可做，但他又雄心勃勃、迫不及待想立功……或許是這樣才導致他如此情緒高漲吧。他老是想著要立功……抱著壯士斷腕的決心，搞得自己神經兮兮。再加上他認為地位僅次於己的下屬波爾曼（Bormann）不把他放在眼裡，直接越級向元首上報，這無疑是雪上加霜。因此他才異想天開，下定決心要做番大事，要飛去英國談和，以扭轉自身頹勢。[15]

戈林向凱利坦言赫斯老是舉止怪異，還跟另一名精神科醫師說，印象中，赫斯老是「心神不寧，愛自亂陣腳」。[16]赫斯始終封閉自我，每日放風時，都在監獄天井不停踏正步。[17]他既多疑又難搞，還大費周章寫日記時時提醒自己提防伙食，不要將安眠藥和蛋吃下肚。[18]

在此同時，傑克森法官終於答應多諾萬的提議，決定令這場世紀審判更加撼動人心，要當庭將納粹本身的罪行切切實實地公開於世，以免淪為不斷糾結於紙本證據的脣槍舌戰。一開庭，法庭就先放映了一部記錄集中營血淚的影片。吉爾伯特和凱利則佇立於被告席兩側，細細定睛觀察被告的反應，這正是確認赫斯究竟是否真的失憶的好時機。據言，當時赫斯與致勃勃地瞪大雙眼直盯著螢幕瞧，不發一語。[19]一被問到納粹所犯下的泯滅人性罪行，赫斯就勃然大怒地推卸責任，並反控負責治療他的英國醫師「以慘無人道的手法虐待他」。[20]

法庭對專家建言的決議

有鑑於赫斯的奇行怪狀，深受其擾的法庭便從世界各地延攬了七名精神科領域的翹楚來評估他的精神狀態，團隊成員包括精神科醫師、神經科醫師、內科醫師、心理分析師，其中還有擔任邱吉爾私人醫師的倫敦皇家內科醫學院（Royal College of Physicians）院長。一九四六年三月二十三日，一篇發表在《美國醫學學會期刊》（*Journal of the American Medical Association*）上的論文讚譽有加地表示，檢方此舉讓「精神科醫師在審判軸心國戰犯的過程中扮演了舉足輕重的角色，足以留名青史。」[21]

留名青史這點無可置疑，但意見一致則有待商榷。蘇聯醫師認為赫斯沒有精神分裂症，而且從其行為來判斷，實無減刑的依據，因此偏向判他死刑。英國醫師則確診赫斯患有妄想症，但覺得他可以理解審判脈絡，最後判定他有「精神病態人格」（psychopathic personality）。美方及法方則持反論，認為赫斯沒有精神異常，其失憶症狀不過是歇斯底里發作，加上詐病所致。[22]僵持到最後，評估委員會終於達成共識：「依評估，赫斯並非精神異常，意識知覺也正常，他能確實明白自己為何被告……失憶症狀一開始是裝出來的……可能是遭受巨大壓力時有意識產生的自我防衛行為，長久下來習以為常後，才無意識為之。」[23]

雖然專家們乃經密切訪談評估赫斯後才下此結語，但其判斷也深受赫斯在法庭上的詭異舉止所影響。他會滿不在乎、大搖大擺地脫下耳機，還無視他人證詞，逕自翻閱《格林童話》（*Grimm's Fairy Tales*）。專家學者見狀，無不認為反常，表示真正患有失憶症的病人，一定會好奇地全心聆聽證詞。「因此，他有選擇性失憶症，屬歇斯底里亞型……他既未感染類似的腦部疾病，思考能力也完好無損。」因此結論是，赫斯「嚴格說來」[24]沒有瘋。

因此，專家報告總結：赫斯能明白審判過程，也了解自己在受審，但苦於失憶的他，可能無法好好為自己辯護。此結語真可謂妙哉，相當鞭辟入裡！赫斯的辯護律師似乎有先見之明，老早就以他無法好好為自己辯護的理由提出抗辯。檢方則大力反斥，認為辯方並無證據顯示赫斯曾因神經損傷而導致失憶，至於他是在詐病還是無意識而為，也無從得知，因此審判必須照常進行。怪的是，蘇聯專家竟還預言赫斯會在受審時突然恢復記憶。「通常在人歇斯底里的當下，被迫得舉止得體時，就會振作起來。因此，待赫斯一上法庭，記憶也會隨之恢復。」[25]

傑克森法官認為，既然赫斯拒絕接受所有失憶症治療，無力辯護就是他自己的責任，只能自求多福。「他的失憶症不過是故意而為。報告指出，他曾稱自己早期的失憶症是裝出來的。在英國時，他曾恢復記憶，然後又再度失憶，這根本就是選擇性失憶。換言之，赫斯記得什麼、不記得什麼，我們根本無從得知。他的失憶症並非人格障礙所致，若想為自己辯護也無大礙。」[26]

旁聽過這場審判的小說家蕾貝卡．韋思特，將傑克森的看法總結得更為精闢：「理智與否，端看個人選擇。面對世事紛擾，有時人選擇任憑擺布，有時選擇視若無睹。」[27]

法庭上下對此爭論不休，法官也傾向允許赫斯不必出庭受審；為消弭爭議，一場聽證會於一九四五年十一月三十日舉行（下頁圖十八）。就在開庭前，吉爾伯特告訴赫斯，檢方可能會以無行為能力為由，命他不必出庭受審。一開庭，赫斯的律師便口若懸河地提出精神異常無罪抗辯，要求法官駁回全案，此時赫斯竟冷不防站起身，大聲說自己的失憶症是裝出來的：

考量到我可能會被以失能為由剝奪抗辯的權利，本人要在此宣布……從今以後，本人的記憶將重新與外界接軌。我是不得已才出此下策裝失憶，實際上我只有注意力有點受損，其他能力絲毫不受影響。因此，我能受審、能自我抗辯，也能向證人提問，親自回答問題也完全無礙。[28]

凱利認為吉爾伯特的「建言無疑令（赫斯）大受打擊，因精神問題免於出庭令他感到自卑，而且他覺得必須和同袍一起並肩受審。（從其行為看出）他天生有歇斯底里的性格，且極度渴望受矚目，才會如飛蛾撲火般投身致命的火坑」。[29]

吉爾伯特說：「他顯然

圖十八：古斯塔夫．吉爾伯特向魯道夫．赫斯通風報信。吉爾伯特（從左邊數來第三個，面朝攝影機）告訴赫斯（身著西裝站著）及其律師，由於赫斯無法為自己辯護，因此所有被告只有他不會出庭受審。美國軍方攝影師恰巧捕捉到這一刻。（國家檔案館）

是為保全顏面，才會當庭宣稱自己詐病。跟他詳談之後，他才承認自己並非詐病，也知道自己曾兩度在英國失去記憶。」[30]

事發當晚，凱利約了赫斯會談。當庭大出驚人之語將眾人耍得團團轉的赫斯，大感得意洋洋，在會談時卻仍大肆抱怨記憶失常。凱利認為赫斯在法庭上的言行乃「典型的歇斯底里鬧劇」，並表示曾患有精神疾病但現已康復的人，通常會克制以前的症狀，故作低調以「保護自尊心」。

赫斯：我表現得如何？是不是很厲害呀？你不覺得我把所有人都嚇得大吃一驚嗎？

凱利：（搖搖頭）我不認同你所說的「所有人」都大吃一驚。

赫斯：所以你沒被我假裝的失憶症矇騙過去嗎？你花了這麼多時間跟我瞎攪和，我還以為早被看穿了呢。

凱利：你記不記得之前給你看過的關於納粹高官的影片？當時你宣稱自己一個也認不得……

赫斯：是，我記得……我以為你知道我是裝出來的。你一直緊盯著我的雙手不放，令我相當緊張，以為你看穿了我的秘密。[31]

照赫斯的說法，他在英國時記憶就出了問題。後來他發現若佯稱記不得，審問時間也會隨之縮短，便下定決心將自己的失憶症狀詮釋得更為誇張。翌日，凱利發現赫斯不停抱怨食物被下毒，妄想越演越烈。接下來的兩週，赫斯越見多疑，也變得更加漠然，還承認有些失憶症狀似真非假。

吉爾伯特則會不動聲色地溜到戰犯的被告席和午餐室探口風，蒐集其他人對赫斯的看法，及其對他異想天開欲與英國談和的感想：「簡直愚蠢到了極點……有夠幼稚無知……真是太不像話了，德國竟然是由如此不負責任的人所統治。」[32]赫斯自投羅網式的自白及詭異的言行舉止，亦令其他戰犯震驚不已。施特萊歇爾坦言：「我認為赫斯的行為實在令人不齒，令全德同胞尊嚴掃地。」[33]也有人對赫斯古怪行為的來由侃侃而談。戈林覺得赫斯縱欲無度、太常自慰，才會變得如此怪裡怪氣。戈林還透露：「偷偷告訴你，不要洩露出去，其實赫斯根本無法滿足他老婆。」[34]戈林繼續掀底：

你也知道赫斯不正常——或許他已恢復記憶沒錯，但他仍深受被害妄想症所苦。舉例來說好了，他常常抱怨有人把機器置於他的牢房底下，想藉馬達運轉發出的噪音將他逼瘋。我說我也有聽到馬達聲從牢房底下傳出。諸如此類的事，他一直怨聲載道個不停。我沒辦法全部記得，但他抱怨的不外乎就是：有人故意將咖啡泡得太燙想燙傷他，不然就是故意泡太冷搞得他心煩意亂。他是沒實際說出這些話，不過大概就是諸如此類的事。[35]

儘管眾說紛紜，法庭最後仍決定採信赫斯的自白，允許他繼續受審。矛盾的是，赫斯的證詞卻令真相更加撲朔迷離。如一名當時參與紐倫堡一案的律師所述：「(赫斯)這一開口，又再度官司纏身，律師也由此認定其心智不太正常。正常人不會明明快脫身，又自己淌入這攤混水。」[36]他以精神異常為抗辯，「差點就脫罪開釋」，到此地步，只有瘋子才會自掘墳墓，宣稱他的病都是裝出來的！[37]

或許就是此觀點令赫斯免於一死，僅受終身監禁。在一九四五及一九四六年那時期，聚集紐倫堡的專家無法對赫斯的精神狀態達成共識，因此到了二十一世紀，真相仍猶陷五里迷霧。當時法庭連審判該如何進行、要不要讓赫斯出庭作證，都備感困惑。凱利曾建議讓赫斯受審，並徵詢精神科醫師的意見，確認「以赫斯的心智狀態，判其死刑是否合乎情理」。[38]

赫斯寫於審判之後

審判落幕後，赫斯在一九四六年十一月十六日提筆捎了封東拉西扯的長信給英國法西斯聯盟領導人（British Union of Fascists）奧斯沃德・莫斯利爵士（Sir Oswald Mosley）。在戈倍爾位於柏林的宅邸私定終生的莫斯利，是名忠誠的法西斯分子，曾伴墨索里尼左右。由於立場與執政者相左，戰時他多半在獄中服刑，不然就是被軟禁在家。赫斯致信莫斯利到底想得到什麼好處？我在國家檔案館內找到一封打字稿的信，信紙邊緣還有赫斯手寫的校訂文字。信中通篇胡言亂語，令人難以言喻，可見赫斯果真思緒凌亂，妄想相當嚴重。他早已被判終身監禁，寫這封信也無濟於事。

信一開頭便寫道：「請將此信悄悄送至現居倫敦的莫斯利爵士手中，事成後必有令人滿意的重賞。」赫斯又寫：「以下是我打算公布卻從未說出口的『遺言』開頭。一九四二年春，我深受嚴重便秘所苦，醫生開了瀉藥給我，卻一點用也沒有……後來我再度喝了可可，又開始便秘了。」赫斯在信中鉅細靡遺地描述自身胃腸困擾，長達好幾頁，接著信的內容越來越離譜：

在英國時，我身邊有些人的行為令人費解，這些人常被調來調去，換了一個又一個。其中有些人……一開始那幾天，我身邊的人眼神相當詭異，目光呆滯無神……不只我注意到他們眼神古怪，在一九四二年春天治療過我的約翰斯頓醫師（Dr. Johnston）也有同感……約翰斯頓醫師不知道其實他第一次來替我看診時，他的眼神也是如此。現在要說的才是重點：之前提及的審判，其報告上也描述被告目光閃現異樣神采，既呆滯又茫然無神，尤其是莫斯科的審判。[39]

赫斯曾與審問官交鋒，毫不退讓，但信中字字句句讀來完全不像出於足智多謀的他之筆。向莫斯利大訴好幾頁的苦衷後，赫斯重複了自己在紐倫堡法庭上所做的最後陳述：「吾乃三生有幸，才得以在我德意志民族千年選一的偉人阿道夫．希特勒麾下效忠多年。就算可以，我也不願遮掩這段傲人經歷。我甘願追隨元首左右，絕無二心亦無怨無悔。」[40]

凱利的評估

天天替赫斯看診的凱利，在一九四五年十月十六日寫了份報告交與傑克森法官，報告中提到赫斯有些憂鬱，但心智正常，亦非特別多疑，但深受失憶困擾。他記不得自己的生日，早年生活點滴也忘得一乾二淨。凱利要求法官授權以阿米妥催眠療法治療他，請求卻被駁回。

凱利擔心赫斯進食得不夠，赫斯卻回說：「如果我沒被吊死，到時再增胖也還來得及。但如果要被吊死，吃不吃藥、食物吃多吃少，又有何差別呢？」[41]審判期間，赫斯覺得胃痛好轉，並將此歸功於「『有人在他食物裡放的』少量毒物在以毒攻毒」。[42]凱利和吉爾伯特皆提過，赫斯會不斷偷藏食物作為樣本，還曾將幾滴果醬置於吸墨紙上，以紅蠟密封，好寄去檢驗裡頭是否含有傷腦毒藥（圖十九）。[43]他向凱利坦言，無法將這些荒謬的想法拋諸腦後，也無法克制自己，只能任其蠶食心智。「至今這些妄想仍會偶爾來襲。我會盯著一片麵

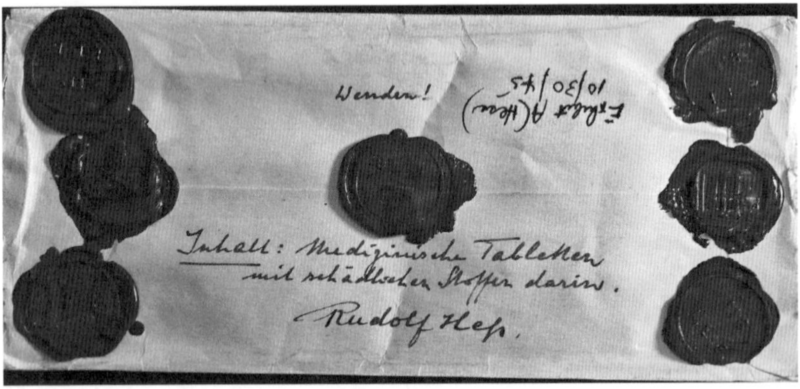

圖十九：魯道夫・赫斯彌封的信，裡頭裝有幾滴果醬，據稱裡頭下了傷腦毒藥。（道格拉斯・凱利之私人文件，照片由凱利本人親攝）

包……看著看著突然就覺得裡頭有下毒。我試過說服自己不要去理它，但通常只能以拒食來解決問題。」[44]

儘管赫斯的智商高於常人，失憶症狀卻前後矛盾，凱利全看在眼底，認為此乃詐病及歇斯底里症（現在稱之為解離症）使然。為喚起回憶，一名曾為赫斯秘書的人還遞了張舊照片給赫斯看，卻被他手一擺揮開：「我不要任何幫助。」凱利寫道：「在場所有人一看就明白，他不想冒險露出任何馬腳。」[45]

凱利說赫斯的記憶時好時壞，有時是故意為之，有時乃遭受巨大情緒壓力所致。赫斯後來曾向他坦言，法庭上所言一切全是胡謅，大部分的失憶症狀其實都是真的，而且神智雖已逐漸好轉，現在「仍不太靈光，腦袋也很容易疲憊」。為證明赫斯並非總是在裝病，凱利指出裝失憶對赫斯而言並無益處：非但自己抗辯起來礙事，律師也因此綁手綁腳，沒「幫他脫罪」反而還推他入坑。凱利在一九四六年一月寫道：

他抱著不切實際的幻想飛去英國卻無功而返，才產生嚴重妄想，以為英方不斷迫害他。他也開始失憶，隨著失憶症病情加重，妄想也消失了。二度自殺未遂後，他恢復了記憶，卻又開始產生妄想。一抵達（紐倫堡）後，妄想又消失，記憶卻再度出問題。他在法庭上的脫序演出乃歇斯底里反應……經過仔細檢查後，發現赫斯的確有某方面的記憶受損。他自己也承認，有時有些事完全沒印象，多年來症狀時好時壞。至於其妄想，則介於有意無意之間的灰色地帶。他自己也明白一直覺得食物被下毒並不合理，卻無法擺脫此思緒……他的失憶症也可能再度復發，最後被送入鬼門關前，或許會再度歇斯底里發作。[46]

受赫斯冷臉相待的凱利嘆道：「離開之前，所有戰犯都曾對我的醫者仁心表達感激之情，只有他不為所動。赫斯這個人就是如此——妄想偏執、疑神疑鬼，拚了命想成大業，心血卻全付諸流水，然後就蠻不講理地歇斯底里發狂……他自命為納粹黨碩果僅存的領袖，直到最後都會堅守他那不切實際的理想——前提是身心不穩定的他，沒再度受刺激精神病發。」[47]

凱利在獄中筆記上對赫斯的看法則較為保守，認為其「並無精神病態的徵兆」。在其一九四五年十二月十三日寫下的簡短紀錄中，可一窺當代精神評估基調。赫斯常常漠然離群，有時叛逆不合作。他的精神運動反應遲緩，情緒毫無起伏。凱利還注意到他「有明顯的歇斯底里傾向，還產生輕微妄想反應……常出現被下毒的妄想，如同在英國那時一樣」。雖然當時他的記憶尚未受損，謹慎的凱利還是加上一句「僅目前如此」。[48]

「輕微妄想反應」這個用語乃一九四〇年代醫界遺風。直到一九六八年《精神疾病診斷與統計手冊》第二版問世之前，所有精神疾病都被稱作「反應」，由此可見，當時認為精神病症只是人應對環境的行為，而非實質存在的疾病。「輕微」這個詞亦意味深遠。顯然，凱利認為赫斯有別於那些時常進出急診室或精神科醫院的嚴重妄想症患者。但凱利畢竟用了「妄想」這個詞，代表他覺得赫斯不僅僅是「多疑」而已。然而，他所謂的「歇斯底里」又是怎麼一回事？這更加難以解釋了。一九四五年時的歇斯底里症，應該不過是言行脫序誇張或大題小作罷了。

凱利在別處所寫的評估卻與此大相逕庭。他形容赫斯「是個瘋子……性格既內向又害羞畏縮，事事多疑，以自己古怪的想法看待周遭一切。」他還描述赫斯「情緒不成熟，是唯一不肯面對現實的戰俘，不肯承認納粹主義已全軍潰敗。他有妄想症，又相當幼稚，常蠻橫地歇斯底里發狂，做什麼都一敗塗地。知道自己不會被處絞刑後就鬆了一口氣，看似復原。然而，赫斯將終其殘生，不停在瘋狂邊界游移」。凱利以其獨樹一格的筆鋒寫道：「以圖例說明的話，若街道代表理智，人行道代表瘋狂，赫斯大半輩子都緊靠著人行道邊緣踽踽而行。」[49]

測試日期

事件	12/1	12/6	1/20	2/24	3/2	3/17	4/6	5/11	6/2
童年	+	+							
加入納粹黨	+	+	±						
飛去英國	+	+	±						
審判：精神評估	+	±							
證人拉豪森將軍（Lahousen）作證（12/1）		+							
證人馮・德姆・巴契－塞洛希作證（1/7）				+					
證人馮・保盧斯（von Paulus）將軍作證（2/12）				+					
戈林的抗辯（3/8-22）									
赫斯的自我抗辯（3/25-26）									
粗略回憶範圍	終生	終生	兩個月	兩週	兩週	兩日	一日	一日	半日
記憶廣度（全順序及全逆序）	12	15	9		7	7		8	7

圖二十：吉爾伯特記錄赫斯記憶狀態的圖表。圖表中，+代表記憶正常（一般健忘不算）；± 代表記憶不完全（忘記重要細節）；灰色部分代表有點記憶（幾乎不記得）；黑色部分代表毫無記憶；表格空白部分表示資料遺失。（獲約翰・黎斯〔J. R. Rees〕允許，改編自其著作《以魯道夫・赫斯為例：司法精神醫學及診斷之缺陷》〔*The Case of Rudolf Hess: A Problem in Diagnosis and Forensic Psychiatry*, New York: W. W. Norton, 1948〕，感謝查爾斯・吉爾伯特〔Charles Gilbert〕授權改編）

吉爾伯特的評估

比起凱利，吉爾伯特較能理解赫斯，但他承認赫斯「十分消沉，老三緘其口，又相當健忘，很難直接從他那探出任何口風」。[50]吉爾伯特將起訴書影本交給赫斯一覽，赫斯看完還在上頭寫了「我對魯道夫・赫斯這個名字沒印象」。[51]吉爾伯特描述赫斯冷淡漠然、心不在焉，至於健忘則像演出來的，赫斯是「故意壓抑閃現心靈迷霧的回憶片段」。[52]

吉爾伯特行事嚴謹，習慣按部就班，在一九四五年十二月至一九四六年六月間，不斷重複測試赫斯的記憶力，並詳加記載（圖二十）。吉爾伯特相當有系統地反覆詢問赫斯對往事種種的回憶，問他記不記得自己的童年，記不記得曾為納粹黨效命，還問他是否記得在法庭上所做的證詞，另還施行記憶廣度測驗來測試其記憶力。

一九四五年十二月，赫斯回憶前塵往事絲毫無礙，記憶廣度測驗結果亦顯示其記憶力十分優秀。但自此之後，他的記憶便每況愈下，無法回溯童年，也不記得自己曾加入納粹黨或飛去英國求和，審判中所做的證詞也是說過就忘。赫斯有時會對吉爾伯特坦承自己是故意裝失憶，有時卻又說自己的思考力及專注力正逐漸恢復。[53]

赫斯不停對食物一事感到憂心忡忡。他深信餅乾被下毒，害得自己頭痛腹瀉腦袋一團亂，要求周遭眾人幫他試吃，包括凱利、吉爾伯特，連其他戰俘也不放過。別人是否也會出現同樣的反應？這批餅乾「安全」嗎？對此，他的牢友也有話說。沙赫特的話相當言簡意賅：「順道一提，赫斯是個瘋子。」[54]吉爾伯特耐著性子嘗了一塊赫斯的餅乾後，冷靜地對他說：「我會再告訴你吃下餅乾後，有沒有頭痛或任何不適。」[55]

吉爾伯特費盡苦心去了解赫斯的想法、體會他的感受。為顧及赫斯顏面，他還想盡各種法子來幫他克服失憶症，建議他若多休息或寫日記，注意力便會慢慢恢復，記憶也會隨之重回正常軌道。臨床而言，此治療手法相當高明，但療效卻不明。赫斯一開始抱怨失憶，後來則抱怨無法專注，接著又哀嘆起肚子痛。赫斯深信有人故意害他，莫非罪魁禍首是安德魯斯上校？其他戰俘也多多少少有身體不適的問題，從胃痛、頭痛，到心悸失眠，全是人在高壓下常出現的反應。但全身上下各種病痛實在令赫斯吃不消。

羅夏克墨漬測驗

凱利說赫斯對羅夏克墨漬圖二號（見第十章）的回應為：「滿手鮮血的兩人在大談作姦犯科之事。」凱利施測過上千次羅夏克墨漬測驗，跟血相關的回應並不算非常少見。但接下來赫斯卻離題，「思緒開始離不開血，反映出其塗炭生靈的回憶」。[56]凱利認為赫斯焦慮不安、思緒怪誕，從他對別張圖詭異的回應便可看出。他以簡短的一句話來總結其羅夏克墨漬測驗結果：「他基本上有歇斯底里性格，但沒有精神病」，並認為「此人有行為能力，且無精神錯亂徵兆」。[57]他還說雖然赫斯對圖片的反應有古怪之處，但也沒有怪到是妄想，不過不排除未來有精神病發的可能。[58]

「赫斯深受精神官能症所苦，主要是歇斯底里症，乃性格偏執所致，」凱利如此寫道，「換句話說……赫斯性格既內向又害羞畏縮，事事多疑，以自己古怪的想法看待周遭一切。」赫斯的羅夏克墨漬測驗結果有些相當詭異，像是「一見彩色圖片就大驚失色，受測時緊張兮兮，對色彩、陰影的描述粗略，形狀辨識不清」。凱利覺得赫斯「受歇斯底里失憶反應所困擾，但很明顯地，他的失憶症狀大多是裝出來的」。[59]

吉爾伯特則是注意到赫斯防衛心很強，受測時相當寡言。圖片共十張，一般人每張圖會答出二至三種不同的物體，但全程下來赫斯的回答只有十五個。吉爾伯特認為「赫斯眼中的圖毫無生氣，可見他缺乏同理心、內心空泛。他對色彩的描述不清，可見情緒不穩定，才會經常歇斯底里發作」。一般人做羅夏克墨漬測驗時，至少會注意到有幾筆墨漬呈動態狀（比如看見一隻蝙蝠在飛），但赫斯眼中的圖卻是死氣沉沉、毫無生機。[60]

吉爾伯特另語帶玄機地提到自己曾讓赫斯重新受測，但這回也「毫無進展。重測時他依然認知能力有限，亦鮮見創意觀念構成能力」。[61]他的結論是赫斯「嚴重缺乏情感，情緒也難以觸及，此乃典型類分裂性人格（schizoid personality）的特徵」。

於二十一世紀重新評估赫斯

赫斯在一九四五年將眾人弄得一頭霧水。法庭旁聽的觀眾大都認為他瘋了。即便各種疾病纏身，吉爾伯特、凱利及來自世界各地的專家仍認為他有能力受審。但大家都同意他無法認清現實，尤其是異想天開飛去蘇格蘭之舉，最令人匪夷所思。堂堂一名副元首，竟覺得自己興之所至就能未經授權談定和平條約？至於赫斯過分誇大自身症狀這點並無爭議，只是誇張的程度倒有待商榷。若在現代重新評估赫斯，是否能真相大白？現今可善用例行問診常用的臨床工具，以及較少見的研究專用探測法，來加以解惑。

以例行問診判定診斷依據已行之有年，但在當時的紐倫堡，醫界對各類精神疾病的主要病徵並無定論。昔日，醫界將人所經歷的一切視為息息相關，不同症狀宛如水彩畫中的顏色，相互暈染。直到一九八〇年，《精神疾病診斷與統計手冊》第三版付梓後，精神科醫師及心理學家才逐漸開始採用精確的標準來診斷精神疾病。即便如此，仍有兩大問題懸而待解。

一是牽扯到人心的問題，往往模稜兩可，超乎預期。我曾參與編撰《精神疾病診斷與統計手冊》第五版，也算是製定此手冊的「重要人士」，但就連我也必須坦言，診斷標準乃僅供參考。所謂的典型案例屈指可數，症狀琳琅滿目，橫跨數種診斷的患者卻比比皆是，因此醫者必須仰賴自身臨床判斷做出正確的診斷，並給予適當治療。

另一個問題更為棘手——預設病人所言為真。醫師都假定病人會如實稟報，但病人忘的忘、裝的裝，有些還會捏造病史及症狀。每位專科醫師都會面臨此困境，但由於精神科難以用生理證據或實驗測試作為依據來診斷，受偽造病史矇騙乃家常便飯。儘管牽扯到官司時，醫師不會盡信患者所言，但大體上還是得仰賴患者自述。至於真實與否，醫師只能自行判定。大衛・羅森漢（David Rosenhan）*和同儕曾做了一個相當著名的實驗，發現若健康正常的控制組受試者到精神科病院謊稱有奇怪的幻聽，醫師便會令其住院治療。[62]換言之，醫師的預設立場是，除非有理由懷疑患者，否則其言應當屬實。要是沒生病，誰會花費大把時間

＊譯註：著名美國心理學家，此假病人實驗曾於一九七三年刊載於《科學》期刊上。

金錢跟心力來看診？但在打官司時，撒謊乃「習以為常之事」。百分之二十到三十的殘暴罪犯被告會佯稱不記得犯下的罪，至於失憶究竟是真是假，我們也有因應之道可釐清。

從臨床經驗來看，或許可將赫斯大致「歸入」幾類疾病，但若要精確說明則還得費一番工夫。當然可將他診斷為詐病，也可視他為患有解離症、身心症、精神分裂症或妄想症。既然現在已有標準來確診赫斯的症狀，相較於一九四五年的精神科醫師，我們應更為得心應手。然而實際上，赫斯可能受許多不同的精神疾病所苦，如莎翁名言所述：「悲傷不會單槍匹馬降臨，而是成群結隊來襲。」[63]

即使醫師能更精準地依赫斯的症狀下診斷，他時好時壞的妄想症卻依舊令人百思不解。現今，像赫斯這樣的病人妄想一復發，我們馬上就會認定他沒定期服藥。七十年前治療精神分裂症的藥物尚未上市，當時的醫師早已習慣患者病情時好時壞，但今時今日，對從未服用抗精神病藥物的患者的病情起伏，我們卻不甚了解。

相較之下，研究員則是輕鬆不少，可用幾種檢驗方法來確認精神分裂症的診斷（例如善用遺傳標記及量測神經元對刺激的反應）。[64]然而，這些技術僅限於研究領域，尚未應用在臨床問診上。坊間也有各式各樣的測謊工具，但拿測謊器、事件相關電位（ERP）、大腦造影術、瞳孔反應等來測謊用處不大，因為機器總有誤判真假的時候。

自一九四五年以來，研究者在認知測驗領域進展神速。若法庭神經心理學家在今時今日與赫斯當面對質，輕而易舉便可判定他是否在誇大自身症狀。[65]然而，一旦確認誇大屬實，就很難區分他是患了解離症還是在詐病，箇中差異必須深究其動機意圖才可判定，真要一探究竟並非易事。[66]不幸的是，就診斷赫斯的成果而言，現今的臨床醫師及研究員和自一九四一年至一九四六年評估過他的同僚，實是難分軒輊。

步入尾聲

也有一說是赫斯為同盟國對他有失公允，因此他才會不惜「捏造一切」來矇騙精神科醫師和法庭上下。[67]為求和，他冒險飛去蘇格蘭，卻被不當監禁，亦不得見有關當局一面。為逃避審問，他假裝失憶；為了讓自己有事可做，才將食物樣本藏起，用紙包住以蠟密封。情治單位下藥或操控心智乃時有可聞，擔心食物被下毒也不足為奇。[68]因此，我不認為一切都是他捏造出來的。審判期間和審判前後的數年以來，他的言行舉止一直相當古怪。

專家已於一九四六年明白表示無法確診赫斯。他對自身健康憂心忡忡，若以《精神疾病診斷與統計手冊》第四版為依據，應會被診斷患有慮病症或體化症；若以《精神疾病診斷與統計手冊》第五版來看，則應患有身心症。同時他也常失憶，病情時好時好，有時並非刻意為之，現在看來應是解離型失憶症。有時他是故意誇大失憶症狀好避開審問，這則是在詐病（完全不屬於精神疾病）。終其一生，赫斯都無法擺脫對食物、毒害、食品添加物的莫名妄想，我猜今日大多數的精神科醫師都會認為他患有妄想型精神分裂症。

一九四六年八月三十一日，赫斯在法庭上做了最後陳述，滔滔不絕抱怨自己周遭的人眼神皆呆滯詭異，還說在莫斯科的公開審訊上，被告目光也是如此「呆滯無神」。長篇大論二十分鐘後，法官忍無可忍，終於出言制止，要他趕緊作結。赫斯一聽只好重新振作，不再談論呆滯的眼神，反而說：「吾乃三生有幸，才得以在我德意志民族千年選一的偉人阿道夫．希特勒麾下效忠多年……無怨無悔。」[69]一下大談呆滯的眼神，一下卻又目空一切大談對希特勒的忠心，這番奇言怪論肯定也令法官咋舌。

蕾貝卡．韋思特描述了判刑當日：「宣告判決那天，赫斯鬱鬱寡歡，內心糾結不已、天搖地動。他用手不停拂著眉毛，彷彿想拂去滿布眉上的蜘蛛網，但也只是徒勞，只能任憑自己被黑暗包覆。貌如困獸的他，臉上已不見人性光輝，在座位上前後搖晃起來，節奏如鐘擺般規律……不久便有人將他帶走，半敞的地獄之門在前候之。」[70]

特別法庭判赫斯終身監禁於坐落柏林的施潘道監獄（Spandau Prison），同其他六名戰犯押送至此處受刑。自一九六六年以後，只剩赫斯這名戰犯獨囚這座龐然險峻的獄所。他依舊多疑，依舊抱怨肚子痛，依舊每晚嗚咽入眠，多年來不願見妻兒一面。一九八七年八月十七日，魯道夫．赫斯於施潘道監獄自縊，時年九十三歲。諷刺的是，四十一年前逃過絞刑一劫的他，最後卻上吊身亡，令人不勝唏噓。有恐此地成為新納粹分子膜拜的聖堂，施潘道監獄現已拆除，如今原址高聳著一棟新穎的購物中心。

第四部

紐倫堡終曲：羅夏克墨漬測驗之爭

第九章

水火不容的搭擋

瘋狂無以解釋納粹的惡行。跟所有人類一樣，他們不過是周遭環境形塑出的怪物，自己也形塑了周遭，只是影響之大，多數人難以望其項背。

——道格拉斯．凱利，《紐倫堡的二十二名罪犯》，一九四七年

是怎麼樣的動物，會策行無謂的殺戮計畫，如此慘無人道地冷血屠殺無數同類……？

——古斯塔夫．吉爾伯特，《一探殺人不眨眼的機器人之心》（*The Mentality of SS Murderous Robots*），一九六三年

合作初期

紐倫堡的工作告一段落後，近身與邪惡周旋的凱利和吉爾伯特不知能否全身而退。兩人

日日夜夜和戰犯面對面打交道，坐在窄小的折疊床上，提心吊膽聽著施特萊歇爾及其他惡棍述說暴行，邪惡似乎也稍稍沾染上身。

獄所內又濕又臭，環境宛如壓力鍋，加上外頭戰火延燒、瓦礫飛散，兩人一刻也不得閒。如此燭火兩頭燒，大部分的人難免都會揣揣不安，若身旁有親友相伴，儘管精疲力盡，或許還熬得過去。可惜凱利和吉爾伯特說不上是好友，也只能彼此將就。

但兩人連在公事合作上也處不好。我老是告誡新生：「選擇合作夥伴要小心。」合作融洽便有如婚姻和諧，合作不睦則如同婚姻破裂，跟蹤騷擾、多年訴訟纏身，樣樣都來，有得你受。凱利和吉爾伯特的合作關係就像後者。兩人在情勢所逼、地緣之便下共事，但角色和責任皆分配不清，即使雙方都聰穎睿智、滿懷雄心壯志，並極欲了解納粹領袖，世界觀卻天差地遠。

凱利隨和又健談，博得各路人馬好感，戰犯和記者皆受攏絡。吉爾伯特則一絲不苟、注意細節。兩人皆費盡時間心力會診戰犯，累積了大量筆記、觀察報告和羅夏克墨漬測驗結果。凱利先拔得頭籌，於一九四五年八月四日向艾希康回報，接著在一九四六年一月離開紐倫堡。吉爾伯特則較費工，從一九四五年十月二十三日至一九四六年十月花了整整一年的時間。雙方也在時程表上互相較勁：「我先完成」對上「我在那裡比較久」。

計劃合著一本書探討紐倫堡種種的兩人，口風也不密實。凱利愛跟記者嚼舌根，就連寡言的吉爾伯特也向《真理報》（*Pravda*）記者透露兩人合著一事。此事傳到典獄長安德魯斯耳中，令他大為火光。

決裂

凱利帶著所有筆記離開了紐倫堡，吉爾伯特聲稱他連自己寫的也一併帶走了。吉爾伯特說凱利打算寫一本關於種族歧視的書，對兩人探討納粹戰犯的合著已興趣缺缺。[1]實際上，凱利早已在洽談紐倫堡案一書合約。[2]離開幾週後，回到美國的凱利致信吉爾伯特，向他要審判時的訪談和文字紀錄影本，卻被一口回絕。[3]

離開紐倫堡後，凱利不加思索便逕自接受媒體接連訪問。喜愛當鎂光燈焦點的他，恣意大談紐倫堡軼事，還上了小報頭條。一九四六年八月，他將當時的一段訪談交給《週日快報》的豪爾．惠特曼（Howard Whitman），標題為「戈林及同夥牢中密語」。[4]過了幾週，彷彿嫌原來版本不夠煽動人心似的，惠特曼還製作了加長版，題為「悲鳴吧，納粹，悲鳴吧」[5]，刊在《科里爾週刊》（*Colliers*）上。

紐倫堡法院人士對此大感不快。紐倫堡特別法庭審判長喬佛瑞・勞倫斯爵士（Sir Geoffrey Lawrence）向典獄長安德魯斯抱怨，安德魯斯聽了馬上就呈交訴狀。安德魯斯的文件被收藏在位於賓州卡萊爾（Carlisle）的美國陸軍軍史研究所（US Army Military History Institute）裡，我在那堆文件中無意翻到此訴狀。[6]凱利老早在事發數月前卸下軍職，安德魯斯自己也明白無法懲處有失檢點的凱利，但一向循規蹈矩、一絲不苟的安德魯斯，為「正式記錄在案」，還是寫下了這本訴狀。

但凱利的作為並非全是聳動的八卦。他撰寫了一系列文章，闡述自身對戰犯的獨特觀點。一九四六年四月，他在紐約發表了納粹羅夏克墨漬測驗初步結果，後來將其寫成論文刊載於《羅夏克墨漬測驗研究期刊》（*Rorschach Research Exchange*）上，文中凱利的見解大致可見梗概：「納粹基本上神智正常，統治多年來殘暴無章的惡行，他們自己心裡也有底……這種人國內也可見，要是非得踐踏全美半數人命才能統治另一半的人，他們很樂於殺個屍橫遍野以達目的。」[7]

之後接受《紐約客》專訪時，凱利亦堅持己見：「除了萊伊之外，這些人沒一個是瘋子……我還沒見過如此自認純白無瑕的傢伙，這二十一個都是。」[8]見解獨到的凱利十分擅於描述性格，其經典在《紐約客》這篇文章一覽無遺：「戈林像一名海盜……要是在過去，他應該是住在臨海別墅、疼愛妻兒的好丈夫，晚間大宴賓客時，趁機偷溜出去擊沉一艘船，殺光船上所有人後，再不動聲色地溜回來找樂子。」

凱利還提到戈林在艾希康戒毒時的戒斷反應：「他不時抱怨腿痛、大腿痛，我告訴他，再這樣唉聲嘆氣，簡直跟芮賓特羅普沒兩樣了，話一出口便再也沒聽他抱怨過。」他也活靈活現地描述了赫斯這個人：「赫斯像個發展遲緩的青少年，就是那種會跟大家一起圍著篝火烤棉花糖，看遊行看得目瞪口呆的傻子。」

在凱利奪去眾人目光之時，蟄伏在紐倫堡的吉爾伯特則坐立不安，急得如熱鍋上的螞蟻。

出版大戰

訪談演講邀約不斷的凱利，抽空寫下了《紐倫堡的二十二名罪犯》一書，正和賽門舒斯特出版社（Simon and Schuster）洽談書約。同時，在紐倫堡的吉爾伯特也正馬不停蹄地趕著大作《紐倫堡日誌》（*Nuremberg Diary*），並著手和法勒史特勞斯吉魯出版社（Farrar, Straus, and Giroux）接洽。凱利的書篇幅較短，在這場出版競賽中一馬當先。吉爾伯特的書篇幅較長，也尚未完成。[9]雙方的較勁，出版商也知情，不斷督促兩人加緊腳步趕稿，以免被對方搶先一步奪去風采。

賽門舒斯特出版社婉拒了凱利，書後來由一家小出版商格林伯格（Greenberg）接手，於一九四七年付梓，評價好壞參半。一名評論家說：「本書讀來十分有趣，令人愛不釋手……文字白話不艱澀，是一大優點。」他繼續分享自己獨到見解：「作者描述客觀，適合探索人性及研究社會科學的莘莘學子閱讀，這點值得讚揚。然而，大眾讀來或許難免會將其客觀誤解成對納粹心態的看法過於仁慈。」[10]其他書評家卻被凱利樂天輕鬆的調調惹怒，不客氣地大加撻伐。有位著名的心理分析師私下對格林伯格出版社坦承：「這本書簡直是垃圾，老實說，我很失望你們竟將它出版。書中報導不實，連精神醫學也構不上邊。」[11]撇去風格不談，光是作者認為「納粹革命並非從精神病院逃出的心智扭曲瘋子所虛構出的幻想，而是常與在美國生活的我們擦肩而過的一般百姓所為」[12]，就足令讀者勃然大怒。

吉爾伯特的大作《紐倫堡日誌》終於問世。[13]兩本書風格迥異，加上作者互為宿敵，因此儘管兩本書有不少共同點，其著作（及其擁護者）仍強調其相異之處。令人訝異的是，這兩本經典著作皆未深入探討羅夏克墨漬測驗結果，僅輕描淡寫而過。書中大大記載了作者自身的觀察，整理了和戰犯的對話及作者對這些互動意義的解讀。

凱利很清楚自己的著作是寫給普羅大眾看的，因此篇幅甚小，亦未列出任何參考書目或註解。書封的文案也相當聳動、一針見血：「納粹霸君是何人？為何變得如此禽獸不如？舊事還會重演嗎？史上主要領頭戰犯的相冊集，由親自評估過戰犯的美國官方精神科醫師執筆，透露其最不為人知的秘密。」

凱利在書中大力邀功，強調自己在紐倫堡服務長達五個月，天天跟戰犯訪談。他也對改編智力測驗的吉爾伯特表達感謝，說他「被派到我手下擔任口譯員，並奉命記錄我和戰犯的對話，對話皆收錄在本書中」。凱利還提到，雖然這些被告大都「說得一口流利英語」，但自己偶爾還是得仰賴口譯，「以防誤解」。凱利話說得很客氣，但其實是在把功勞往自己身上攬，順道將吉爾伯特貶為區區一名助理。[14]

吉爾伯特則在其著作（亦未附註解或參考書目）中向凱利致謝：「在頭兩個月擔任獄中精神科醫師，協助我順利採訪所有戰犯，完成在紐倫堡監獄的工作。」[15]「頭兩個月」這句話顯然多餘，吉爾伯特刻意以此限縮凱利所扮演的角色，並強調他在紐倫堡的短暫任期。所以究竟孰優孰劣？是一九四五年八月到一九四六年一月曾待過艾希康及紐倫堡的凱利，還是一九四五年十月至一九四六年十月長駐紐倫堡的吉爾伯特？

打書大戰的火苗還延燒至歐洲。凱利在格林伯格出版社的編輯捎來壞消息，致信說雖然他們已先發制人打入美國市場，但令人扼腕的是，吉爾伯特的書卻搶先一步在英國問世。[16]

書中所言何物？

凱利和吉爾伯特都認為，或許除了赫斯之外，這些被告都算不上真正的瘋子，也沒有精神錯亂。若這些被告沒有精神錯亂，那到底哪裡出了錯？難道他們都心智健全嗎？而凱利和吉爾伯特兩人口中所謂的「精神疾病」究竟為何？

諷刺的是，專長為社會心理學的吉爾伯特，將這些被告診斷為被病態的德意志文化扭曲的自戀型精神病態。而專長為精神病態學及司法精神醫學的凱利，反倒以社會心理學的觀點來看待他們，認為其基本上是一般人，久受虛偽官僚體制壓榨才成了冷血怪物。在一九四七年，此觀點令許多人心如刀割，深感受辱。

兩人的風格及筆鋒也大相逕庭。凱利總是語帶譏諷、沉著公正，吉爾伯特則是一本正經、嚴肅凜然，從以下兩人著作的截錄便可見端倪。

凱利：「納粹主義乃社會文化之病。我在紐倫堡見識到前所未有、遭納粹病毒感染的文化，有二十二名實驗體供我研究……這些人性格強勢，相當自我中心，性喜操控別人，泯滅良心，但其實這種人並非稀有，全國到處可見，包括位高權重的大人物。」[17]

吉爾伯特：「他們表面上待人和藹可親，私底下卻冷酷無情、攻擊性強，毫不顧及他人感受。」[18]

何謂疾病的本質？

精神疾病在一九四七年的精神醫學與心理學領域的定義為何？吉爾伯特走的是主流派：納粹乃天壤之別的「他者」。依據與日俱增的心理病態文獻，吉爾伯特深信由於精神病態的世界觀與眾不同，使其不得不披上「理智的面具」來偽裝真面目（見第十二章）。相較於主流觀點，凱利則反其道而行，見證了日後社會心理學的蓬勃發展。他認為在陰錯陽差之下，好人也有可能走偏（見十一章）。

凱利和吉爾伯特對診斷本質的看法亦南轅北轍。吉爾伯特覺得納粹屬於精神病理中的特殊「類別」（category），凱利則持反論，認為納粹不過落在行為「連續體」的末端（one end of a *continuum* of behavior）。偉大的英國政治家艾德蒙·柏克採用生動的隱喻闡述類別與連續體的差別：「沒有人能清楚劃分白晝與黑夜，但何謂照射一切的光明、何謂籠罩一切的黑暗，任誰都一目了然。」[19]也就是說，雖然白晝會逐漸轉為黑夜，兩者仍迥然不同。吉爾伯特著重於日夜之差，對凱利而言，兩者之間的灰色地帶——拂曉與薄暮——卻更饒富興味。[20]

到底應將納粹領袖的惡行歸類為精神疾病（如吉爾伯特口中的「自戀型精神病態」），還是應將其視為道德敗壞的例子（凱利的看法）？實際上精神疾病與道德敗壞是兩回事，而非兩者擇一這麼簡單（見第十二章）。精神疾患的特徵主要為思覺受損、行為失序混亂，但難道所有令人反感的行為都該被歸為「疾病」嗎？

為了避免混淆，司法單位終於著手釐清癥結，整理出兩個問題：「有無顯現疾病徵兆？」，以及「當事人是否能為所作所為負責？」。做個思想實驗好了，請想像以下四則當代各種官司常見的法庭情境：

一、飽受妄想幻覺所苦的精神疾病患者，因為無法了解審判過程，也無助於辯護，可能永遠不會受審。

二、康復中的妄想型精神分裂症患者，若受幻覺影響犯下罪行，刑則可能較輕。

三、因吸食安非他命產生幻覺而犯罪，刑責可能加重，因為犯人是自己選擇吸毒的。

四、有長年衝動施暴史、人際關係敏感度低的人格障礙患者，刑責可能最重。

由上述四種情境可看出精神疾病種類繁多，不同疾病會影響到社會對犯罪者的責任歸屬判斷。可惜的是，診斷納粹戰犯的凱利和吉爾伯特只顧互相較勁，火藥味十足，無暇顧及如此細微的差別。凱利本身對精神疾病的樣貌多端相當敏銳，並不認為將「自戀型精神病態」和憂鬱症或精神分裂症歸到同一類有何助益。離開紐倫堡後，他的確花了不少心力貢獻所學，替政府單位篩選員工，淘汰衝動好鬥的不適任人選。對凱利而言，精神病患的神智健全，只是「不適任」公職罷了。對吉爾伯特來說，精神病患的身上則烙著該隱（Cain）的印記。*

茉莉・哈洛維居中調解

水火不容的凱利和吉爾伯特，如何用羅夏克墨漬測驗結果來支持其假說？詭異的是，兩人在著作中皆未細談羅夏克墨漬測驗。凱利想先徵詢專研羅夏克的學者意見再發表結果，吉

* 譯註：《聖經》中，該隱殺了弟弟亞伯，遭上帝懲罰，上帝並在他身上烙下罪的印記。

爾伯特則有自知之明，深覺自己對此不在行，無能對羅夏克墨漬測驗結果深入探討。

唯一能取得雙方信賴的，只有專研羅夏克墨漬測驗的學者茉莉・哈洛維。哈洛維生於南非，以舞蹈家、畫家及詩人的身分，活躍於藝術領域（圖二十一）。後來她移居美國攻讀心理學博士，學成後至洛克菲勒大學（Rockefeller University）做博士後研究，而後受聘於蒙特婁神經科學研究所（Montreal Neurological Institute），與聲名顯赫的外科醫師懷爾德・潘菲爾德（Wilder Penfield）共事，專研大腦與情緒。第二次世界大戰爆發後，她開始用羅夏克墨漬測驗替軍方篩選募軍，也因來自各行各業的受試者取得大筆資料。和藹可親的她，曾說服互有芥蒂的團體放下嫌隙攜手合作，以成大我，甚至還成功勸凱利和吉爾伯特暫時休兵言歸於好，然而這段合作關係脆如薄冰，一不小心就會破局。

一九七四年，哈洛維在倫敦籌辦一場心理健康國際會議，希望能在會中探討紐倫堡羅夏克墨漬測驗

圖二十一：茉莉・哈洛維晚年照片（感謝佛羅里達大學數位收藏室〔University of Florida Digital Collection〕慷慨分享）

結果。查爾斯湯瑪斯出版社（Charles Thomas）即將出版一系列專書，擔任編輯的哈洛維，當然有資格在會中發表羅夏克墨漬測驗資料，或將其發表出版。

在此同時，凱利和吉爾伯特正爭執不休，互控對方竊取筆記。雖事關重大，但實在難以裁定誰對誰錯。若進行訪談的是凱利，訪談後由吉爾伯特翻譯並寫成摘要，那訪談究竟是誰的「所有物」？凱利和他的出版社商討此事態的複雜性：

既然訪談時我們兩人都在場——其實他們應該只用了四段對話中的三段——那雙方應該都有使用的權利。若吉爾伯特想挑起爭端，那些對話的所有人毋庸置疑是我，他的正職不過是小小的口譯兼秘書罷了。我一直小心翼翼，避免在書中採用吉爾伯特自己蒐集的智力測驗結果，即便他是奉我的命令行事。由於占上風的是我方，要的話也可將事情鬧大，因此我方對一切可能衍生出的紛爭毫無所懼。[21]

兩人都打算再出書大談羅夏克墨漬測驗，摩拳擦掌互不退讓。凱利威脅吉爾伯特，若擅用他的羅夏克墨漬測驗結果就要提出告訴。為平息戰火，靈機一動的哈洛維便提議，兩人不如合著一本書，分別在書中章節探討各自蒐集的測驗結果，並請教其他羅夏克測驗專家以補不足，但這樣的和平註定破局。擔心吉爾伯特的哈洛維，在一九四七年十月致信同僚大訴苦衷，說和凱利的紛爭令吉爾伯特大為苦惱，於私於公都深受其擾。[22]

這場和局看似有望可成，但一下子便急轉直下。哈洛維曾寫了不少信，在信中大談破局始末，這些信目前已塵封於檔案室中。[23]雖一山不容二虎，但也不是都如此爭議不斷。凱利和吉爾伯特對各個章節的分配皆無異議，但吉爾伯特開始放冷箭質疑凱利的誠實度，並懷疑他「篡改紀錄」，還執意要當第一作者，以「有戈登松及凱利的協助」之說詞，將凱利貶為次角。[24]「有其協助」這句話一出，凱利的地位馬上被邊緣化，連個第三作者也稱不上。吉爾伯特還煽風點火，拒絕請教羅夏克墨漬測驗專家，在和哈洛維的通信中提及這些「專家」時相當不屑，可見他對其專業的質疑。在專文中，他也不願視這些「專家」為共同作者。

即便如此，哈洛維和吉爾伯特還是找到了羅夏克墨漬測驗專家，並致信邀稿。哈洛維把自己的信頭交給吉爾伯特，請他代她寄出邀請函，他卻下了極短的截稿期，期限內完成乃不可能任務。[25]試想若世界知名的學者茉莉．哈洛維彬彬有禮地來信請你檢視這些探討納粹戰犯心智、在當時極富爭議的文章。試想若她向你邀稿，並將在其編著的出版品中發表你的稿件，盛情難卻，誰會拒絕？或許有些人行程緊湊、無能為力，但結果卻是幾乎所有人都予以婉拒。

或許截稿期限太短惹怒了受邀人。哈洛維則認為有其他兩個原因。當時凱利和吉爾伯特互相威脅要告對方，兩虎之爭鬧得滿城風雨，學界人盡皆知，沒人想淌這混水。凱利致信哈洛維：

我已下定決心，委託受託人理事會及法律顧問發出禁令，若吉爾伯特刊出此資料，將對他提告。我已將此事全權授予律師團處理，律師提到由於未獲版權，不可能永遠禁止資料問世，但還是有必要提出禁令以正視聽，藉此將事情鬧得沸沸湯湯，以要求美國精神醫學學會（American Psychiatric Association）道德委員會舉行正式聽證會……出版商顯然不知道自己出版的是贓物。[26]

除了擔心被捲入官司外，哈洛維認為同業婉拒評論這些羅夏克墨漬測驗結果的另一原因是：專家們感到異常不安。

我們原本期待可以從羅夏克墨漬測驗結果看出奇特的精神病理學，以及極惡的典型人格構造。我們對邪惡的概念乃非黑即白、非白即黑，是那種用心理測驗記分便可確鑿得出的概念。[27]測驗結果不如預期，令輿論譁然。這些人並非精神異常的生物，與正常人也非雲泥之別。[28]

基於以上種種原因，專家們皆「無暇」共襄盛舉。

凱利和吉爾伯特似乎曾勉強握手言和，但過沒多久就又開戰。凱利在一九四七年九月詆毀吉爾伯特：「他如此罔顧綱紀，實在令人咋舌……老是發生這些烏煙瘴氣的事，要怎麼跟他處得來。」[29]吉爾伯特則反擊：「凱利滿口胡言，我不予置評。」他還在後來的信上寫道：「我對凱利可悲的小『自傳』沒興趣。」[30]

經過一番連珠炮般的口誅筆伐後，凱利和吉爾伯特又開始威脅對方，要是敢發表羅夏克測驗結果就告上法庭，不管出書一事因而停擺。吉爾伯特洋洋灑灑寫了一堆信說自己等出書等得很不耐煩，很氣對方拖慢進度，不斷追問哈洛維和查爾斯湯瑪斯出版社，他的第二本書何時上市，還犯了學術界天大的禁忌，未先知會哈洛維及其出版社，就將幾乎一模一樣的手稿寄給別間出版商——諾頓出版社（W. W. Norton）。風聲是怎麼走漏的？出書之前，諾頓出版社想先找個專家審閱手稿，徵詢其建議再決定是否出版。而這位匿名審稿人正是茱莉．哈洛維——這巧合是多麼尷尬啊！[31]

此舉激怒了哈洛維。她好心居中調解，對方卻恩將仇報。哈洛維、吉爾伯特、諾頓出版社、查爾斯湯瑪斯出版社以信件數度來回，最後兩間出版社都拒絕出版吉爾伯特的書。等到他的第二本書《獨裁者的心理》（*Psychology of Dictatorship*）終於由羅納德出版社（Ronald Press）付梓後，可能是被凱利威脅提告怕了，也有可能是自己對羅夏克墨漬測驗的專業不足，他又將所有羅夏克資料刪去。[32]艾瑞克・齊莫爾（Eric Zillmer）等人在其著作中妙筆形容，這就像是「吉爾伯特發現了一堆被人藏起的外國鈔票，卻不知道該如何換匯」。[33]

兩虎鬥累後，風波也漸止息，但已有許多人深受波及。一名曾獲邀稿的羅夏克墨漬測驗專家，在一九四八年一月致信哈洛維表示：「關於凱利和吉爾伯特的紛爭一事，要記得心理學家也是人。這也是一切的亂源，人心難測。還好我比較保守，以哲學家態度坐觀一切，才能明哲保身、倖免於難。」[34]

數十載後，歷史學者伊恩・克肖探討其他因大屠殺而起的爭執時，回顧此事感嘆：「無論動機為何，感性似乎總會戰勝理性。雖然可以理解當時他們為何如此，仍令人深感遺憾。」[35]

凱利晚年

凱利在一九四六年離開歐洲，任職於鮑曼・格雷醫學院（Bowman Gray Medical School，現為維克森林醫學院〔Wake Forest School of Medicine〕），在課堂上分享紐倫堡所見所聞，也接受許多記者專訪，後來因緣際會下，回到柏克萊大學擔任犯罪學教授。他搬進一棟位於柏克萊近郊的豪宅，書房擺滿從紐倫堡帶回的紀念品，包括相片、赫斯私藏作為下毒證據的幾包食物、戈林的信、羅伯特・萊伊的大腦切片及多件文字紀錄。

凱利在柏克萊的事業蒸蒸日上，在司法單位的工作也飛黃騰達。他以羅夏克測驗為主要工具，幫警局和原子能委員會（Atomic Energy Commission）篩選新進員工，[36]還替舊金山公共廣播電台（KQED）執導一部科學節目，亦身兼好萊塢電影《養子不教誰之過》（*Rebel without a Cause*）的精神醫學顧問。書評產量驚人的他，竟然還有閒暇鑽研魔術，甚至當上美國魔術師協會（Society for American Magicians）副會長。

簡言之，這個人就是個精力充沛的拚命三郎，但顯然拚過頭了。路易斯・特曼（Lewis Terman）致信凱利，提醒他要放慢步調：「雖然我很佩服你這麼活躍，但還是不禁擔心，這樣身兼多職對你長期的職涯發展會不會太過了？」[37]凱利開始酗酒，也變得易怒。過了數年，其子表示：「他像塊海綿什麼都吸收，也像頭公牛橫衝直撞。多才多藝，卻衝過頭了。」[38]

終於，一九五八年一月憾事發生，一切就此告終。被妻子觸怒大動肝火的凱利，衝到樓上書房，然後跑回客廳，當著父母妻兒面前自殺。如此青年才俊自戕英年早逝，令人震驚，但更震撼的是，他選擇死亡的方式——仰氰化物自殺。

他一死引發諸多揣測，令人懷疑是否跟紐倫堡及戈林有關。當時凱利和戈林過從甚密，兩人也以同樣方式結束生命，令人不禁往暗處臆想，究竟他是從何處取得氰化物。《舊金山紀事報》（*San Francisco Chronicle*）的報導指出，凱利的毒藥乃「從受審戰犯身上取得」。[39]《紐約客》更添油加醋地寫道，氰化物是「凱利自紐倫堡帶回的數顆膠囊之一」。這些膠囊是從赫爾曼·戈林身上搜出的」。[40]茉莉·哈洛維更火上加油地稱藥是凱利去探監時，戈林給他的。[41]這些說法僅為臆測，從未受到證實。唯一的事實是，這名出類拔萃、內心複雜的男子已與世長辭，時年僅四十五歲。

世人不願瀏覽他收藏的檔案，也不願叨擾遺族。那些檔案還在，只是塵封在盒中腐朽蠹蝕、與世隔絕，必須費一番工夫深入調查，才能得知其下落。有些被送去加州大學聖塔克魯茲分校（University of California, Santa Cruz）的檔案室收藏，不過送至那裡的原因則不得而知。

其他文件則在凱利遺族手中，詳細記載於傑克・艾爾海（Jack El-Hai）描寫凱利及戈林的巨作中。[42]茱莉・哈洛維也持有一些資料，現收藏於艾克朗大學（University of Akron）。哥倫比亞大學（Columbia University）則收錄了凱利的出版商格林伯格的文檔。

吉爾伯特晚年

古斯塔夫・吉爾伯特於一九四六年離開紐倫堡，至普林斯頓大學（Princeton University）任教，後來轉任密西根州立大學（Michigan State University），最後輾轉回到紐約長島大學（Long Island University）任教多年，並當上心理系主任。修課的學生有些認為他講述的紐倫堡故事生動有趣，有些人就沒那麼寬容，覺得他的觀察不甚合理，只是為私利貶低凱利來吹捧自己。[43]

一九六一年，曾診斷過納粹的吉爾伯特獲邀至耶路撒冷出席阿道夫・艾希曼的審判，又有機會一展專長。多年前，吉爾伯特曾與奧斯威辛指揮官訪談，那名指揮官透露艾希曼乃大屠殺罪魁禍首之一，法庭才會請他來作證。此外，檢方也想借此機會，請吉爾伯特就殺人犯的心理提供專業意見。然而，法官卻裁定後者與艾希曼的罪行無關，無須他提供證言，令吉爾伯特大失所望。[44]

腐朽的羅夏克墨漬測驗紀錄

世事流轉，羅夏克墨漬測驗結果如《李伯大夢》（*Rip van Winkle*）中的主人翁般，長眠於檔案櫃中。輾轉數十載後，吉爾伯特施做的羅夏克墨漬測驗終於在一九七五年，被佛羅倫斯．米雅爾（Florence Miale）和麥克．賽爾徹（Michael Selzer）發表在其著作《紐倫堡之心》（*The Nuremberg Mind*）中。作者在書中做盡人身攻擊，將凱利對測驗結果的解釋貶為「明顯錯誤百出……後來他自殺而亡，或許從這點正能看出其對納粹領袖的看法為何如此奇特」。雖然作者無端攻訐逝者，但吉爾伯特蒐集的測驗結果終於得以重見天日。[45]

凱利的羅夏克墨漬測驗結果則仍不知去向。齊莫爾等人曾在著作中談到凱利一再佚失的檔案，如何在一九九二年失而復得。[46]凱利將他的心血托給羅夏克墨漬測驗專家山謬．貝克（Samuel Beck）保管，但當時凱利和吉爾伯特之間的風波不斷，再加上凱利驟死，貝克才不願意公開文件。數年後，正當貝克要著手發表這些結果時，他也因故逝世。難不成這些羅夏克墨漬測驗結果受到詛咒了？最後，這些文件被收錄於芝加哥的心理分析研究所（Institute for Psychoanalysis），但無人聞問，所方甚至預定將其移走（也就是銷毀）。最後，這批文件在因緣際會下，由不屈不撓的雷諾・甘迺迪（Reneau Kennedy）在一九九二年伸出援手保住，才不至於銷聲匿跡。[47]

一九四五年，凱利和吉爾伯特這對搭擋合作起來水火不容，而後又趕著將測驗紀錄出版未果，導致這些文件整整五十年間湮沒無聞。貝克的檔案庫收錄所有吉爾伯特的羅夏克墨漬測驗紀錄，至於七件已遺失的凱利紀錄則尋回了六件。[48]茉莉・哈洛維要是知道這些自一九四七年後便不見天日的檔案，終於從灰塵與蛛網中現身，肯定大為感慨。世人終於能一睹當年在紐倫堡做的羅夏克墨漬測驗，但結果又透露了什麼？

第十章
羅夏克墨漬測驗透露的訊息？

與其去看已知的事物，不如去探索眼前所見，請將此原則謹記於心。

——亞伯拉罕．赫舍爾（A. J. Heschel），《先知》（*The Prophets*），一九六二年

若我能證明這些犯罪者全是瘋子，你們應該會比較滿意吧？

——勞爾．希爾伯格，《大屠殺的意義》（*The Significance of the Holocaust*），一九八〇年

羅夏克墨漬測驗評分

一九四五年，約翰．米勒醫師和同僚呼籲學界以這些羅夏克墨漬測驗紀錄來研究納粹領袖內心之惡。凱利和吉爾伯特的心血現已尋獲可供鑽研，脆弱的紙件並未腐化，墨漬也未剝落。但問題是，就現已與時俱進的精神醫學來看，這些測驗早就沒有太大意義了。

擔任麻省總醫院（Massachusetts General Hospital）住院醫師時，我們曾研讀過羅夏克墨漬測驗。測驗和日常跟病患的互動完全脫節，彷彿是遠古留下的遺跡似的相當「過時」，因此做起來很奇怪。然而，在一九四五年的紐倫堡，它卻是「走在時代的尖端」。無論是彼時或此刻，解讀這矛盾又不甚可靠的測驗皆非易事。《聖經》學者亞伯拉罕・赫舍爾曾警告人們，解讀《聖經》經文時，千萬別被先入之見所矇蔽。雖說來詭異，解讀紐倫堡羅夏克墨漬測驗面臨重重困難時，同樣可引以為戒。

在一頭栽入紐倫堡的羅夏克墨漬測驗前，先來看一下測驗的評分方式。羅夏克墨漬圖片共有十張，必須集合受測者對所有圖片的回應才算數。書中附上二號圖（圖二十二），請仔細觀察圖片。羅夏克墨漬測驗通常會問受試者：「你在卡片上看到什麼？看到了什麼讓你這麼說？」雖然這並非羅夏克墨漬測驗的正式施測，你也能試著回答以下問題：「心中浮現出什麼？哪裡勾起你的興趣？你在墨漬中看到了什麼？有看到什麼讓你感到不安或開心的東西嗎？」思考答案時，你是針對整片墨漬做回應，還是只針對墨漬的一部分？是哪部分——黑色、灰色、紅色，還是白色？請寫下答案後再繼續讀下去。

解讀羅夏克墨漬測驗答案的方法有兩種，一是著重於患者回答的內容或主題，二是探討識別這些主題的技術層面。學習解讀羅夏克墨漬測驗的種種規則並不重要，重點是了解這行

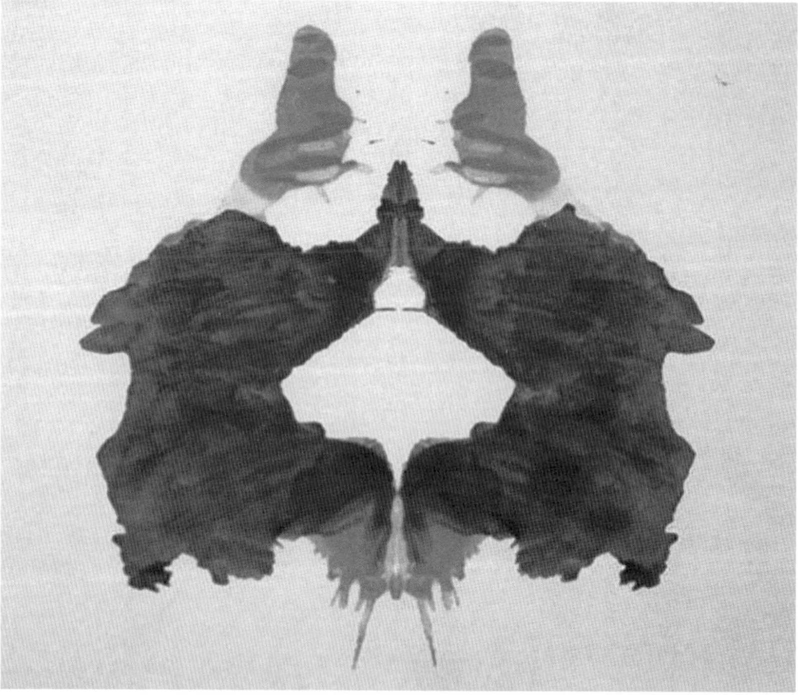

圖二十二：羅夏克墨漬圖二號。請將回答寫在下方。這張圖代表什麼？從圖中哪部分看出？

（圖片來源：https//commons.wikimedia.org/wiki/File%3ARorschach_blot_02.jpg）

的專家在做什麼、風險又是什麼。

施測者會以速記法，用代碼來快速大略記下受試者對各張圖片的回答。舉例來說，字母W代表受試者用整片墨漬來描述圖片，若此人針對大範圍細節回答，則以符號D表示，小細節則是符號d。測試時間約一小時左右。

答案中相對較多W的受試者，比較有可能看懂墨漬的整體意涵，也較能整合複雜資訊。有些人則會特別注意到墨漬的陰影或質地。針對陰影的回答（Y）較常見於受焦慮或憂鬱所苦的受試者，但此聯結並無根據，只要知道在無數紀錄中，某類回答較常出現在特定臨床診間就已足夠。

有幾張羅夏克圖片是彩色的，若受試者根據顏色回答，就代表其知覺大受情緒影響。若從墨漬中看到動作（M）也算在評分內。比如說，常看到動態的受試者可能較有創意，也較聰明。評分還包括受試者對墨漬的描述是否符合墨漬形狀，也就是墨漬的形狀品質好壞。精神病患者的描述通常較不相符。

評分者也會注意患者口中描述的內容，看其是否為常見的解讀（P）。常見的解讀在精神病患者中較少出現，憂鬱症患者則較少說出關於人的回答，而回答中有大量植物及大自然話題的人則較孤僻離群。測驗規則相當複雜，施測者必須「牢記」大批速記符號和其在臨床上代表的意義。記住，要整合所有圖片的評分才算數。

除此之外，羅夏克墨漬測驗專家還用難以理解的術語來描述測驗結果。熟悉羅夏克測驗的人可用術語來簡化溝通，但對外行人而言，專業術語不過是看不懂的暗號罷了。[1]

熟練的施測者並不會只考量這些變項。一九七〇年代，約翰・艾森諾（John Exner）將羅夏克測驗紀錄評分系統化後，依據形狀、陰影、顏色、動作及其他要素評分，評分者間信度（inter-rater reliability）也相對提高，但若由臨床醫師根據患者的人格來決定各種代碼，信度便會降低。[2]雖然這幾年來，隨著施測評分數量增加，答案分類基準也逐漸建立起來，目前仍無明確規範，讓醫師可自信滿滿地做出「這名病患屬於某某類」的診斷。經過無數次施測歷練洗禮後，若受試者給出的答案不太尋常，確實有辦法發現，但必須根據測驗情境而定。若受試者是收監面臨死刑的內閣部長，誰會知道怎樣的回答才算不尋常呢？

另一個問題是，若施測者事先就知道患者的資訊，可能會受偏見影響。轉診單上通常會寫著「請評估這名四十三歲的女性，她抱怨肚子痛個不停」之類的字眼。另外，雖然醫病關係有嚴謹的規定，施測者仍可從與患者間的互動，得知墨漬回應之外的個人資訊。在臨床診間，以上種種情形皆無大礙，但就科學研究來說，患者身分的知識會干擾施測者的客觀性。由於缺乏評估者盲性，從紐倫堡蒐集來的羅夏克墨漬測驗資料的信度一直飽受質疑。要是你知道這是戈林的墨漬紀錄，怎還能客觀解讀呢？

戰犯對羅夏克墨漬圖的回應

所有紐倫堡戰犯都看過二號圖（以及其他九張圖片），本章將詳述其回答和凱利與吉爾伯特的評語。分析完十張圖片後，結果眾說紛紜，掀起一場激辯。

凱利和吉爾伯特兩人都替赫爾曼．戈林做過測驗。根據凱利的說法，戈林回答：「是兩個跳舞的男子，舞跳得真不錯呢。兩個男人，這裡是頭，手牽手像來回轉圈跳舞的托缽僧。這邊是身體，腳在這裡。」凱利則表示：「戈林很明確地說出看到兩個人，他在形容時沒用到顏色，不過倒有提到顏色可能是服裝的一部分。」[3]

吉爾伯特的記載也相去不遠，說戈林邊笑邊答：「看起來像兩個跳舞的人，滿清楚的，這裡是肩膀，那裡是臉，拍手，上方紅色的部分是頭和帽子（底部包括紅色的部分用手切去不看），上方紅色部分是頭和帽子，臉的部分一半是白色。」[4]

吉爾伯特將他的羅夏克墨漬測驗紀錄託給米雅爾和賽爾徹保管，兩人也痛快地分析戈林的回答，說戈林想隱藏他的憂鬱症，才會答出「兩個跳舞的人」，算是輕躁狂的自我防護。

此說法聽起來頗為合理，但兩人接著又推測，由於戈林在墨漬和空白處都看見了臉，可見他「內心相當空虛」，還說看到紅色帽子的他「一心只想著身分地位」。[5]

至於羅伯特・萊伊則只有凱利接觸過。他記下不少萊伊對這張圖的回答（括號中的話出自凱利）：

> 是蝴蝶，這裡有顏色。看起來真好笑，好奇怪的一隻蝴蝶。（描述乃針對整張圖，他說形狀像隻蝴蝶，但顏色很重要。其實一開始引起他注意的是顏色。）（另外還自己指著中間白色部分的形狀說是盞燈。）黑色、紅色、白色。（這句話他重複了好幾次，然後將圖拿近看又拿遠，說距離遠近會影響到顏色觀感。接著把圖拿靠近自己，又繼續描述蝴蝶。）是隻鸛，應該說是隻鵝。看起來好像在繃著腳彎下身，看似獨一無二，上方部分是紅色的。（形狀很籠統，除了緊繃之外，沒提到動作。）很有活力的樣子，這裡是蝴蝶口部。（他之前提到上方紅色的部分是蝴蝶的嘴巴。）[6]

我個人認為萊伊在羅夏克測驗中的回答算比較有趣。他一直不斷把圖片拿近又拿遠，重複著「黑色、紅色、白色」，對形狀的描述（「蝴蝶口部」也相當詭異、令人不安），肯定是哪裡出了問題。

跟萊伊一樣，只有凱利測試過尤利烏斯・施特萊歇爾。施特萊歇爾看了圖片後，提出兩種解讀，身兼業餘畫家的他，將兩種畫面形容得歷歷在目，但也有古怪之處，就是話題皆繞著革命不放。凱利寫下：

他反覆盯著圖片看，誇圖畫得很美，還拿到頭上揮舞，最後才說圖上是法國大革命時期的兩名女士，是詹姆斯一世當家的時代。他說兩人腳穿紅襪、頭戴紅帽，正在跳舞，還指出時值一七八九年。正準備針對法國大革命大談闊論之時，又受到圖片吸引，說也像擺在瓷盤上的紅酒杯，中間是紅色的，並對圖畫上半部中央白色的部分詳加敘述。細問他之後，他又形容該空白處是兩隻荷蘭鞋，連更上方的空白處也詳加敘述。他看到的酒杯是紅色，但形狀不重要。顏色是白盤的要素。[7]

凱利和吉爾伯特對魯道夫・赫斯施測時，兩人所觀察到的十分雷同。凱利寫道（括號內的話一樣出自凱利）：「也是微小的剖面圖，有血漬的昆蟲部位。像蒼蠅腳部形狀的剖面圖沾有血漬，中間空白處是骨髓，不過我不知道昆蟲的腿有無骨髓就是了。像一張面具，是像斐濟島民那種荒島野蠻人會戴的面具，但我跟他們不熟。開口部分是嘴巴，眼睛跟鬍子是紅色的，看起來很邪惡。（測試極限）可見女性身影。」[8]

吉爾伯特則提到赫斯回答：「也是微小的剖面圖，有血漬的昆蟲部位，一張面具。」[9]

赫斯的回答充滿許多令人不快的影像，不少也與解剖相關，這些通常會被解讀為過度壓抑，光看內容就令人擔憂。米雅爾和賽爾徹則認為「狂暴易激動但不相干的情緒性殘留，雖仍相當強烈，但已與現實脫節」。他將圖形容為野蠻人戴的惡魔面具，而非一般人常答出的小丑，然後說「我不知道」，這也令兩人大感震驚。米雅爾和賽爾徹覺得這是因為他病態地想推卸責任。或許兩人過度解讀，但我的確同意赫斯的羅夏克墨漬測驗結果帶些不祥的氣息。[10]

我為了讓讀者明白解讀羅夏克墨漬測驗的技術及其面臨的困難，才將戰犯的回答及專家的解讀逐字寫出。羅夏克墨漬測驗施行數十年後，後世提出了兩種截然不同的結論。

米雅爾和賽爾徹的解讀

佛羅倫斯．米雅爾是公認的羅夏克墨漬測驗專家，而麥克．賽爾徹則是名一直對心理史學有著濃厚興趣的政治科學家。兩人合著的《紐倫堡之心》一書，可說是對文化相對論的奮力反撲，只要有言論未提及納粹為「他者」的怪物，便棄之敝屣。[11]兩人對任何人在陰錯陽差下都可能變成納粹的看法感到極端厭惡，並在著作的題獻頁引述了出自《聖經》〈申命記〉（Deuteronomy）之句：「記得亞瑪力人（Amalek）是怎樣待你的。」理查．魯賓斯坦（Richard Rubinstein）在書評中寫道：「在《聖經》眾多經文中，米雅爾和賽爾徹偏偏選了這句話作為題獻詞，呼籲聖戰不懈。其志業昭然若揭，跟心理科學毫無關聯。」[12]換句話說，對米雅爾和賽爾徹而言，納粹就是亞瑪力人，是深受詛咒、無可救贖的「他者」。

米雅爾和賽爾徹對以科學方法解讀羅夏克測驗結果興致缺缺。他們雖承認研究感知的方法有千百種，卻認為「拿羅夏克來玩統計一點用也沒有」。[13]不過兩人倒像是有自知之明似的，認同羅夏克測驗的解讀多仰賴評估者的技巧，因此無法證實其有效性。

米雅爾和賽爾徹研究時，未採用嚴謹有條理的艾森諾方法，將形狀、質地、動作等要素量化，反而較著重於墨漬的內容主題。但問題是，他們所提出的論點無法受測試，其背後的邏輯也前後矛盾，淪於事後諸葛馬後炮。比如說，米雅爾和賽爾徹一方面宣稱，從許多提及皮膚及毛髮的回答可看出，戰犯傾向「操控欺騙他人，而不願建立真正的關係」。然而，寫了才不過兩段，他們又堅稱多數紀錄顯示「完全沒有關於圖片中皮毛的回答……這代表受試者的天性並未轉變，而是遭到毀滅」。兩人的核心信念堅定不移：「納粹非心理正常或健康的人。」[14]

哈洛維的批判

哈洛維對米雅爾和賽爾徹的研究大感興趣，尤其是佛羅倫斯．米雅爾乃德高望重的同僚。吉爾伯特的羅夏克墨漬測驗紀錄終於問世，雖然哈洛維對此心懷感激，但一被問到對米雅爾和賽爾徹研究的感言，她表示不樂見舊傷疤重揭。她投書《當代心理學》（*Psychology Today*）：「我認為現在是吉爾伯特的關鍵時刻，他即將在與凱利的最後決戰中大獲全勝！」[15]

吉爾伯特認為，羅夏克墨漬測驗證實了戰犯全是憂鬱的精神病態者。姑且不論性格，米雅爾和賽爾徹的論點深深地反映吉爾伯特的看法，哈洛維對此感到益發不安、心存懷疑。各個受試者之間的差異如此之大，怎麼可能得出一致的測驗結果？單就這些戰犯的生平軼事來看，哈洛維便對結論有所質疑。

另一個令哈洛維質疑的強大理由，是她擔心偏見的影響。若你知道手上待評紀錄主人的身分，你難道不會深受影響，而將個人先入之見納入圖片的「解讀」？從臨床角度而言，了解患者的臨床背景可使羅夏克墨漬測驗紀錄的研究更加豐富；但從研究角度來看，不知道患者的身分，評分結果才會更有說服力。

哈洛維想出了一個妙策來探討此議題。[16]首先必須要有對照組。哈洛維施行羅夏克墨漬測驗多年，手上有無數紀錄可供檢視。其紀錄包羅萬象、數量驚人，包括一千五百名獨神論派牧師、上百名醫學系學生、無可數計的少年犯、辛辛監獄（Sing-Sing）犯人、心理系學生、護士、商務主管，還有來自她診間的一千六百名病患。這些群體皆包括心理功能各異的患者。

心理學家傑拉德・布羅夫斯基（Gerald Borofsky）和唐・布蘭德（Don Brand）以文氏圖（Venn diagram）描繪出選擇對照組的問題（圖二十三）。紐倫堡戰犯全是可能遭處決的上流階級成功人士、政客官僚、納粹黨員。這些戰犯是否能代表全世界的精神病態、官僚、犯人等呢？他們該跟誰對照？

令人訝異的是，哈洛維竟選了兩種天差地遠的人來當對照組——精神科門診病人及獨神論派牧師。不知情的評分者若無法區分兩者和納粹的差別，那米雅爾和賽爾徹所做的分析問題可就大了！每組的受試者心理功能不一，才不會因特定群組內低功能的人較多，而產生意料之外的群組差異。將測驗結果平均分配在三組中，並刪去所有個人資訊後，她問十位羅夏克墨漬測驗專家一個十分簡單的問題：「可以請您依這些羅夏克墨漬測驗回答所提供的資訊，將其分成三組嗎？」專家很快便依心理功能級別，將測驗結果分類。無論是納粹戰犯、獨神論派牧師，還是病人，專家皆辨認出高功能紀錄中常見的特徵，同樣也區分出中度功能及低功能組別。尚未進行分類之前，哈洛維也不知這些羅夏克墨漬紀錄是否容易區別開來。答案現已呼之

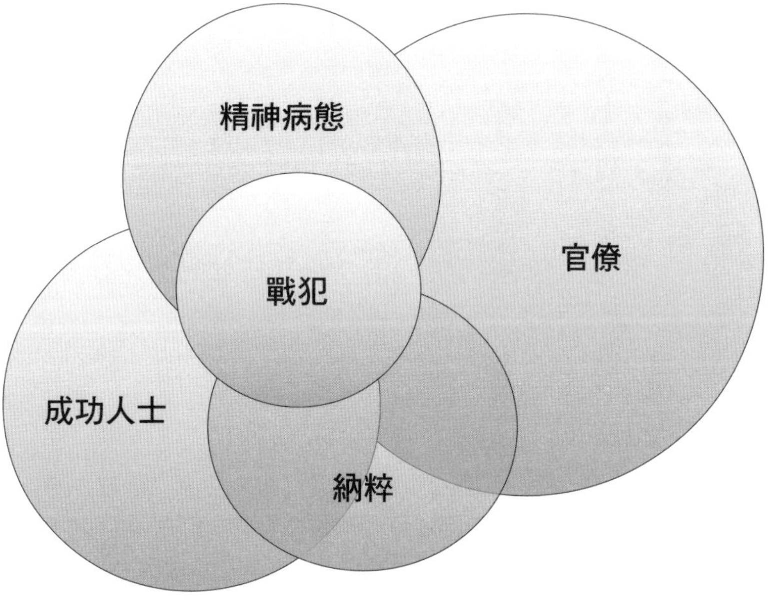

圖二十三：紐倫堡戰犯和其他相關群組的關聯。（經傑拉德．布羅夫斯基和唐．布蘭德允許，改編自「紐倫堡戰犯的人格組織及心裡功能：羅夏克墨漬測驗資料」〔Personality Organization and Psychological Functioning of the Nuremberg War Criminals: The Rorschach Data〕，文章收錄於喬爾．丁斯戴爾編著的《倖存者、受害者和加害者：納粹大屠殺文 集》〔*Survivors, Victims, and Perpetrators: Essays on the Nazi Holocaust*；Washington, DC: Hemisphere, 1980〕）

欲出，並無證據顯示，納粹的羅夏克墨漬紀錄（或獨神論派牧師的羅夏克墨漬紀錄）有何特徵可自成一格。

接著，她告訴專家這些紀錄是來自各界人士，像是「教會人員、中產階級、戰犯、民權領袖等」，並請他們進行第二項任務，猜猜測驗是由怎樣的病人完成。[17]然而，即使透露了可能的類別，這些羅夏克墨漬測驗專家仍無法區分這些群組。由此可見，羅夏克墨漬測驗是否能描繪納粹戰犯特有的心態，確實有待商榷。

米雅爾和賽爾徹的立場岌岌可危。貝瑞・瑞茲勒（Barry Ritzler）用不同技術來評分，並拿吉爾伯特的羅夏克墨漬紀錄與另一對照組比較。他發現，雖然紐倫堡的羅夏克墨漬紀錄不算正常，但並非如米雅爾和賽爾徹所言，是出自罪無可赦的怪物。[18]爾後其他六個研究陸續完成，有些還使用了艾森諾記分系統（Exner Comprehensive Scoring System），但全都無法證明紐倫堡被告患有特殊精神疾病。[19]

再來是關於「變色龍」一事。有五名被告在端詳八號圖時，回答不太尋常，指出墨漬像隻變色龍。光變色龍就出現了五次，確實很難視而不見，但這又代表了什麼？代表戰犯小心翼翼想融入周遭環境嗎？一名學者表示：「納粹精英和多數人有一處不同，他們的人格如『變色龍』，無論當時在位者是誰，其信念目標是什麼，都能照單全收，而非依據『內心規範』做出判斷。」[20]

變色龍的答案有多不常見？有數以千計的患者曾做過測驗，每張圖都有意料中及意料外的回答，因此，我們手上其實也有變色龍出現頻率的資料。比如說，在五百六十八位約翰·霍普金斯大學的醫學生受試者中，只有百分之一·七的人回答出變色龍，卻有百分之三十七的納粹被告曾提及變色龍。[21]雖然變色龍這答案在戰犯中很常見，答案本身卻屬於好的形狀回應（F+），代表受試者有現實感。米雅爾和賽爾徹卻對變色龍異常出現的頻率感到不甚滿意，並強調因為戰犯形容變色龍正「向上爬」，可見其一心只想著機會主義。布羅夫斯基和布蘭德對此解讀不以為然，因此對一些資深羅夏克測驗專家做了調查，但他們都不記得有人曾以「向下爬」來形容這隻動物。[22]「向上爬」的回應不尋常，屬投機取巧的推論。換言之，一旦圖片被仔細檢視，尤其是當檢視者不知情時，傳言中的駭人異常便如煙蒸發、消失殆盡。

結語？

紐倫堡的羅夏克墨漬測驗紀錄終於攤在世人眼前。然而，攤在天光下後，不但未發人省思，反而掀起不少風波。赫曼．羅夏克辭世十年之後，納粹崛起，吞噬了數百萬人的性命。赫曼．羅夏克辭世二十年後，他的墨漬測驗被世人用來研究統治納粹德國的領袖。紐倫堡審判落幕後，輾轉七十多年到了今日，我們仍在苦心鑽研這些羅夏克墨漬測驗紀錄的意涵。如果你看得懂，或許能察覺潛伏在戰犯回答中的威脅。如果毫無頭緒，那也不過是對墨漬的種種描述罷了。測驗施測七十年後，世人仍存疑：這些羅夏克墨漬測驗究竟能否告訴我們，何謂邪惡的本質？

第十一章

如連續體的惡：社會心理學家的觀點

大屠殺說到底，就是個英雄太少、加害者與受害者卻多不勝數的故事。

——克里斯多佛·布朗尼（Christopher Browning），《普通人》（*Ordinary Man*），一九九八年

特別法庭的審判於一九四六年落幕。凱利和吉爾伯特之間的鬥爭，也因一九五八年凱利自殺身亡劃下句點，大眾對紐倫堡相關人士心理評估的潮流也沉寂了好一陣子，直到一九六一年艾希曼受審，才又熱絡起來。爾後十年間，社會心理學界效法道格拉斯·凱利，相關研究也因而蓬勃發展。

凱利的觀點很明確：納粹領袖並非精神失常之人，只要有「不可一世的野心、低落的道德標準、民族優越感」，即可造就這般怪物。[1]一九四六年，凱利回到種族歧視仍根深蒂固的美國，擔心納粹意識型態會在新天地開枝散葉。他深信何處皆可催生惡意，此信念也形

塑了社會心理學對惡意的解讀。紐倫堡一案過後，有四名學者也投身此社會心理學觀點的研究，成果傲人極具影響力。

漢娜・鄂蘭

一九六〇年五月十一日，以假名瑞卡多・克萊門（Ricardo Klement）一直潛逃在外的蓋世太保猶太人事務部門（Division of Jewish Affairs）首長阿道夫・艾希曼，在布宜諾斯艾利斯外遭以色列探員逮捕。他去除了身上的ＳＳ刺青*，以洗衣店老闆的身分融入了當地德國移民社區。一晚，待他一下公車，以色列特務便將他抓住，下藥迷昏。過了幾天前往機場，讓他穿上以色列航空制服，裝作前一晚喝太多的機組組員，避開阿根廷海關耳目，將他押送至以色列。

艾希曼的審判在隔年四月開庭，一九六一年十二月定罪，一開庭便舉世譁然，也打破眾人對集中營的沉默。紐倫堡審判十五年後，世人又有機會可檢視納粹領袖。猶太人遭逮捕移送至集中營，乃經艾希曼精心策劃，他高竿的組織能力則成了致命武器。

社會哲學家漢娜・鄂蘭坐在耶路撒冷法院旁聽席上，仔細觀察聆聽其證詞。這名個性剛烈的老菸槍在移民美國前，曾遭蓋世太保囚禁，亦經歷過納粹的折磨。這也是為何她一篇發表在《紐約客》雜誌上義憤填膺的文章，會令人讀來猶如芒刺在背。筆鋒尖銳、機智過人的她所提出的一連串問題，惹得天怒人怒：若集中營囚犯起身反抗，不就可大大降低死亡率嗎？猶太委員會（Judenrat）屈從與納粹合作，是否加深了猶太人的苦難？是不是有些倖存者做出有愧於心之事？艾希曼的審判合法嗎？當時世人才剛開始談起在集中營的經歷，鄂蘭卻彷彿在指責遭囚禁的倖存者是自找的，而活下來的人可能是犧牲較不幸的牢友，才得以倖免於難。

鄂蘭的著作《平凡的邪惡：艾希曼耶路撒冷大審紀實》（*Echmann in Jerusalem*）甫問世，便大受輿論撻伐，責難威脅接踵而來。知名歷史學者芭芭拉．塔奇曼（Barbara Tuchman）滔滔吐露出世人憤怒的心聲：「她的論點是，猶太人太容易就屈服，殺身之禍也算自討苦吃。詭異的是那些倖免於難的人緊抓著這點不放，尖聲撻伐。藉由將罪惡感轉移至受害者身上，讓其他人放下心中重擔，才是此篇文章吸引人之處。」[2]

鄂蘭的另一個觀點也令世人震怒。對她而言，艾希曼不是怪物，只是個工作時不涉及任

＊譯註：SS（Schutzstaffel）為納粹黨的準軍事部隊，希特勒的個人護衛，職責為維持治安。

何情感或道德，幹起活來樂在其中的平庸公僕。審判時，坐在玻璃包廂中的艾希曼，虛弱無力、臉色蒼白、衣衫襤褸，看起來完全不像罪大惡極之人。納粹獵人賽門．威森塔（Simon Wiesenthal）表示：「他身上毫無邪惡的氣息，看起來就像個連開口要求加薪都卻步的會計師。」[3]

艾希曼認為屠殺猶太人不是自己的責任，強調自己並非決策者，光是安排交通工具將人遣送出境等業務就忙不過來了。在鄂蘭眼中，這個既平凡又毫無存在感的傢伙，宛如惡之平庸的化身。

圖二十四：漢娜．鄂蘭攝於一九六六年（版權屬弗萊德史坦檔案館〔Fred Stein Archive〕，fredstein.com）

艾希曼所帶來的問題是，像他一樣的人多不可數，既不變態也非殘酷成性。他們是再正常不過的一般人。以司法單位的角度及道德標準判定的觀點來看，如此正常狀態，遠比所有殘惡暴行的加總還來得可怕，因為這代表新型罪犯是在自己幾乎毫無所知也毫無所愧的狀態下犯下惡行。[4]

鄂蘭認為艾希曼不僅是較正常的人，而且還以工作至上，一心只想平步青雲，才無視自己行動造成的後果：

當時除了庸庸碌碌奮力扶搖直上外，他完全沒其他目的……他只是……未曾明白自己的所作所為……他不笨，只是做事完全不加思索……才會成為史上重大戰犯之一。若這就是「平庸」，若從艾希曼身上找不到任何真真切切的惡意，那這並非司空見慣之事。要是人變得如此脫離現實、不去思考，造成的災難遠比本性邪惡還要來得慘烈……這是我們在耶路撒冷學到的教訓。[5]

起訴艾希曼的檢察官吉迪恩·豪斯那（Gideon Hausner）完全不同意鄂蘭的描述，說艾希曼是個道德敗壞的怪物、殘暴的精神病態者。但就連豪斯那也承認，如機器人般謹守規定的艾希曼不太尋常：「某天早上，守衛送早餐時誤給了六片麵包，而非平時的兩片，他六片全吃個精光。守衛問他以後是不是就吃六片，他卻回答：『不用，其實兩片就夠了。但你給了我六片，所以我不得不吃完。』」[6]

被問及工作時，艾希曼表示：「我從工作中得到非比尋常的樂趣，處理這些事很有趣……我工作時皆全力以赴，以服從為最高原則。我將服從視為生命的典範。」[7]對他而言，從命乃至高無上的樂事，他甚至還語帶悲傷地說：「戰爭結束後，我覺得自己日後將成為孤苦伶仃的無主冤魂，無人對我下令，也無從聽命，更不會有相關條令可拿來遵循了。」[8]

法庭觀察員聽了艾希曼這番句法迂迴、邏輯不通的詭辯，亦大感震驚。他邊講邊抽蓄，證詞也常拐彎抹角、晦澀難懂。從以色列審問官艾福納・萊斯（Avner Less）跟他的對話便可見一斑：

萊斯：你只把人送到奧斯威辛嗎？

艾希曼：曾有個運輸會議在奧斯威辛舉行，不過天啊，我從未參加過。我似乎去了別的地方。我不是很清楚，火車是去了特雷布林卡（Treblinka）的貧民窟嗎？其中一個大貧民窟？主審官先生，我現在真的記不得了，我從來沒跟經濟辦事處（Economic Office）接觸過，那是古恩特（Guenther）負責的，我也從未參加過運輸會議。那是諾法克上校（Captain

Novak）的任務，古恩特也在場，我可沒參與過。[9]

鄂蘭認為，艾希曼這番繞圈子的證詞，恰恰反映出其思考模式。「他只會打官腔，除了陳腔濫調什麼也說不出，說話如此顛三倒四，也是因為缺乏從他人角度思考的能力。」[10]在漫長審判中全程旁聽的鄂蘭表示，艾希曼就像個從未停下思考自己行為道德層面的機器人。也有證詞說他對猶太人抱持強烈恨意，但鄂蘭僅輕描淡寫帶過。[11]她並不是說艾希曼是無辜的，而是他不是怪物。艾希曼並非墮落之極的邪惡化身，只不過缺乏同理心，行事完全欠缺思考，亦毫無道德感而已。

傳播學學者瓦萊麗·哈托尼（Valerie Hartouni）精妙地評論了鄂蘭的文章。哈托尼認為艾希曼對工作的熱忱遠高於鄂蘭所述，但她形容他行動不經思考，也算「很接近事實」。她巧妙地替鄂蘭和吉迪恩·豪斯那的辯證作總結：「鄂蘭看到的是她所謂完全平庸的邪惡，檢方想追捕的卻是對猶太人的恨意綿綿無絕、邪惡暴戾、麻木不仁的納粹官員。」[12]

紐倫堡審判期間，鄂蘭曾和德國哲學家卡爾·雅思培（Karl Jaspers）通信討論邪惡的本質，這也影響她後來對艾希曼的看法。她因紐倫堡一案心神不寧，雅思培卻提醒她，切勿過於鑽研納粹邪惡的特質，反而建議她「應將其視作日常可見的平庸瑣碎之物……細菌可引發亡國的流行病，但說到底，細菌仍只是細菌而已」。換言之，無需惡意也可造成苦難，輕率行事的後果，也可跟惡毒造孽相提並論。艾希曼事件後，鄂蘭和猶太學者葛修姆．肖勒姆（Gershom Scholem）辯論時，回想起雅思培的比喻，卻以黴菌取代了細菌。「惡如黴菌般攤成一片荒蕪，毫無深度，亦無魔之特色。」「我不再討論『根本的邪惡』……如今，邪惡在我看來毫無深度，亦無魔之特色，宛如黴菌在地表增生擴散，令世界一片荒蕪……這就是它『平庸之處』。」[13]

紐倫堡審判的餘波及鄂蘭對艾希曼大審發表的這番言論，催生出一系列極具啟發性的社會心理學實驗。這些學者乃出身耶魯、哥倫比亞、普林斯頓、史丹佛等大學，學術背景無懈可擊。由任職耶魯大學的年輕學者史坦利．米爾格倫（Stanley Milgram）的實驗室率先起頭，其研究及約翰．達利（John Darley）、畢伯．拉丹內（Bibb Latane）、菲利浦．金巴多（Philip Zimbardo）等人的後起之作極具爆發性，也讓我們見識到人為惡究竟可至何種地步。

權威服從實驗：史坦利．米爾格倫（一九六三年）

一九六一年，艾希曼受審隔年，心理學家史坦利．米爾格倫著手研究權威服從。阿道夫・艾希曼一直堅稱他只是奉命行事，不該為大屠殺負責，令米爾格倫不禁心忖：「一般人奉命行事時會做到什麼地步？」他的研究在一九六三年首度發表，後來實驗經他人多次重複成功，大大震驚學界，也撼動了群體意識。[14]

米爾格倫的徵人啟事看起來無害無傷：「記憶實驗徵求受試者。實驗時間約一小時，每位受試者將獲得四塊美元（加上五十分的車資）……請填寫下方資料索取單，並寄至紐哈芬市耶魯大學心理學系的史坦利・米爾格倫教授。」[15]

實驗進行後，才知道天下沒白吃的午餐，因為每名受試者都被要求對另一人施以電擊。實驗受試者來到實驗室後，教授便向其解釋實驗目的是為了研究嫌惡刺激（電擊）是否能增進學習成效。受試者必須測試學習者的記憶（另一名受試者）。身上接著電線的學習者在隔壁房間，但他其實是米爾格倫的同謀。兩名受試者以對講機溝通。學習者一犯錯，受試者就被要求執行電擊。犯的錯越多，電壓調得越高。

實際上並沒有人受到電擊，只是受試者不知情，同謀不過照稿演出罷了。受試者會做到什麼地步？實驗可由以下事先安排好的回應可見一斑。學習者犯的錯越來越多，受試者施以電擊的電壓也越來越高。

九十伏特：哎呀！

一百二十伏特：哎呀！真的很痛耶。

一百五十伏特：哎呀！實驗人員！夠了。讓我離開這裡。我說過我有心臟病。心臟開始痛起來了。拜託放我出去。我的心臟開始痛起來了。我不想繼續了，放我出去。

一百八十伏特：（大叫）哎呀！我受不了了，有夠痛。放我出去！

兩百一十伏特：哎呀！實驗人員！放我出去。我受夠了。我不想再做實驗了。

兩百七十伏特：（痛苦地尖叫）放我出去。放我出去。放我出去。放我出去。你有沒有聽到？放我出去……

三百伏特：（痛苦地尖叫）我拒絕回答任何問題。放我出去。你不能把我關在這兒。放我出去。放我出去。

三百三十伏特：（痛苦激烈地長聲尖叫）放我出去。放我出去。我的心臟開始痛了。我說了，快放我出去。（歇斯底里地喊）放我出去。放我出去。你沒權力把我關在這裡。[16]

若受試者心生遲疑，不知是否要施以越來越強的電擊，教授便會說「請繼續」或「實驗要求你繼續」，或「你一定要繼續才行」，或是「你沒得選擇，非得繼續下去不可」。

人會做到什麼地步？所有受試者都施行高達三百伏特電壓的電擊，三分之二的人則繼續開到最大為止。米爾格倫發現雖然不少受試者看似飽受壓力，也曾猶豫不決，但重點是，你不但可以命令貌似正常之人行慘無人道之事，他們「確實」也會照做。並非只有凶殘惡極的歹徒才會對人施以痛苦的電擊，並對其苦苦求饒置若罔聞。就連一般人也會「服從命令」行殘忍之事。[17]

米爾格倫一再拿集中營的大屠殺作比擬，實為對大屠殺難以忘懷。細看相片中無關緊要之處常令人大吃一驚，從一張米爾格倫的照片即可看出

圖二十五：在紐約市立大學的史坦利．米爾格倫。從他書架上擺的書可看出他對大屠殺的投入。書架眼睛高度附近擺的是跟第三帝國和大屠殺相關的主要書籍。（感謝紐約市立大學研究中心〔Graduate Center, City University of New York〕慷慨分享）

他對大屠殺的執念之深（圖二十五）。照片中眼睛高度的書架上，擺著勞爾．希爾伯格之作《歐洲猶太人之滅絕》（*Destruction of the European Jews*）、阿爾伯特．施佩爾之作《第三帝國內幕》（*Inside the Third Reich*）、漢娜．鄂蘭的《平凡的邪惡：艾希曼耶路撒冷大審紀實》、布魯諾．貝特海姆（Bruno Bettelheim）所著的《知情之心》（*The Informed Heart*）。米爾格倫顯然對大屠殺所造成的恐怖有所研究，每日伏案工作時這些書都不離視線。

數年後討論自己著作時，米爾格倫表示：「我們在實驗室裡研究的主題，和納粹時期服從權威所釀成的憾事，不知是否有所關聯……人認為自己不過奉命替他人代勞，無須對自己的行動負責，其實這才是構成服從的要素。」[18]

旁觀者的冷漠：約翰．達利及畢伯．拉丹內（一九六八年）

年輕的凱蒂．吉諾維斯（Kitty Genovese）光天化日下在紐約市遭人殺害後，社會心理學界又開始探討起惡的本質。一九六四年三月十三日夜裡，吉諾維斯下班後走在皇后區基佑植物園（Kew Gardens）路上，被歹徒追趕刺殺。更駭人聽聞的是，她並未當場殞命，歹徒不停追著她，對她又刺又砍逾三十分之久。又驚又恐的她大聲呼救「請救救我！請救救我！」，卻無人伸出援手。

殺人案時有所聞，但這件慘案非比尋常。當時有三十八人目睹吉諾維斯遇害，卻無人出手援救：無人嘗試阻止歹徒攻擊，也無人出聲嚇阻歹徒，連報警的人也沒有。[19]有名目擊者還狡辯：「我不想自討苦吃。」目擊者的冷漠震驚全國，世人也紛紛開始省思，並拿納粹德國作借鏡。冷漠確實足以致人於死地。數年後，伊恩．克肖表示，納粹德國時期的輿論「與其說是由強烈的恨意所形塑，還不如說是因為對猶太民族的命運無動於衷，才釀成慘事」。[20]

約翰．達利和畢伯．拉丹內這兩名學者設計了一系列的實驗，來研究為何人能在他人生命垂危時還視若無睹。米爾格倫以納粹德國為借鏡，研究權威的影響力，達利和拉丹內則想知道造成旁觀者冷漠的原因。為何沒有人伸出援手救吉諾維斯？為何這麼多人在一旁看好戲，卻沒人幫助猶太受害者？這也是漢娜．鄂蘭在另一處極欲探討的主題：「多數人會就範，但有些人不會。若要地球一直如此適合人安居樂業，只要拒絕就範即可！別無其他要求。」[21]悲哀的是，拒絕就範的人僅占少數。

老實說，緊急事件常事發突然、令人不明就裡，也並非旁觀者日常生活中會有的經驗。達利和拉丹內兩人費煞苦心在哥倫比亞大學、紐約大學、普林斯頓大學做了數個實驗探討此問題，結果發現，社會環境本身其實會影響人如何應對緊急事態。[22]

達利和拉丹內為評估受試者面臨危機時的應對，巧妙地設計了兩種情境：獨自一人，以及跟一小群人在一起。當其他人對突發事件視若無睹時，受試者將如何反應？

在其中一個實驗，受試者被帶到房間內討論都會生活問題，接著暖氣出風口不斷冒出煙霧，但並非僅飄出幾縷輕煙而已，而是到實驗快結束時，「整個房間都煙霧瀰漫，伸手不見五指」。當受試者獨自一人在房間時，百分之七十五的人會通報冒煙，但當房內另外有兩人，且故意無視煙霧時，受試者的行為便截然不同。儘管他們「又咳嗽又揉眼，還開窗透氣」，仍僅有百分之十的人通報房裡正在冒煙。[23]

在另一個實驗中，接待員向抵達實驗室的受試者打招呼後便起身將隔簾拉起，然後爬上椅子想拿一些文件夾，同時偷偷打開錄音機，播放猛然倒下的巨響、尖叫聲及以下話語：「喔天啊，我的腳……我……的腳動不了。喔……我的腳踝，我無法把這……東西……從身上移開。」錄音機傳來啜泣呻吟聲。問題很簡單：有沒有人會去查看接待員發生什麼事？事發多久後會做出反應？單獨出場的受試者，有百分之七十去查看接待員，這結果或許令人欣慰，但遺憾的是，若跟受試者一起等的陌生人對遇難的接待員袖手旁觀，則只有百分之七的人會伸出援手。[24]

在第三個實驗中，人們更是冷漠。實驗者將受試者帶入小房間，請他們用對講機跟其他受試者聊在大學遇到的困難。其中一名實為研究者共犯的受試者透露，除了一般大學生所承受的壓力外，自己還患有癲癇，對此感到很丟臉，接著講話開始言不及義：「我呃恩我認為我需要呃呃有誰來呃呃呃呃呃呃幫我一下呃幫我一下因為呃我呃我呃呃現在呃呃呃有點問題呃呃有誰來幫幫我呃呃呃就好了……因為呃呃我呃呃好像癲癇發作呃要是有人來幫個呃小忙呃呃呃呃（嗆到的聲音）……我快死了呃呃我……要死了呃救救呃呃癲癇呃（嗆到的聲音，然後鴉雀無聲）。」[25]

當受試者獨自一人在小房間內時，百分之八十五的人會在一分鐘內起身去查看那名假裝癲癇發作的受試者。當受試者跟其他人一起待在小房間內，如果配對的人被偷偷要求必須無視突發狀況，則有百分之六十二的人會起身去查看發病的學生。然而，若受試者跟其他四名無視他人癲癇發作的共犯在一起，只剩百分之三十一的人會去查看同學狀況，而且反應時間平均要花三分鐘。[26]

相關實驗設計有無數種版本，但所傳遞的訊息是一樣的：人會被他人的舉止渲染，認為事不關己。若旁觀者看見其他目擊者置若罔聞，自己也會見死不救，對此，達利和拉丹內以「旁觀者的冷漠」一語道破。

史丹佛監獄實驗：菲利浦・金巴多（一九七一年）

迄今，社會心理學家已觀察到一般人也會聽命施暴，而旁觀者鮮少會對遇難受苦的人伸出援手，但更糟的還在後頭。

一九七一年，史丹佛大學教授菲利浦・金巴多設計了史丹佛監獄實驗。[27]施測者告訴自願參加者，為了研究人在監獄的行為，會隨機將他們分配到囚犯或獄卒組，並置於虛擬監獄環境。*數年後，金巴多回想起實驗拉開序幕的情景：「時間是一九七一年八月十四日星期天，早上九點五十五分，氣溫約攝氏二十一度。濕度一如往常不高，視野清晰，天空蔚藍，又是一個加州帕羅奧圖市如詩如畫的夏日。」[28]

突然間，囚犯受試者被押入警車、上銬矇眼，移送至在心理系大樓地下室臨時搭起的監獄。為增加真實性，金巴多在處理細節上一點也不馬虎，將囚犯編號收監、脫衣搜身，拍下臉部照片。另外還發了制服、黑色太陽眼鏡、警棍給擔任獄卒的受試者，要他們在不傷害囚犯的前提下，給他們下馬威。[29]金巴多則在旁觀察受試者的行為，實驗原定兩週結束。

但過沒多久便脫序，一發不可收拾。獄卒開始騷擾囚犯、對其施暴，就算囚犯又叫又鬧又哭，仍不肯罷休。一天又一天過去，獄卒變本加厲，把違規的囚犯剝個精光以示懲誡，不給他們食物吃，還限制他們去休息室的時間。囚犯則越來越百依百順，有的人甚至受不了虐待而崩潰。實驗進行六天後便突然中止。

事後受訪時，一名獄卒說他開始視囚犯為牛群，另一人則說：「我自己也嚇到了。我竟然命他們……徒手清廁所。」還有一人承認：「扮演權威還滿好玩的。權力有如春藥，令人愉悅。」一名獄卒則坦誠：「現在回想起來，我很訝異自己竟然對他們毫無同情。」結果有約三分之一的獄卒被激發出陰暗的一面，虐待起囚犯來。[30]

儘管此研究倫理飽受質疑，金巴多的實驗彰顯了另一個令人擔憂的事實：單單社會情境即可引人作惡多端。只不過扮演獄卒一角就足以荼毒人心，令其對囚犯發號施令，並濫用職權加以虐待。這些受試者都是沒有反社會行為或精神病史的大學生，然而一旦隨機分配到不同角色時，他們的行為也會因角色的不同而改變。權力使人腐化，因而產生酷吏。

也有人批評這樣的研究和第三帝國不可一概而論，金巴多的實驗不過就像兄弟會中的霸凌情形失控，這些年輕人過陣子就會清醒恢復正常，但這樣的假說卻無法加以證實。根據納粹殺人犯的說法，反而是殺戮時間越長，下手越容易。

＊譯註：詳細可參考金巴多所著《路西法效應：在善惡的邊緣了解人性》（商周出版）。

金巴多的實驗還有個耐人尋味的插曲，令人不禁想到達利和拉丹內所觀察到的事實。金巴多曾在多次受訪時坦誠，若非同事克莉斯汀娜．瑪絲萊（Christina Maslach）制止，即使暴行橫生，他還是會讓實驗進行下去。[31]她之所以出手干涉、他之所以聽勸，都要歸功於達利和拉丹內。然而，金巴多在一九九七年一場鮮為人知的訪談中表示，至少有五十人在旁觀察實驗經過，卻無人出聲反對。[32]

總結

漢娜．鄂蘭精於觀察人性，卻不是個實驗主義者。自信滿滿、咄咄逼人的她，在分析艾希曼時亦曾失言。艾希曼的確心懷恨意，因此鄂蘭「行事不經思考」的說法有些過火，但她形容邪惡如黴菌的比喻卻十分貼切。黴菌四處擴散肆虐，即使引發災難也只是無心之過。從她的觀點可見一絲柏拉圖和奧古斯丁的影子——邪惡代表了善良缺席。在鄂蘭看來，艾希曼及其同僚之所以為惡，是因為他們未曾仔細思考過自身惡行所衍生的後果，就像酒後肇事逃逸的駕駛。行事如此欠缺考慮，才會使惡行如黴菌般無情地擴散開來。

實驗主義者則旨在探討這樣的行為是如何擴散開來，反思紐倫堡一案，也反思了生活周遭。然而，實驗結果所揭露的人性，著實令人沮喪。米爾格倫發現人們很容易失去是非對錯的判斷，若被權威角色命令對他人施以危及性命的虐待，多數人不加思索便會奉旨行事。拉丹內和達利則觀察到，就算好意助人，在特定社會情境下也會選擇默不作聲，若周遭冷漠的人越多，個人責任感也會隨之四散，令人缺乏伸出援手的勇氣。金巴多探討了何謂行事欠缺思考之惡，讓我們大開眼界。要是賦予人某個角色，那人就會不經思索地根據從文獻電影所見及從小觀察到的行為，扮演起那個角色來，就連殘忍暴行也照做不誤。

這些研究皆遵循道格拉斯·凱利的假說，「恰當」的社會情境極易催生惡行，但背後有個「大前提」是——人降生於世時宛如一張白紙，之後藉由與他人互動，人格才逐漸形塑而成。要是有些人並非天生白紙一張呢？如果有些人的心，天生就比較黑暗呢？這些令人憂慮的問題留待下一章探討。

第十二章

自成一格之惡：與「他者」照面

人多為惡。

——希臘哲學家畢阿斯（Bias），西元前六世紀

大抵來說，人性鮮少為「善」。多數人跟人渣沒兩樣。

——佛洛伊德寫給奧斯卡．費斯特（Oskar Pfister），一九一八年九月十日

敵我分明的戰線已拉起，一方是認為人心所懷之惡意乃視社會情境而定的道格拉斯．凱利，另一方則是深信納粹領袖之惡乃自成一格的古斯塔夫．吉爾伯特。吉爾伯特的觀點源於神學、精神病理學、神經科學、法律等領域。若紐倫堡審判在今日開庭，檢方也會將被告視為邪惡的異類，辯方律師則會以被告是精神病態人格疾患或有腦傷為由，懇請法官酌情減刑。腦傷與精神病態間的關聯並非空穴來風，其來有自，近代神經科學研究也有所斬獲。

人類的本質為何？

就連赫爾曼．戈林也對此大哉問無可自拔。一晚，他在瀰漫陰鬱氛圍的牢房中向吉爾伯特坦言，人是世上最凶殘的掠食獸，「因為人的腦袋夠聰明，能一手造就大滅絕，其他野獸只為果腹殺戮」。[1]

要探討人類本質，便跟自然神學的問題脫不了關係。道德無缺、全知全能的上帝怎能坐視惡行不管？在許多宗教教義中，生命是一場光明與黑暗的正邪之爭；由此看來，邪惡不僅僅為罪愆（人類的錯），而是惡意的表現。此觀點在北歐神話中並不陌生，拜火教（Zoroasrtrianism）更將其發揚光大。甚至近代天主教，也難與西元三世紀摩尼教（Manichean）所持的正邪二分論劃清界限。

彼得告誡世人：「撒旦惡魔如吼獅在四周徘徊，伺機將人一口吞噬。（《聖經》〈彼得前書〉五章八節）」保羅也有同感：「與我們為敵的不是血肉之軀，而是公侯、權力、統治者、世界的黑暗面、上位者的扭曲心智。（《聖經》〈以弗所書〉六章十二節）」歷代教皇也諄諄教誨：「惡魔乃千真萬確。」奧古斯丁則稍將摩尼教義擱置一旁，認為邪惡並非另一股力量，而是因為善良不復存在。[2]但如愛因斯坦的世俗思想家也無法不正視邪惡真確存在，而說出像「改變鉓的本質，比改變邪惡的人心還來得容易」這番話。[3]

多年前我畢業時，正值暴動刺殺盛行、兵荒馬亂的一九六〇年代。為此心灰氣餒的畢業典禮致詞者，引述了西元前六世紀的哲學家畢阿斯的四字箴言直抒胸臆，暗指我們莘莘學子前途堪憂：「人多為惡。」每當我與邪惡打照面時，都會想起這句話。但後來我竟在梵蒂岡的哲學家殿堂（Vatican's Hall of Philosophers）撞上大剌剌袒胸露背的畢阿斯本尊。

梵蒂岡竟會尊奉對人性看法如此陰暗悲觀的畢阿斯，頗令人不解，但今日許多人也對他的世界觀深表贊同。兩千年後，湯瑪斯・霍布斯（Thomas Hobbes）襲承畢阿斯對人性的悲觀論，在著作《巨靈論》（*Leviathan*, 1651）中大嘆自然界中人的生命「既可悲又可鄙，既粗野又短暫」，而英雄所見略同的還有佛洛伊德（「多數人跟人渣沒兩樣」）。這些觀點意指社會心理學家的看法有誤，人並非天生如一張白紙般無瑕，更糟的是，有些人天生既非善也非中庸，而是心如蛇蠍。

由於實證主義及樂觀主義大當其道，世人才習慣視邪惡為象徵性的隱晦符號，只有怪人才會認為邪惡存在於外，伸手可及。[4]然而，不只神學和哲學界深信邪惡是不同的存在，無獨有偶，精神醫學和心理學界也從精神病態身上窺見其異樣的特徵，吉爾伯特在紐倫堡放眼周遭，惡人四處可見。

精神病態缺乏同理心

始視納粹為精神病態的世人，認為他們是那種作惡多端又樂在其中的瘋子。然而，將戰犯視作殘酷成性的精神病態，並未就此了結紐倫堡一案風波，非必要時不會使出殺手鐧、尸位素餐的萬人迷，才是更為常見的精神病態。這些惡徒不擇手段力爭上游，不為尋刺激找樂子，只因「擋路者死」。更常見的還有家族中的害群之馬，那些「罔顧綱紀倫常、抵制權威、自私自利」的精神病態。[5]這些人的共通點就是缺乏同理心。[6]

幾世紀以來，精神病態的命名亦數經更迭。精神科醫師多納・布萊克（Donald Black）以生花妙筆描述了此名稱經年演進的來龍去脈。[7]一八〇〇年左右，法籍醫師菲利浦・皮內爾（Philippe Pinel）發現有些病患常動怒施暴，但並無精神錯亂或困惑惶恐的跡象，因此將其發作稱為「無精神錯亂的狂躁」（mania without delirium）。同一時期，美國精神科醫師班傑明・拉許（Benjamin Rush）也描述了長期執著於惡行惡狀的病人，病因為心智缺陷。到了一八五〇年，診斷卻成了智力未受損，但言行習性狂亂的「悖德症」（moral insanity）。直至一八九〇年，不斷出現諸如此類行為的人，才被稱作「精神病態」（psychopath）。十九世紀的義大利犯罪學家切薩雷・朗布羅梭（Cesare Lombroso）還認為，除了言行舉止惹人厭之外，精神病態的外表也明顯有別於一般人，像是臉部不對稱，確實為「他者」無誤。

一九四一年，美國精神科醫師賀維．克勒利（Hervy M. Cleckley）出版了《精神健全的面具》（*The Mask of Sanity*）一書，稱精神病態看似正常的表面背後，在其「精神健全的面具」之下，深藏著極嚴重的精神障礙。[8]克勒利的大作剛好在紐倫堡特別法庭開庭前問世，對此案影響甚鉅。克勒利認為精神病態看似正常，但其實無法理解情感及人際間的忠誠行為，並強調這些人或許外表迷人，但判斷力很差，完全不可靠。他們唯我獨尊，很少做情感承諾，常打破常規違法，不會懊悔也毫無罪惡感。重要的是，克勒利不認為他們精神失常，因為他們深知是非對錯，有意為惡，也未受精神病所苦，但十分異於常人。

克勒利的論點受不少研究支持。精神病態感知世界及周遭他人的方式有些微缺陷。他們總能為自己開脫，因為錯的都是別人。在這種人的字典裡沒有「懊悔」這個詞，真相可取代，欺騙乃常規。

克勒利還發現精神病態脫離常軌的行徑不僅是違法而已，畢竟非法違規之事隨處可見。精神病態所犯之過卻有所不同。[9]首先，其違規紀錄終生罄竹難書，始於童年，不會因境遇好壞、和平戰亂而收手。再來，精神病態沒有罪惡感，亦無羞恥心或同理心。許多人縱使違規犯法，還是會因站在受害者的角度設想而良心不安。精神病態則不然，對這些人而言，我們不過是磷蝦罷了。鯊魚不會因為吃了磷蝦而感到愧疚，只是掠食果腹而已。精神病態的受害者也只是因礙事或被謀財求色，才慘遭毒手。這些掠奪惡行並非偶一為之，而是從未間斷過。[10]

精神病態的輕率魯莽亦惡名昭彰。還好老天保佑，大部分的精神病態罪犯因為行事不慎才得以落網。也是有城府深的精神病態，但所幸屈指可數。多數精神病態都不會學到教訓，才會有把手機忘在犯罪現場被逮捕的銀行搶匪，監獄也因這些粗心的精神病態而人滿為患。

許多研究指出，精神病態對壓力源的反應的確「異於常人」，常因衝動行事而失足成千古恨，其中不少人雖看似蠢笨，但智力通常正常。一般人在面對壓力源時，交感神經系統會變得活躍，心跳加速、汗流浹背；壓力惹人嫌惡，人也會從經驗中學到教訓。精神病態則是對壓力「視而不見」、置若罔聞，對其毫無所感，縱使置身充滿壓力的情境也能怡然自得，心跳未加速，也不會大汗淋漓。[11] 聽起來這些人占了上風，實則後果不堪設想：精神病態在冒險時，得不到來自身體的警訊回饋。有的研究者認為，此壓力反應上的缺陷阻礙其學習，也解開了為何精神病態毫不愧疚且易衝動之謎。

時光荏苒，精神科醫師也開始區分起不同類別的精神病態。先有「不適切」類型，像是沒什麼侵略性的騙子無賴之流，再來是「逞兇好鬥」、危險暴力的精神病態。有些則是「極富創意」、無視社會常規的怪人，現今這類人則被歸在自戀型人格疾患。[12]

因此，精神病態人格的診斷一直反覆不定。《精神疾病診斷與統計手冊》第一版在一九五二年問世時，是以「反社會人格混亂」（sociopathic personality disturbance）一詞來概括此病。當時精神醫學界承認四種類別。「反社會反應」的患者被形容為：「總是惹麻煩，老學不會教訓，不知何謂忠誠……常冷酷無情，只顧享樂，情緒幼稚，缺乏責任感，毫無判斷力，但會合理化自身行為，彷彿合情合理、情有可原。」[13]

這個版本的《精神疾病診斷與統計手冊》將反社會反應和解離反應區分開來，後者之所以漠視社會常規，是因為生長在道德敗壞的環境中，或許掠奪成性，但會克盡職守。性變態是第三種反社會人格混亂類型，其中包括虐待狂、同性戀、戀物癖和戀童癖。上癮則是早先這版本的手冊所列的第四種反社會人格混亂類型。[14]

手塗紅色指甲油、嗜藥成癮的戈林，在一九四五年想當然爾引起異樣目光。對在旁觀察的精神醫師而言，這無疑是診斷他為精神病態的鐵證。今日，塗指甲油的男性可能會被視作怪人，濫用藥物的情況則氾濫成災，光是嗑藥可不會被診斷成精神病態人格（或者是反社會人格障礙，現已正名）。

現在「精神病態」這名稱只套用在病情嚴重的反社會人格疾患身上，診斷通常是以二十項症狀檢測表為依據。[15]一九四五年檢測表尚未發明時，羅夏克墨漬測驗乃用以診斷精神病態、經美國戰略情報局認定的高端技術，當然凱利和吉爾伯特也對此讚不絕口。

儘管精神病態冷血無情，晚年還是會飽受親手殘害的亡魂折磨，變得鬱鬱寡歡，不得不從藥物酒精中尋求慰藉。他們會被哀莫大於心死的配偶或法院轉診過來，因此精神科醫師對這些人並不陌生。經密集心理治療後，精神病態的病情或可好轉，但並非易事。這些人無藥可醫，但施以某些藥物可緩和其衝動易怒的性格。若不幸落入法網，司法系統會把他們送去坐牢，來助我們一臂之力。從吉爾伯特的觀點來看，對紐倫堡的精神病態而言，最好的治療法是套上絞索。

神經精神醫學鑽研「壞掉的腦袋」

精神醫學及心理學清楚地描繪出精神病態的樣貌，卻閉口不談其病因。貧民窟、父母失職、劣質基因、腦傷等常見因素都被列為潛在原因，也經許多研究證實，但終究都跟大腦脫不了關係。[16]

大腦病變和暴力罪行之間的關聯由來以久。瑪麗・雪萊在著作中描寫主人公弗蘭肯斯坦草率造出大腦有缺陷的科學怪人，怪物還犯下慘無人道之罪時，便已預見之後會出現相關研究。小說領域之外，數百年前的醫學文獻也曾記載過梅毒或水銀中毒會影響大腦，使人易怒、痴呆、誇大狂想。也難怪紐倫堡的觀察員想以神經病理學來解釋戰犯的行為。

大腦不僅是具三磅重的凝膠狀機器，其層次繁多的構造宛如複雜地貌。一九三〇年代，醫師已知最裡層的腦幹掌管身體生存最重要的機能，像是呼吸、心跳、消化等，而大腦最外側的皮質則負責思考評估等功能。邊緣系統則位於兩者間，幫助我們「感受」周遭世界。要是主控權落入邊緣系統手中，我們全會像暴龍般暴走，還好有皮質調節邊緣的憤怒情欲。而管轄這一切的則是前額葉皮質，像個交通警察般指揮思考及感受間的交流。若前額葉皮質受損，便輪到大腦深層結構掌權，人開始言行出格，變得衝動易怒、喪失道德觀。無論造成腦傷的是車禍、運動傷害或戰鬥，依腦傷程度及位置所定，衝動性和暴力確實有所關聯。[17]神經科學家認為，當皮質從上至下的抑制動作變弱，或邊緣系統由下至上的活動增強時，便會產生暴力和精神病態。[18]

大腦的設計宛如精緻的摺紙藝術，層層堆疊，疊出重重深刻的裂縫。這些摺皺或腦溝可幫助我們摸清大腦原貌。然而，大腦也如編結藝術，神經元相互交錯纏繞，像是設計不良的高速公路，入口匝道和出口錯落得亂七八糟。

一八四八年，美國一名鐵路工人發生了意外，針對腦傷及道德行為、極具影響力的病例報告也因而出爐。在一場爆炸中，一根長四十三英寸、直徑一又四分之一英寸的鐵棍貫穿了菲尼亞斯・蓋吉（Phineas Gage）的腦袋，當事人竟奇蹟生還，生還後卻像變了一個人似的。其醫師所觀察到的現象現已廣為人知：

在他身上，智能和動物本能似乎失衡。他變得反覆無常、對人愛理不理，有時還會口出穢言（以前不會如此）……想做什麼事若遇旁人勸阻，就會極端執拗，但也會善變猶豫……智力像個小孩，盛怒起來卻如壯漢……他的性情大變，連親友都說他「不再是原本的蓋吉」。[19]

神經科學家重建了受傷的軌跡，推斷鐵棍重創了蓋吉左右腦的前額葉皮質（約位於前額兩側後方）。[20]受此創傷的患者無法策劃需靈活變通、一心多用的複雜任務，情緒調節功能也受損，性格變得陰晴不定、容易衝動，發作時也顯得漠然。聽起來有點像精神病態的行為。

神經造影術

檢視精神病態的大腦在一九四五年並非易事。像羅伯特．萊伊那樣的病人過世後，大腦可送去做切片檢查，但當時追蹤腦傷的技術沒有今日來得先進。紐倫堡審判時，可供檢視活人大腦的工具寥寥無幾，只能仔細觀察病患言行，不然就得等死後解剖見真章。後世在揣測神經病理學家研究萊伊大腦的情形時，須牢記當時是一九四五年。現今我們可用神經造影術來細觀神經迴路，研究者也趁機藉此高科技一窺精神病態的大腦。[21]

由腦傷病人的研究可得知與決策及情緒表現相關的大腦區域，但問題來了：精神病態的這些腦區是否受損？越來越多文獻指出，前額葉的缺陷導致精神病態缺乏判斷力及策劃能力、容易衝動，其顳葉（精確來說是杏仁核）中央調節恐懼、情緒、威脅感知的區域也見萎縮。[22]這些假說有不少研究支持，實驗方法大致可從瑪汀娜．黎（Martina Ly）等人所做的研究看出梗概。[23]這些學者用結構性磁振造影比對精神病態和非精神病態犯人的大腦，發現精神病態的大腦皮質區明顯較薄，尤其是掌管策劃及情緒的部位（圖二十六）。我們彷彿可見，精神病態皮質萎縮的大腦，就有如爬蟲類的腦。

相較於結構性造影，功能性造影則較難捉摸。功能性磁振造影（fMRI）可用來檢視不同腦區在做某項任務時的運作或反應，因此任務的選擇至關重要。比較睜眼、閉眼的差別，對了解精神病態實無助益。若任務可用來研究衝動性，便獲益良多。測試衝動性時，可請受試者進行一項任務，像是每次見到「X」符號時就按鈕，然後觀察螢幕上未出現「X」時，受試者貿然誤按的頻率。觀察受試者做情感判斷的任務（同理心）時其大腦的反應，也同樣有幫助。諸

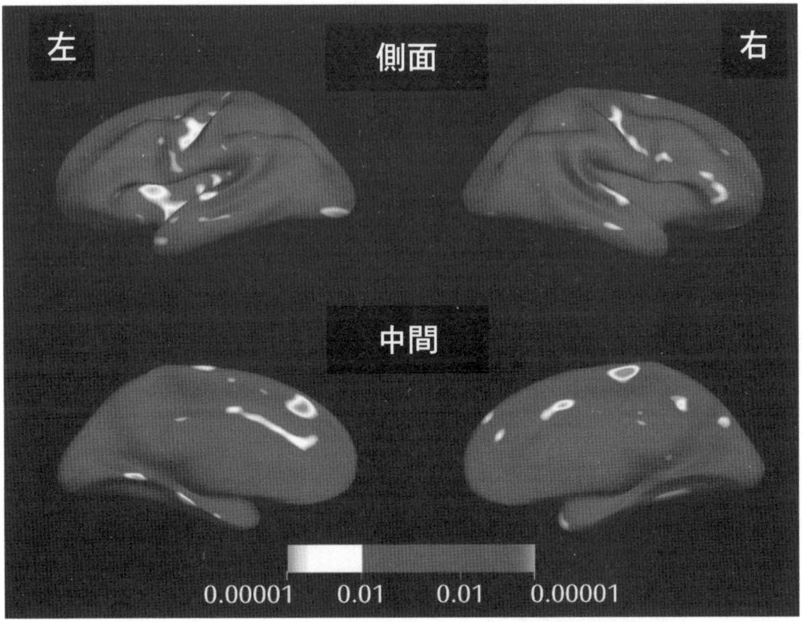

圖二十六：精神病態及正常控制組的大腦對照圖。顏色較亮的部分可看出兩組有顯著差異。精神病態在左腦腦島及上前扣帶迴皮質區、左右中央溝前側腦迴、左右前顳葉皮質、右腦下額葉腦迴區的皮質較薄。色格標示了顯著性的程度。（經作者瑪汀娜．黎等人同意轉載，摘自〈精神病態的皮質萎縮〉〔Cortical thinning in psychopathy〕一文，《美國精神醫學期刊》〔*American Journal of Psychiatry* 169, 2012, 743-749〕）

如此類的任務多如繁星，待掃描的腦區亦然，但研究大腦負責情緒調節、決策、同理心的區域，可幫助我們更加了解精神病態的思考模式。

有項研究根據精神病態量表分數高低，將七十名犯人分組，給他們看有人被刻意傷害的影片，像是被打、被砍、被碾壓（車門夾手指）。精神病態會表現出同理心嗎？更重要是，其大腦掌管情緒調節的區域反應是否正常？事實證明，精神病態量表得分較高者的反應顯然與他人不同，不僅表面毫無同理心，其大腦深處對他人的痛苦更是無動於衷。[24]其他研究則指出，精神病態較無法解讀他人的情緒線索，一般人進行類似任務時活躍的相關腦區，換成是精神病態，卻毫無動靜。[25]

神經造影研究雖成果豐碩，但腦部掃描要價不菲，很少學者負擔得起大批患者的研究，因此困難重重。樣本數小的研究難免會因藥物濫用等隨機誤差或干擾因素，使得推論複雜化。科學家所受的訓練就是除非結果可被複製，否則不可盡信，但掃描及任務類型、欲檢測的大腦區域皆分毫不差的研究卻少之又少。即使任務有些微不同，對結果影響亦可能甚巨，光患者是用右手還是左手按鈕便可造成誤差，混淆後續解讀。

所觀察到的只是僥倖的機率是多少？若檢視的大腦區域繁多，便有可能將巧合誤判為結果顯著，採用專業的後設分析為此問題的解決之道，藉由控制實驗設計的些微差異，來整合眾多研究的結果。以此技術來了解精神病態神經造影文獻的研究才剛起步。[26]

我是個業餘攝影師。以功能性造影實驗來蒐集資料，跟以強力遠距鏡頭來照相很像。除非有三角架，否則照片會模糊不清，而神經造影的三腳架則是精確的研究設計。若設計馬虎，不管拍到什麼影像，看了都會令人摸不著頭緒。神經造影領域的泰斗馬瑞．多蘭（Mairead Dolan）精闢地總結問題：「迄今，反社會暴力的研究中，方法嚴謹的屈指可數，無從得出確切結論。」[27]此言雖睿智，卻仍無法遏止法庭內的脣槍舌戰。

神經內分泌生理學

神經內分泌學鑽研的是神經元彼此間溝通的方式，最近研究指出精神病態的神經元溝通訊號傳送異於常人，其中血清素及催產素這兩種神經傳導物，因為在精神變態身上調節失常，最為人矚目。血清素跟情緒調節、侵略性反應、衝動行為習習相關。[28]殺人犯的神經系統中，血清素濃度通常較低。[29]有趣的是，像百憂解之類可增加血清素的生體可利用性藥物，常被用來作為治療易怒衝動行為的非正式療法。[30]

血清素新陳代謝異常可能導致精神病態衝動易怒，卻無法解釋其為何對他人冷酷無情、漠不關心。另一種截然不同的化合物催產素或許有所關聯。以往我們一直認為，催產素所扮演的主要角色是增強子宮收縮，但過去三十年間的研究卻發現催產素的功能不止於此。分泌催產素的下視丘區的神經，連結著大腦情緒調節中心及腦垂體，兩者對身體壓力反應的調節亦功不可沒。

最先研究催產素和情緒的關聯性時，是以長約七英寸、藏身地底的小型嚙齒動物田鼠作為實驗體。研究結果發現，雄性草原田鼠嚴行一夫一妻制，會幫忙照顧幼崽，過著群居生活。牧場田鼠則是離群索居，但若注射催產素，則會性情大變，行為宛如草原田鼠。[31]

人類和田鼠雖然天差地遠，但人在與他人接觸，像是禱告、親密行為，甚至是團體運動時，體內也會釋放催產素。有些人卻不然，不僅不會分泌催產素，言行舉止還近似精神病態：冷酷無情、漠視他人感受。[32]諸如催產素的荷爾蒙需要受體相輔相成，有些人因天生基因異常，受體較難與催產素結合，這些人從小表現出的樣子就較為漠然。[33]因此，越來越多研究顯示，當催產素濃度低，或與受體結合不佳時，就會產生冷酷無情的行為。所以可見下一步該做的就是操弄催產素濃度。

施打催產素後，會直接影響社會行為，人會變得較信任別人，也較為慷慨大方。[34]以賽局理論為模型的精妙實驗證明了這點。[35]請想像有兩名受試者在相鄰房間，可用電腦互通有無。兩人各收到十元。受試者A被告知若捐錢給受試者B，錢入對方帳戶後會增加成三倍。B則被告知可留下錢，或者也可捐一些錢給對方，但錢並不會增加三倍。所以，若A捐了兩元給B，B就會有十六元，但若B回贈給A三元，兩人的資產都會變多（A就有十一元，B就有十三元）。

究竟A會給B（或B給A）多少錢呢？這端看彼此的信任及個人慷慨程度。注射催產素後，有高達百分之八十的受試者A都變得比較大方。[36]有一小部分的受試者B較不可靠，無視搭擋死活，將全部的錢占為己有。有趣的是，這些人的催產素受體似乎也有異。[37]

看到此研究結果，研究者不禁暗忖：精神病態和其他人格疾患是否可藉由施打催產素助其康復？注射催產素後，對他人會不會較不冷漠？有項研究比較健康控制組和人格疾患對情緒刺激的反應。看憤怒面孔時，人格疾患的雙眼較快注視標的，這跟他們杏仁核的活躍有關。然而，施打催產素後，雙方的反應差異便不復存在。[38]

精神病態可依異常大腦結構及功能有效地診斷出來，其神經內分泌生理系統運作也有問題。但就算如此，法律責任該如何歸屬？若施特萊歇爾符合精神病態的診斷標準，在紐倫堡時是否該對他手下留情？若今日又出現了像施特萊歇爾的惡徒，法庭該如何評斷？

司法看邪惡

古希臘悲劇作家埃斯庫羅斯（Aeschylus）的著作《奧瑞斯提亞》（*Oresteia*）主題環繞在律法的演進上。沒有法律的制裁，人與人之間將掀起無止境的復仇討公道，不鬥個你死我活絕不罷休。有了法律制衡，人也會改觀，社會的功能則是公正無私的法官，消弭紛爭、制罪裁惡。然而，法庭制裁時，是否該將被告的精神狀況列入考量？精神疾患犯了罪，法庭衡量的是犯罪當下被告的精神狀態，以及其是否能出庭受審。這兩者是兩回事，且不同場審判所採用的裁決標準也會有所不同。紐倫堡特別法庭深受此問題所擾，尤其在審魯道夫・赫斯一案時更是如此。但諸如此類的司法爭議，昔日也曾出現。

丹尼爾・麥克諾頓（Daniel McNaughton）在一八四三年槍殺艾德蒙・莊孟德（Edmund Drummond），但他早在數年前便飽受妄想症所苦。若非莊孟德是首相羅伯特・皮爾（Robert Peel）的助理，此案早被世人拋諸腦後，至於兩人誰才是暗殺目標，至今也無從得知。即便在十九世紀，若能證明他精神異常，法庭也會赦免麥克諾頓之罪，但當時得要瘋癲衝動、無法言語，才算得上精神異常。但麥克諾頓屬沉默型的精神疾患，深信有不明人士在監視騷擾他，發作時莊孟德不幸在場，才成了他發洩的對象。法庭認為麥克諾頓處於「半瘋狂」狀態的證據有理，並未判他有罪，也未施以絞刑，而是將他送去精神病院終生監禁。法官在麥克諾頓的判決書上寫道：「雖然並未完全失去理智，但理智卻因精神錯亂而崩壞……此人受妄想所控，無以自制……妄想驅使他犯罪。」[39]維多莉亞女皇見狀勃然大怒，致信友人抱怨：「陪審團在搞什麼，居然判他無罪？我死都不相信冷血謀殺首相的人會是『無罪』！」[40]

風波止息後的數百年間，也出現過類似麥克諾頓一案的判決。「精神失常」代表被告因精神疾病無法理解自身行為後果，被告「精神失常，所以無罪」。在現今不少司法審判中，以精神疾病抗辯充其量只能酌情減刑。與其判「精神失常，所以無罪」，判「精神失常，但有罪」較有可能。被告受刑期或許較短，或被移送至專門收容精神失常罪犯的特殊監獄，但終究會遭定罪隔離。

第四章曾提及羅伯特・傑克森法官對替戰犯做心理評估有所疑慮。他怕這麼做，爭議將接踵而至，論點相左的精神醫學專家若爭執不下，難免耽誤審判。此人真有先見之明。這個問題令法庭苦不堪言多年，若當事人為嚴重人格疾患更是令人頭大，有些紐倫堡戰犯似乎也屬此類。精神病理學和大腦之間的關聯變化多端，可想而知辯方會如何抗辯。一九六二年，著名的司法精神科醫師伯納德・戴門（Bernard Diamond）聲稱：「看起來正常，能照意志行事抉擇等……全是假象，事實上他們其實也是自身大腦病變的受害者。」[41]

美國連續殺人犯約翰・韋恩・蓋西（John Wayne Gacy）在一九八〇年受審時，辯方律師傳喚不少精神科醫師，替他的精神疾病和受虐童年作證。照辯方說法，他要不是有「假神經性妄想型精神分裂症」，不然就有「邊緣性人格及反社會或精神病態人格亞型，發病時症狀就像妄想型精神分裂症」，或是妄想偏執自戀、對自身性向感到恐懼的「多相變態」。簡言之，「他遭到猖獗疾病吞噬」。檢方的結語更簡潔有力：「蓋西是個惡人。」[42]

近代神經造影、腦部荷爾蒙、精神病理學的研究逐漸涉及司法案件，開拓出犯罪學的新領域：「神經法律學」。若精神病態被告腦部異常，裁判罪責、罪狀、刑罰時，是否該將此列入考量？發表在《科學》雜誌上的一篇研究，探討了「腦部損壞」的抗辯對判決的影響。研究者請法官替假想中的被告判刑，被告有時被形容為暴力的精神病態，有時則是腦部功能受損的精神病態。被形成為典型毫無悔恨及同理心的精神病態時，所受的刑期較長，被形容為「腦部損壞」的精神病態卻被減刑。法官減刑的理由是被告無法控制自己，不全然是他的錯，而是「腦子生病」的緣故。[43]

早在功能磁振造影問世的數千年前，神經法律學便已大放光采。柏拉圖在《蒂邁歐篇》（*Timaeus*）中就曾言：「沒有人故意為非作歹。惡人之所以為惡，多半是因為天生身體出了問題。」[44]羅貝卡・哥德斯坦（Rebecca Goldstein）妙言改了柏拉圖的話，二十世紀的神經法律學論點會是：「一切都是我的杏仁核在搞鬼。」[45]

結語

在紐倫堡，有些人認為邪惡乃自成一格，有些則視其為行為的連續體，兩派對立壁壘分明。本章總結了視邪惡為非我族類的思維。這些說法是否適合套用在四名戰犯身上？在世人眼中，戈林是個典型的自戀型精神病態，魅力十足、老謀深算、冷血無情。施特萊歇爾魯莽衝動，幾乎像惡魔一般。萊伊因腦傷影響到言行，但矛盾的是，紐倫堡所有被告就屬他最感懊悔。赫斯則是個謎樣的人物，不過多數觀察員都認為他罹患妄想症。就法庭的考量，戈林和施特萊歇爾的診斷與判決無關。由於萊伊在開庭前就自殺身亡，特別法庭從未審過他的案子。因精神狀況而經法院酌情減刑的，只有赫斯一人。

在紐倫堡，我們天真地深信若精神科醫師和心理學家攜手檢視被告，答案便會浮現。然而，浮現出的只有「診斷」，但就算有了診斷，也難以探究惡之源頭。現今在海牙（The Hague）成立了國際戰犯特別法庭。就我所知，神經法律學論點尚未引進海牙，但也只是時間早晚的問題。

總結

說我剝奪了你們的睡眠也好，你們這些人可是顛覆了整個世界。

——羅伯特．傑克森法官的證詞，一九四五年十一月二十一日，於紐倫堡國際軍事法庭

回顧往昔

我在四十年前答應紐倫堡的行刑者將研究納粹惡黨，多年來卻一直避之如疫。我有病人要醫、有學生要教、有研究要做，還得養家糊口，忙得不可開交。在與患者互動與每日新聞中，我也不斷目睹充斥著邪惡苦痛的世間。因緣際會下，我遇見了經歷過這一切的了不起人物，但這些人現已逝去，不禁驚覺要是再不動筆，他們的故事也會隨著我離世而消失。

身為學者，我大半生都在做研究，第一直覺就是往檔案庫去翻找。研究往往不可預測，檔案研究更是如此，因為檔案通常是雜亂無章、無人翻閱，位於意想不到的地點。美國國會

圖書館和國家檔案館確實收藏了納粹戰犯的資料，但追尋真相的途中，我的足跡也遍布始料未及之處，像是艾克朗大學、柏克萊大學的閣樓、聖地牙哥的咖啡廳、耶路撒冷的客廳、加州的羅內特公園（Rohnert Park）、馬里蘭州的銀泉市（Silver Spring）。

我一頭栽入溯及一九四〇年代中期的文件裡。第二次大戰漸步入尾聲，世人也苦惱不堪。好端端一個文明國家怎會齊心籌劃如此大屠殺？塗炭生靈對德國也無益，為何納粹領袖不肯罷休？簡直是喪心病狂。甚至在戰爭尚未結束前，精神醫學界及心理學界便允言會探究納粹領袖的心理。魯道夫．赫斯言行過於古怪，應患有嚴重精神疾病。赫爾曼．戈林曾住進精神病院，也不斷濫用藥物。尤利烏斯．施特萊歇爾的惡行罄竹難書，老是自毀前程，惹得周遭所有人都與他為敵。羅伯特．萊伊因酗酒及腦傷而行為失常，整個人也遭憂鬱症擊垮。這些皆顯而易見，但世人還是希冀專業研究能更加釐清真相。

紐倫堡有兩名天資秉賦、性格卻南轅北轍的年輕醫師，投身修羅場檢視戰犯。我認為兩位都有所獲，即便結果相異。道格拉斯．凱利眼中所見是一堆道德敗壞的無賴，若世人有幸，這些人只會是渾噩度日的小百姓，而非位居政府要職。但不幸的是，他們掌有權力，並憑其力大開殺戒。古斯塔夫．吉爾伯特看到的不是無賴，而是天生烙著該隱的印記的邪惡精神病態。

凱利和吉爾伯特都對自己的論點自信滿滿，卻忽略這些論點僅由小樣本數推斷而來。紐倫堡的被告篤信機會主義，是一手策劃大屠殺、奪去數百萬條人命、自己卻置身事外的上級主管。正如羅伯特・傑克森法官所言：「這些被告全是殺人雙手不沾血的高官。他們深知如何利用下屬當劊子手。」[1]，若當時凱利和吉爾伯特能一併檢視身為劊子手的嘍囉，結論或許會有所不同。但這又另當別論了。[2]

在濕冷的牢獄中做心理測驗可能會影響結果，無論是凱利或吉爾伯特都沒想到這點。戰犯親眼目睹自己一手打造的帝國塌毀，絕望難當，孤身受困牢房數月，極可能遭處決。置身如此處境下，羅夏克墨漬測驗結果會有多可信？紐倫堡的測驗結果是否真能看出被告當權時的模樣？檢察官傑克森的開庭陳詞嚴肅提及：「被告席上坐著二十名落魄男子，眾所指謫，以往種種惡行還諸己身，自食惡果，再也無力肆虐。如今看來，很難想像這些悲慘的囚徒曾是呼風喚雨、令人聞之喪膽的納粹領袖。」[3]傑克森一語道出紐倫堡精神醫師和心理學家所面臨的挑戰。在如此非常時期，他們所觀察到的一切，可信度有多高？

凱利和吉爾伯特雖然知道施測情境非比尋常，還是咬著牙盡力而為。以現代標準看來，兩人的研究缺乏隨機臨床實驗，算不上正規研究，但方向倒是對了。數千年來，各個文化都想知道為何人會為非作歹，口耳相傳的原因包括了神明附身或發瘋。在紐倫堡，「附身」這個解釋似乎搬不上檯面，而拿「瘋狂」這詞來形容多數戰犯也不太精確。精神醫學和心理學界端出新法子來檢視戰犯，尤其可藉羅夏克墨漬測驗一窺納粹領袖的無意識世界。然而，測驗本身過度仰賴解讀者的判定，結果眾說紛紜、莫衷一是。人們期望看到的惡是黑白分明的，但實際上惡意的根源卻是行為「光譜」及多種疾病。得知真相的眾人莫不驚愕不已、謾罵連連。

惡之文化模型樣板

所有戰犯都一樣、全是惡魔的說法，或許較能撫慰人心，但不過是在自欺欺人，連電影都不是這麼演的。《科學怪人》（*Frankenstein*, 1818）、《德古拉》（*Dracula*, 1897）、《變身怪醫》（*Jekyll and Hyde*, 1866）等文學和電影中的經典要角，或許都是名副其實的「怪物」，但都各有其獨特之處。[4]

在瑪麗·雪萊的作品《科學怪人》裡，怪物是人一手打造出來的。雖說維特·弗蘭肯斯坦（Victor Frankenstein）走了偏門，但終究該為親手催生的怪物的所作所為負起責任。紐倫堡戰犯一手策劃了大屠殺，同樣也該為此負責。[5]傑克森法官和特別法庭亦有同感。

布拉姆．斯托克（Bram Stoker）的《德古拉》所描述的怪物則有天壤之別，簡直是非我族類的「他者」。德古拉的本質就是個來路不明的惡魔，而非人造生物。這個屬於「他者」的怪物與古斯塔夫．吉爾伯特對戰犯的看法不謀而合。他將戰犯視為精神病態，是異於常人、非我族類的「他者」。

而羅伯特．路易斯．史蒂文森（Robert Louis Stevenson）之作《變身怪醫》裡的怪物，既不是人造生物，也不是非我族類的他者，而是蟄伏於人心的野獸。這或許最令人膽寒。若怪物海德能潛伏在哲基爾內心，那怪物可說是無所不在，正如道格拉斯．凱利提出的警訊。陰錯陽差之下，你我都可能淪為戰犯。

近代紐倫堡的猜想

在紐倫堡，人們為惡之輪廓該如何定義吵得不可開交，審判結束後，爭議仍持續延燒。最近，我不禁思忖現代戰犯的審判會如何看待這些爭論。司法心理學家在二〇一二年回顧探討近年來的國際戰犯審判，卻訝異地發現至今「仍沒有人做戰犯的實驗心理學研究」。[6]現今技術比起一九四五年時還要先進許多。我們可用結構嚴謹的訪談，來發掘被告的精神病史，下更精密的診斷。如此標準化流程或許聽起來微不足道，卻代表了精神醫學及心理學突飛猛進的里程碑。除此之外，還可利用神經造影術描繪被告大腦結構，研究被告在做衝動性及同理心測驗時的反應。這些資料都可作為呈堂證供。

就算將此新證據呈上特別法庭，我猜判決大概也不會跟一九四六年的結果相去甚遠。赫斯可能會終生監禁於精神病院，而非像施潘道監獄的地方。戈林不是被處決，就是被判終生監禁，不過他或許還是會服禁藥自殺。施特萊歇爾可能會被處決或終生監禁，但做人一點也不圓滑的他，在獄中應該也撐不久。萊伊則是個無法捉摸的謎。由於他如此深感悔恨，腦部又曾受重傷，現今的特別法庭應該會酌情縮短刑期。

這些近代所做的分析當然可用於未來的戰犯審判，但問題是：有誰會費工夫去研究？在紐倫堡，天時地利人和十分難得。首先，各國都有共識，認為必須舉行審判。再來，醫師、社會科學家、政府高官齊聚一堂，全認同研究戰犯乃至關重要。最後，若不是當時僥倖有兩名天賦異稟、擇善固執又愛追根究柢的人才（凱利和吉爾伯特），儘管全體都有共識，也終將功虧一簣。未來在海牙舉行的戰犯審判，不知是否還有幸一睹如此盛況？

後記

我踏上了另一段找尋不可觸及的答案之途。究竟這個主題有何不尋常之處，找起檔案竟如此百轉千迴？這次我回到了加州的家，在紅杉林間漫步，紅杉木如哨兵般聳然佇立在聖塔克魯茲（Santa Cruz）的圖書館周遭。清晨濕潤的空氣透著微光，樹叢瀰漫著紅杉的香氣，不斷傳來暗冠藍鴉的叫聲。

希望能更了解邪惡的我，來到了這座圖書館。不知為何，此處的檔案庫收藏了一些關於道格拉斯．凱利的文件。[7] 從文件中可知凱利曾身兼魔術師、天文學家、電視製作人等多項職務，是個健談的人，但有關紐倫堡一案的資料卻寥寥無幾。

失望是一定的，但我也開始反思，真有檔案庫能解開我對邪惡的疑問嗎？《聖經》犀利地寫道：「塵世暗處慘無人道之事無所不在。（〈詩篇〉七十四章八十節）」詩人聶魯達（Pablo Neruda）的看法則較樂觀：「塵世如溫床／因愛而茂，以血為壤。」[8]

凱利在每個人身上都看到了黑暗，吉爾伯特只有在特定的人身上才見黑暗。兩人都沒錯。

註解

引言

題辭：尼可羅・馬基維利著，《君主論》，路易吉・利奇（Luigi Ricci）譯（New York: Modern Library, 1950），117；據信出自艾德蒙・柏克（1729-1797）。

1. 可參考約翰・斯坦納（John Steiner）之著作。他著有納粹親衛隊相關的傑出著作，資料來源為個人貼身觀察與問卷研究。

2. 有趣的是，奧斯威辛指揮官魯道夫・赫斯在處決前寫給妻子的家書中提到了這一點。「我是德國冷血毀滅機器的其中一個齒輪，只能盲目聽從指令行事。」Thomas Harding, *Hanns and Rudolf: The True Story of the German Jew Who Tracked Down and Caught the Kommandant of Auschwitz* (New York: Simon and Schuster, 2013）, 271.

3. 參考資料主要出自道格拉斯・凱利《紐倫堡的二十二名罪犯》（New York: Greenberg, 1947; reprint ed., New York: MacFadden, 1961），以及古斯塔夫・吉爾伯特所著《紐倫堡日記》（*Nuremberg Diary*, New York: Farrar, Straus and Giroux, 1947; reprinted., New York: Da Capo, 1995）。關於羅夏克墨跡測驗，主要參考艾瑞克．齊默爾、莫莉．哈洛維、貝瑞．瑞茲勒與羅伯特．阿奇爾（Robert P. Archer）所著《The Quest for the Nazi Personality: A Psychological Investigation of Nazi War Criminals》（Hillsdale, NJ: Lawrence Erlbaum, 1995），以及佛羅倫斯．米雅爾與麥克．賽爾徹所著《紐倫堡之心》（New York: Quadrangle, 1995）。至於凱利生平的重要資料，則參考傑克．艾爾海所著《The Nazi and the Psychiatrist: Hermann Göring, Dr. Douglas M. Kelley, and a Fatal Meeting of Minds at the End of WWII》（New York: Public Affairs, 2013）。

4. 特別感謝：加州大學聖地牙哥分校（University of California, San Diego）、加州大學聖塔克魯茲分校（University of California, Santa Cruz）、美國國家健康醫學博物館（National Museum of Health and Medicine）、美國陸軍軍事歷史研究所（US Army Military History Institute）、美國空軍官校（US Air Force Academy）、麥德慕圖書館（McDermott Library）、艾克朗大學心理歷史中心（University of Akron Center for the History of Psychology）、哥倫比亞大學檔案室（Columbia University archives）、加州大學柏克萊分校（University of California, Berkeley）、耶魯大學檔案室（Yale University archives）、康乃爾大學檔案室（Cornell University archives）、

紐約市立大學研究生中心（Graduate Center of CUNY）、紐約大學（New York University）、佛羅里達大學、美國國會圖書館、美國國家檔案館，以及美國大屠殺紀念博物館。

5. 愛德華・霍列特・卡爾（E. H. Carr），《什麼是歷史？》（*What Is History?*, Cambridge: Cambridge University Press, 1961）。
6. 喬爾・丁斯戴爾，《倖存者、受害者與加害者：納粹大屠殺相關文章》（*Survivors, Victims, and Perpetrators: Essays on the Nazi Holocaust*, Washington, DC: Hemisphere, 1980, 284-287）。
7. 羅茲・麥考利，《The Towers of Trebizond》（New York: Farrar, Straus and Giroux, 1956），226。
8. 耶克納氏（J. E. Exner），《The Rorschach Systems》（New York: Grune and Stratton, 1969）。
9. 瓦萊麗・哈托尼，《Visualizing Atrocity: Arendt, Evil, and the Optics of Thoughtlessness》（New York: New York University Press, 2012），66。

第一章　猶太屠殺和其他種族屠殺有何差別？

題辭：安娜・阿赫瑪托娃，《The Poetry of Anna Akhmatova: Living in Different Mirrors》，亞歷

山卓．哈林頓（Alexandra Harrington）譯（New York: Anthem Press, 2006），98；提摩西．斯奈德，《血色大地：希特勒與史達林之間的歐洲》（*Bloodlands: Europe Between Hitler and Stalin*, New York: Basic Books, 2010），205。

1. 長久以來，精神病學與歷史學的分界一直模糊不清。一方面，精神病學與心理學專家經常在言論中引述心理歷史專有詞彙。例如，英國精神學家亨利．狄克斯便形容納粹分子是「一群生理或人格未發育成熟的男人，從小壓抑與母親的親密關係，因而發展出典型的同性偏執傾向，建立起極端又矛盾、愛恨交織的父權形象，且習慣以虐待方式發洩性欲。」出自一九五〇年亨利．狄克斯於《人際關係三》期刊（*Human Relations 3*）第二期中的文章〈Personality Traits and the National Socialist Ideology: A War-Time Study of German Prisoners of War〉，113-114。另一方面，如同朱蒂斯．休斯（Judith Hughes）曾說過的一句話：「傳記如果沒有心理元素，就不是傳記了。」此話出自《The Holocaust and the Revival of Psychological History》（New York: Cambridge University Press, 2015），10。
2. 伊恩．克肖，《Hitler, the Germans, and the Final Solution》（New Haven: Yale University Press, 2008），363-364。
3. 提摩西．斯奈德，《血色大地：希特勒與史達林之間的歐洲》，227。

4. 引述真實性有待考究。

5. Charles Y. Glock, Gertrude J. Selznick, Joe L. Spaeth, *The Apathetic Majority: A Study Based on Public Responses to the Eichmann Trial* (New York: Harper and Row, 1966), 26。

6. 勞爾・希爾伯格，〈The Development of Holocaust Research〉，出自《Holocaust Historiography in Context: Emergence, Challenges, Polemics, and Achievements》，大衛・班克伊爾與丹・米奇曼（Dan Michman）編（Jerusalem: Yad Vashem, 2008），33。

7. 如欲了解這些動機的詳細討論，可參閱阿隆・科非諾（Alon Confino）所著《World without Jews: The Nazi Imagination from Persecution to Genocide》（New Haven: Yale University Press, 2014）。

8. 伊扎克・卡茨納爾森，引述自丹・米奇曼與大衛・班克伊爾所著《Holocaust Historiography in Context》，11。

9. 派翠克・吉拉德（Patrick Girard），〈Historical Foundations of Anti-Semitism〉，出自《倖存者、受害者與加害者：納粹大屠殺相關文章》（Washington, DC: Hemisphere, 1980），喬爾・丁斯戴爾編。

10. 羅伯特・傑克森證詞，一九四五年十一月二十一日，《Trial of the Major War Criminals

before the International Military Tribunal, Nuremberg, 14 November 1945–1 October 1946》，卷二二（Nuremberg: International Military Tribunal, 1947），2: 104。

11. 伊恩・克肖，《Hitler, the Germans, and the Final Solution》。

12. 齊格蒙特・鮑曼，《現代性與大屠殺》（*Modernity and the Holocaust*, Ithaca, NY: Cornell University Press, 1989），26。

13. 譯自《Documents of the Persecution of the Dutch Jewry, 1940–1945》第二十號文件，藏於阿姆斯特丹猶太人歷史博物館（Joods Historisch Museum Amsterdam, Amsterdam: Athenaeum-Polak en Van Gennep, 1960），139。

14. 勞爾・希爾伯格，《歐洲猶太人之滅絕》（*The Destruction of the European Jews*, Chicago: Quadrangle Books, 1967），152。

15. 諸多音樂家之中，古斯塔夫・馬勒（Gustav Mahler）姪女阿爾瑪・羅斯（Alma Rose）被迫擔任奧斯威辛集中營監獄交響樂團指揮，直到去世為止。

16. 通往特雷布林卡毒氣室的路標：出自山謬・拉茲曼（Samuel Rajzman）於國際軍事法庭上的證詞，一九四六年二月二十七日，《Trial of the Major War Criminals before the International Military Tribunal, Nuremberg, 14 November 1945–1 October 1946》卷八，8: 325；毒氣室入口標

誌：請見斯奈德《血色大地：希特勒與史達林之間的歐洲》，270。

17. 斯奈德，《血色大地：希特勒與史達林之間的歐洲》，271。

18. 君特・斯瓦柏格（Günther Schwarberg），《The Murders at Bullenhuser Damm: The SS Doctor and the Children》（Bloomington: Indiana University Press, 1984）。

19. 埃爾溫・瓊斯（Elwyn Jones）少校證詞，一九四六年八月八日，《Trial of the Major War Criminals before the International Military Tribunal, Nuremberg, 14 November 1945–1 October 1946》，20: 519。

20. 勞爾・希爾伯格，《歐洲猶太人之滅絕》，249。

21. 克里斯多佛・布朗寧（Christopher R. Browning），《Ordinary Men: Reserve Police Battalion 101 and the Final Solution in Poland》（New York: Harper Perennial, 1998），159。

22. 喬治・克倫與里昂・拉伯波特，《The Holocaust and the Crisis of Human Behavior》（New York: Homes and Meier, 1994），82。

23. 大衛・班克伊爾，《The Germans and the Final Solution: Public Opinion under Nazism》（Oxford: Blackwell, 1992）。

24. 勞爾・希爾伯格，《歐洲猶太人之滅絕》，216。

25. 毒氣價格低廉，平均每人只需花費半分。根據艾文·格林柏格（Irving Greenberg）於〈Cloud of Smoke, Pillar of Fire: Judaism, Christianity, and Modernity after the Holocaust〉一文中的統計資料，出自《Auschwitz: Beginning of a New Era? Reflections on the Holocaust》，伊娃·弗萊施納（Eva Fleischner）編（New York: KTAV, 1977），2。

26. 勞爾·希爾伯格，《歐洲猶太人之滅絕》，645。

27. 出自弗里茨·紹克爾，引述自約瑟夫·佩西科（Joseph E. Persico）《紐倫堡大審》（*Nuremberg: Infamy on Trial*, New York: Penguin, 1994），164。

28. 斯奈德，《血色大地：希特勒與史達林之間的歐洲》，257。

29. 勞爾·希爾伯格，《歐洲猶太人之滅絕》，218。

30. 漢斯·法蘭克，引述自斯奈德《血色大地：希特勒與史達林之間的歐洲》，214。

31. 奧托·奧倫多夫證詞，一九四六年一月三日，《Trial of the Major War Criminals before the International Military Tribunal, Nuremberg, 14 November 1945–1 October 1946》，4: 321-323。

32. 克里斯多佛·布朗寧，《Ordinary Men: Reserve Police Battalion 101 and the Final Solution in Poland》，25。

33. 漢娜·鄂蘭，《平凡的邪惡：艾希曼耶路撒冷大審紀實》（*Eichmann in Jerusalem*, New York:

Viking, 1964），106。

34. 勞爾・希爾伯格，《歐洲猶太人之滅絕》，595–596。

35. 各族群的估計死亡率都不同。

36. 美國聖地牙哥至德國柏林的直線距離約九千四百五十一公里。

37. 約翰・斯坦納，《藍鬍子城堡：對文化再定義之討論》（*In Bluebeard's Castle: Some Notes Toward the Redefinition of Culture*, New Haven: Yale University Press, 1971），30–31, 53–54。

第二章　紐倫堡審判前的拘禁

題辭：約翰・肯尼斯・高伯瑞，〈The 'Cure' at Mondorf Spa〉，《生活》雜誌，一九四五年十月二十二日。

1. 艾希康監獄還監禁了其他許多納粹戰犯，但他們並非本書研究的對象。

2. 營區編號千奇百怪，沒有一定的編制準則。例如，一處鄰近德國法蘭克福的英國戰俘營即編號為「Dustbin」（與Ashcan同樣意指「垃圾桶」）。

3. 約翰・多利布瓦，《循環模式：一位大使的故事》（*Pattern of Circles: An Ambassador's Story;*

Kent, OH: Kent State University Press, 1989），85。

4. 出自柏頓・安德魯斯傳記，Burton C. Andrus Collection，藏於美國陸軍軍事歷史研究所。
5. 約瑟夫・佩西科，《紐倫堡大審》（New York: Penguin, 1994），49。
6. 柏頓・安德魯斯，《The Infamous of Nuremberg》（London: Leslie Frewin, 1969），22。
7. 出自〈Hermann Goering 'Too Heavy' for US Plane Transport after Capture〉，《每日電訊報》（*Telegraph*），二〇一一年一月三十一日。
8. 柏頓・安德魯斯，《The Infamous of Nuremberg》（London: Leslie Frewin, 1969），29–30。
9. Eugene Davidson, *The Trial of the Germans: An Account of the Twenty-two Defendants before the International Military Tribunal at Nuremberg* (New York: Macmillan, 1966; reprint ed., Columbia: University of Missouri Press, 1997), 66。
10. 約翰・多利布瓦，《循環模式：一位大使的故事》，86。
11. 同上，169。
12. 安德魯斯，《The Infamous of Nuremberg》，29。
13. 同上，31。
14. 同上，34。

15. 艾爾海，《The Nazi and the Psychiatrist: Hermann Göring, Dr. Douglas M. Kelley, and a Fatal Meeting of Minds at the End of WWII》（New York: Public Affairs, 2013），23。

16. 道格拉斯．凱利私人文件。

17. 約翰．肯尼斯．高伯瑞，〈The ‘Cure’ at Mondorf Spa〉。

18. 約翰．多利布瓦，《循環模式：一位大使的故事》，118。

19. 羅納德．斯梅爾瑟（Ronald Smelser），《Robert Ley: Hitler’s Labor Front Leader》（Oxford: Berg, 1988），2。

20. 同上，112。

21. 同上，113。

22. 國際軍事法庭裁決，〈Judgement: Streicher〉，可見於http://avalon.law.yale.edu/imt/judstrei.asp。

23. 尤利烏斯．施特萊歇爾個人陳述（譯文），一九四五年六月十六日，尤利烏斯．施特萊歇爾收藏，卷一，藏於耶路撒冷李奧．貝克學會猶太歷史中心（Center for Jewish History, Leo Baeck Institute）。

24. 安德魯斯，《The Infamous of Nuremberg》，53。

25. 同上，39。

26. 約翰・多利布瓦，《循環模式：一位大使的故事》，113。

27. 同上，116。

28. 同上，111。

29. 同上。

30. 同上，104。

31. 引述自喬治・塔克（George Tucker），〈Doomsday for the Guilty〉，《柯里爾週刊》，一九四五年九月二十二日。

32. 約翰・多利布瓦，《循環模式：一位大使的故事》，213。

33. 同上，129。

34. 安德魯斯，《The Infamous of Nuremberg》，39.，艾爾海，《The Nazi and the Psychiatrist: Hermann Göring, Dr. Douglas M. Kelley, and a Fatal Meeting of Minds at the End of WWII》，63。

35. 出自美聯社，《Maple Leaf》〈Rolling Your Own Is Rugged—Just Ask Herr Goering〉，一九四五年八月一日。

36. 約翰・肯尼斯・高伯瑞，〈The 'Cure' at Mondorf Spa〉。

37. 位於艾希康營區，請見http://en.wikipedia.org/wiki/Camp_Ashcan。

38. 喬治・麥當勞（George McDonald），《Frommer's Belgium, Holland and Luxembourg》（Hoboken, NJ: Wiley, 2011）。

第三章 紐倫堡審判前的拘禁

題辭：蕾貝卡・韋斯特，〈不凡的流亡〉，刊於《紐約客》雜誌，一九四六年九月七日，45；羅伯特・傑克森證詞，一九四五年十一月二十一日，《Trial of the Major War Criminals before the International Military Tribunal, Nuremberg, 14 November 1945–1 October 1946》卷二十二（Nuremberg: International Military Tribunal, 1947），2: 99。

1. 沃納・梅瑟（Werner Maser），《Nuremberg: A Nation on Trial》，理查・貝瑞（Richard Barry）譯（New York: Scribner's, 1979），25。
2. 約瑟夫・佩西科，《紐倫堡大審》（New York: Penguin, 1994），8。
3. 約瑟夫・普立茲，引述自〈Urges Executions of 1,500,000〉，《紐約時報》，一九四五年五月二十三日。
4. 西摩・佩瑟（Seymour Peyser），引述自布魯斯・斯特夫（Bruce M. Stave）與米雪兒・帕爾

默（Michele Palmer）所著《Witnesses to Nuremberg: An Oral History of American Participants at the War Crimes Trials》（New York: Twayne, 1998），145。

5. 特拉伊寧（A. N. Trainin），引述自尼芙（A. Neave），《Nuremberg: A Personal Record of the Trial of the Major Nazi War Criminals in 1945–6》（London: Hodder and Stoughton, 1978），229。

6. 特雷福德．泰勒（Telford Taylor），《The Anatomy of the Nuremberg Trials: A Personal Memoir》（New York: Alfred A. Knopf, 1992），43。

7. 同上，44–45。

8. 羅伯特．傑克森，《Report to the President on Atrocities and War Crimes; June 7, 1945》，http://avalon.law.yale.edu/imt/imt_jack01.asp。

9. 泰勒，《The Anatomy of the Nuremberg Trials: A Personal Memoir》，64。

10. 根據特雷福德．泰勒的描述，某些口譯員對於語言非常敏感且易怒。一位蘇聯口譯員拒絕翻譯「把嬰兒和洗澡水一起倒掉（在英文裡引申為不分良莠）」，氣憤地表示「這種說法不好」，泰勒，《The Anatomy of the Nuremberg Trials: A Personal Memoir》，101。

11. 弗朗西斯．彼得爾，引述自斯特夫與帕爾默《Witnesses to Nuremberg: An Oral History of American Participants at the War Crimes Trials》，5。

12. 傑克森證詞，一九四六年七月二十六日，《Trial of the Major War Criminals before the International Military Tribunal, Nuremberg, 14 November 1945–1 October 1946》，19: 432。

13. 梅瑟，《Nuremberg: A Nation on Trial》，273。

14. 大家都稱他「瘋狂比爾」（Wild Bill）多諾萬，出自他在哥倫比亞大學足球隊時期的綽號。

15. 克里斯多佛・達德（Christopher Dodd），《Letters from Nuremberg: My Father's Narrative of a Quest for Justice》（New York: Crown, 2007），255。

16. 他後來成為參議員。達德，《Letters from Nuremberg: My Father's Narrative of a Quest for Justice》，103。

17. 梅瑟，《Nuremberg: A Nation on Trial》，253。

18. 伊歐納・尼基琴科，引述自大衛森，《The Trial of the Germans: An Account of the Twenty-two Defendants before the International Military Tribunal at Nuremberg》（New York: Macmillan, 1966; reprint ed., Columbia: University of Missouri Press, 1997），18。

19. 佩西科，《紐倫堡大審》，204。

20. 同上，82–84；道格拉斯・凱利私人文件。

21. 大衛森，《The Trial of the Germans: An Account of the Twenty-two Defendants before the International Military Tribunal at Nuremberg》，165。

22. 古斯塔夫・吉爾伯特所著《紐倫堡日記》（New York: Farrar, Straus and Giroux, 1947; reprint ed., New York: Da Capo, 1995），192–193。

23. 約瑟夫・梅耶，引述自斯特夫與帕爾默《Witnesses to Nuremberg: An Oral History of American Participants at the War Crimes Trials》，115。

24. 弗里茨・紹克爾曾任圖林吉亞（Thuringia）大區長與勞工部署全權總代表，引述自吉爾伯特《紐倫堡日記》，113。

25. 達德，《Letters from Nuremberg: My Father's Narrative of a Quest for Justice》，229。

26. 赫爾曼・戈林，引述自吉爾伯特《紐倫堡日記》，113。

27. 道格拉斯・凱利，《紐倫堡的二十二名罪犯》（New York: Greenberg, 1947; reprint ed., New York: MacFadden, 1961），56。

28. 美國國家檔案館第二三八檔案群（Record Group）：美國國家檔案館世界二次大戰犯罪紀錄館藏，一九三三至一九四九年，系列：國際軍事法庭及紐倫堡國際軍事審判相關文件，取自詹姆斯・亞特伍德（James P. Atwood）返還之扣押物，一九四五至一九四七年。

29. 烏蘇拉・雪曼，引述自萊斯里・卡茲（Leslie Katz），〈Nuremberg—50 Years after Trial of Nazi Horrors〉，《Jewish Bulletin of North Carolina》，一九九五年十一月十七日。

30. 布萊迪・布萊森，引述自希拉蕊・賈斯金（Hilary Gaskin），《Eyewitnesses at Nuremberg》（London: Arms and Armour, 1991），172–173。

31. 結尾敘述的事實頗為諷刺。美國國家檔案館許多文獻均指出，紐倫堡的生活對於審判人員的判斷能力帶來不良影響。在紐倫堡戰犯精神分析紀錄的檔案中，有一個關鍵檔案被歸類為「回復扣押文件」。我有看錯嗎？「回復扣押」？美國國家檔案館固然自有一套書目編排方式，但將其歸類為「回復扣押」未免太言重。「回復扣押」意指歸還非法取得的財物。一名紐倫堡美籍安全人員未經許可，私自取走這些文件作為收藏之用。他所犯的罪並非一般的竊盜罪。實際上，他的一九五〇年考核報告形容他：「主動進取，具有良好的軍人儀態與高尚道德操守。聰明，表達能力強。嚴謹勤奮，擁有強烈責任感。」出自美國國家檔案館第二三八檔案群：美國國家檔案館世界二次大戰犯罪紀錄館藏，一九三三至一九四九年，系列：國際軍事法庭及紐倫堡國際軍事審判相關文件，取自亞特伍德返還之扣押物，一九四五至一九四七年。這份文件經證實為回復扣押文件，內含大量資訊。

第四章　納粹戰犯與精神分析師

題辭：道格拉斯．凱利，《紐倫堡的二十二名罪犯》，（New York: Greenberg, 1947; reprint ed., New York: MacFadden, 1961），18。

1. 魯道夫．赫斯，未公開文件，道格拉斯．凱利私人文件。
2. 赫斯，引述自《The Case of Rudolf Hess: A Problem in Diagnosis and Forensic Psychiatry》，黎斯編（New York: W. W. Norton, 1948），ix。
3. 吉布森．格雷厄姆，出處同上，17。
4. 亨利．狄克斯，出處同上，34。
5. 吉布森．格雷厄姆，出處同上，21。
6. 同上，25。
7. 亨利．狄克斯，出處同上，28–29。
8. 埃利斯．瓊斯（Ellis Jones）、菲利浦斯（N. R. Phillips）與狄克斯，出處同上，71。
9. 瓊斯、菲利浦斯與狄克斯，出處同上，72。
10. 赫斯，出處同上，82。

11. 同上，88。

12. 同上，16。

13. 邱吉爾，引述自史蒂芬・麥金提（Stephen McGinty），《Camp Z: The Secret Life of Rudolf Hess》（London: Quercus, 2011），149。

14. 之後，約翰・多利布瓦任職肯特州立大學（Kent State University）行政人員及盧森堡大使，事業一帆風順。

15. 多利布瓦，《循環模式：一位大使的故事》（Kent, OH: Kent State University Press, 1989），187。

16. 艾瑞克・齊默爾、莫莉・哈洛維、貝瑞・瑞茲勒與羅伯特・阿奇爾，《The Quest for the Nazi Personality: A Psychological Investigation of Nazi War Criminals》（Hillsdale, NJ: Lawrence Erlbaum, 1995），41。

17. 古斯塔夫・吉爾伯特，引述自伊恩・貝凡（Ian Bevan），〈Finding How the Nazi Mind Works〉，《Sydney Morning Herald》，一九四五年十二月十九日。

18. 約瑟夫・佩西科，《紐倫堡大審》（New York: Penguin, 1994），232。

19. 美國智能障礙協會（The American Association on Mental Deficiency）、國際抗癲癇聯盟美國分

會（American branch of the International League against Epilepsy）、美國神經病學協會（American Neurological Association）、美國精神矯正學會（American Orthopsychiatric Association）、美國精神醫學學會（American Psychiatric Association）、美國精神問題研究學會（American Society for Research in Psychosomatic Problems）與美國國家心理衛生委員會（National Committee for Mental Hygiene）。除了資金較充足的美國國家衛生研究院（National Institutes of Health）之外，現今可能幾乎沒有這類的組織專門針對某項議題制定共同聲明。

20. 羅伯特．傑克森文件，第一〇七箱，美國國會圖書館（此後稱「傑克森文件」）。

21. 同上。

22. 雖然羅夏克墨漬測驗看似架構凌亂，實際上卻蘊藏專為測試者與病患間互動所設計的巧思。測試者向病患展示十張卡片，詢問病患「看到這張卡片，你想到了什麼？」，以及「卡片的哪個部分讓你聯想到這件事？」等問題。有些卡片是黑白圖案，有些則是彩色。一般病患對每張卡片都有多種解讀，測試者會仔細追蹤同類答案的次數，並逐字記錄病患對於每張墨漬卡片的回應。測試者會分析病患對於卡片解讀的主題內容，並根據作答分數進一步洞察病患的心理。測試者也會記錄病患的回應時間，以及病患是否針對整張卡片或卡片的部分回應，像是病患是否認知墨漬中的色彩或陰影（即卡片上的黑色墨漬與留白部分）？認知的程度如何？另外，測試者是否能夠「判斷」病患如何將卡片的部分圖案認定為跳舞的人們等答案，抑或需要大量的想像才能洞察病患的認知等評估，也關係著測驗的分析結果。

23. 傑克森致約翰．米勒的信件，一九四五年六月二十三日，傑克森文件。
24. 出處同上。
25. 米勒致傑克森的信件，一九四五年八月十六日，傑克森文件。
26. 傑克森致約翰．米勒的信件，一九四五年十月十二日，出處同上。
27. 致內部安全分隊（Internal Security Detachment）指揮官的備忘錄，出處同上。
28. 假如赫斯先前曾施打阿米妥，第二次會談的內容不一定可信。
29. 致保羅．施洛德（Paul Schroeder）的備忘錄，一九四五年十二月十七日，傑克森文件。
30. 米勒致傑克森的信件，一九四六年六月三日，同上。
31. 艾希里．弗洛姆，《Anatomy of Human Destructiveness》（New York: Holt, Rinehart and Winston, 1973），第十三章。
32. 如欲了解學者對於人類學研究的戰爭貢獻所提出的精闢剖析，請見彼得．曼德勒（Peter Mandler），《Return from the Natives: How Margaret Mead Won the Second World War and Lost the

Cold War》（New Haven: Yale University Press, 2013）。

33. 英國致力發展心理學領域研究，眾多學者中以威爾弗雷德．畢昂（Wilfred Bion）與約翰．鮑比（John Bowlby）的研究為戰後精神醫學與心理學發展的主力。

34. 希特勒傳記最終於一九七二年解密和公布。沃爾特．藍格（W. Langer）《希特勒的心態：戰時秘密報告》（*The Mind of Adolf Hitler: The Secret Wartime Report*, New York: Basic Books, 1972）。

35. 關於多諾萬的某些政策，丹尼爾．皮克（Daniel Pick）所著《The Pursuit of the Nazi Mind: Hitler, Hess, and the Analysts》（Oxford: Oxford University Press, 2012）有詳細敘述，117–120。

36. 令人遺憾的是，多數美國監獄均以讓受刑人「更生」為目標。

37. 柏頓．安德魯斯，引述自安．圖薩（Ann Tusa）與約翰．圖薩（John Tusa），《The Nuremberg Trial》（New York: Skyhorse, 2010），232。

38. 吉爾伯特，文字紀錄，〈The Trial of Adolf Eichmann〉，第五十五開庭期，一九六一年五月二十九日，The Nizkor Project，http://www.nizkor.org/hweb/people/e/eichmann-adolf/transcripts/Sessions/Session-055–01.html

39. 佩西科，《紐倫堡大審》，186, 189。

40. 凱利，《紐倫堡的二十二名罪犯》，17。

41. 凱利致多諾萬的信件，日期不詳，Donovan Nuremberg Trials Collection，藏於康乃爾大學法律圖書館（Cornell University Law Library）。

42. 大衛・艾文（David Irving），《Nuremberg: The Last Battle》（London: Focal Point, 1996），21。

43. 他們還對囚犯施行了「主題統覺測驗」（Thematic Apperception Test; TAT），不過很少對此進行討論，之後的評估報告也只分析了囚犯的智商與羅夏克墨漬測驗結果。

44. 〈城中話題專欄〉（Talk of the Town），《紐約客》雜誌，一九四六年六月一日，19。

45. 路易斯・特曼（Lewis Terman）為史丹佛大學心理學教授，長期致力於加州高智商兒童的研究。

46. 道格拉斯・凱利，〈Preliminary Studies of the Rorschach Records of the Nazi War Criminals〉，《Rorschach Research Exchange and Journal of Projective Techniques 10》（1946），45–48。

47. 這是滿特別的情況，因為如果病患之前並未看過測驗圖片，所得出的羅夏克測驗結果會較為準確。

48. 詹姆斯・歐文（James Owen），《Nuremberg: Evil on Trial》（London: Headline Review,

2006），115。

49. 傑克・艾爾海，《The Nazi and the Psychiatrist: Hermann Göring, Dr. Douglas M. Kelley, and a Fatal Meeting of Minds at the End of WWII》（New York: Public Affairs, 2013），141。

50. 齊默爾、哈洛維、瑞茲勒與阿奇爾，《The Quest for the Nazi Personality: A Psychological Investigation of Nazi War Criminals》，xvii。

51. 戴維斯（L Davis），〈Hitler Gang Just Ordinary Thugs, Psychiatrist Says〉，《Nashville Tennessean》，一九四六年一月二十九日。

52. 佩西科，《紐倫堡大審》，170。

53. 吉爾伯特也曾私下接受媒體訪問，但較少為人引述。

54. 霍華・惠特曼（Howard Whitman），〈What Goering & Co. Talk about in Their Cells as Told by Dr. Douglas M. Kelley〉，《英國週日快報》（*Sunday Express*），一九四六年八月二十五日；安德魯斯收藏，第三十三箱，第九十一卷，美國陸軍軍事歷史研究所。

55. 阿爾弗雷德・羅森伯格，引述自艾爾海，《The Nazi and the Psychiatrist: Hermann Göring, Dr. Douglas M. Kelley, and a Fatal Meeting of Minds at the End of WWII》，142。

第五章　羅伯特・萊伊：「畸形的大腦」

題辭：羅伯特・萊伊，自傳陳述，4，道格拉斯・凱利私人文件；克里斯多佛・達德，引述自達德《Letters from Nuremberg: My Father's Narrative of a Quest for Justice》（New York: Crown, New York, 2007），198。

1. 羅伯特・傑克森文件，第一〇七箱，美國國會圖書館（此後稱「傑克森文件」）。
2. 從科學角度而言，這儘管可惜，但如果將戰犯土葬，之後他們的墳墓可能會成為新納粹分子的聖地。
3. 羅納德・斯梅爾瑟，《Robert Ley: Hitler's Labor Front Leader》（Oxford: Berg, 1988），18。
4. 萊伊，出處同上，62。
5. 出處同上，19。
6. 出自美聯社，〈German Criminal Makes Gallows of Towel and Pipe〉，紐倫堡，一九四五年十月二十五日。
7. 斯梅爾瑟，《Robert Ley: Hitler's Labor Front Leader》，144。
8. 出處同上，2。

9. 出處同上，211。

10. 赫爾曼・戈林，出處同上，257。

11. 伊恩・克肖，《The End: The Defiance and Destruction of Hitler's Germany, 1944–1945》（New York: Penguin, 2011）。

12. 斯梅爾瑟，《Robert Ley: Hitler's Labor Front Leader》，18。

13. 出處同上，114。

14. 出自美聯社，〈German Criminal Makes Gallows of Towel and Pipe〉，紐倫堡。

15. 凱利，《紐倫堡的二十二名罪犯》（New York: MacFadden, 1961），125。

16. 萊伊，引述自羅伯特・奧佛里（Robert Overy），《Interrogations: The Nazi Elite in Allied Hands》（New York: Viking, 2001），491, 498。

17. 美國國家檔案館第二三八檔案群：美國國家檔案館世界二次大戰犯罪紀錄館藏，縮微膠片庫M1270：紐倫堡戰爭罪訴訟之交互詰問紀錄，一九四五至一九四七年（Microfilm Collection M1270: Interrogation Records Prepared for War Crimes Proceedings at Nuernberg, 1945–1947；此後稱交互詰問紀錄），卷十二。

18. 奧佛里，《Interrogations: The Nazi Elite in Allied Hands》，167。

19. 約翰・多利布瓦，《循環模式：一位大使的故事》（Kent, OH: Kent State University Press, 1989），118。

20. 凱利，《紐倫堡的二十二名罪犯》，114。

21. 萊伊的交互詰問紀錄，一九四五年十月六日，交互詰問紀錄，卷十二。

22. 同上，一九四五年十月十一日。

23. 同上，一九四五年十月十八日。

24. 柏頓・安德魯斯，引述自達德《Letters from Nuremberg: My Father's Narrative of a Quest for Justice》，181。

25. 引述自柏頓・安德魯斯，《The Infamous of Nuremberg》（London: Leslie Frewin, 1969），90。

26. 雷內・烏奇利上校致多諾萬將軍的信件，一九四五年十一月二日，多諾萬紐倫堡審判檔案，藏於康乃爾大學法律圖書館。

27. 凱利，備忘錄，一九四五年十月二十六日，出處同上。

28. 凱利，〈Preliminary Studies of the Rorschach Records of the Nazi War Criminals〉，《Rorschach Research Exchange and Journal of Projective Techniques 10》，一九四六年，46。

29. 凱利，引述自多利布瓦，《循環模式：一位大使的故事》，119。

30. 凱利，〈Preliminary Studies of the Rorschach Records of the Nazi War Criminals〉，45–48。

31. 史蒂芬・林克（Stefan Link），〈Rethinking the Ford-Nazi Connection〉，出自《Bulletin of the GHI 49》，二〇一一年，135–150。

32. 凱利，〈Preliminary Studies of the Rorschach Records of the Nazi War Criminals〉，45–48。

33. 韋伯・哈梅克爾文件檔案（Webb Haymaker Collection），第十箱，奧提斯歷史檔案（Otis Historical Archives），美國國家健康醫學博物館，美國軍方病理研究所。

34. 出自《Evening Star》〈Doctors Find Brain of Ley, Nazi Suicide, Diseased for Years〉（Washington, DC），一九四六年一月十八日。

35. 出自〈Dr. Robert Ley's Brain〉，《Medical Record 159》，一九四六年，188。

36. 斯梅爾瑟，《Robert Ley: Hitler's Labor Front Leader》，30。

37. 凱利，電報紀錄，韋伯・哈梅克爾文件檔案，第十箱。

38. 出自〈Dr. Robert Ley's Brain〉，《Medical Record 159》，一九四六年，188。

39. 莫莉・哈洛維文件（Molly Harrower Papers），第M3208箱，第九十一卷，艾克朗大學心理歷史中心，美國心理歷史檔案。細薄的細胞在顯微鏡底下難以觀察，因此我們以各種染色劑為細胞上色。由於不同種類的細胞或細胞部位上色後所呈現的顏色均不同，因此這些染色劑有利於識別細胞。值得注意的是，將極薄的組織切片放置於載片上時必須特別小心，以免拉扯或扭曲細胞的形狀。

40. 齊默爾、哈洛維、瑞茲勒與阿奇爾，《The Quest for the Nazi Personality: A Psychological Investigation of Nazi War Criminals》，（Hillsdale, NJ: Lawrence Erlbaum, 1995），32。

第六章　赫爾曼・戈林：「貌似和善無害的精神病患」

題辭：克里斯多佛・達德，引述自達德《Letters from Nuremberg: My Father's Narrative of a Quest for Justice》（New York: Crown, New York, 2007），237；赫爾曼・戈林，引述自吉爾伯特《紐倫堡日記》（New York: Farrar, Straus and Giroux, 1947; reprint ed., New York: Da Capo, 1995），67。

1. 道格拉斯・凱利，《紐倫堡的二十二名罪犯》，52。
2. 多利布瓦，《循環模式：一位大使的故事》，130。
3. 凱利，《紐倫堡的二十二名罪犯》，51。
4. 尤金・大衛森，《The Trial of the Germans: An Account of the Twenty-two Defendants before the

International Military Tribunal at Nuremberg》（New York: Macmillan, 1966; reprint ed., Columbia: University of Missouri Press, 1997），63。

5. 多利布瓦，《循環模式：一位大使的故事》，129。
6. 赫爾曼．戈林的交互詰問紀錄，美國國家檔案館第二三八檔案群：美國國家檔案館世界二次大戰犯罪紀錄館藏，縮微膠片庫M1270：紐倫堡戰爭罪訴訟之交互詰問紀錄，一九四五至一九四七年（此後稱交互詰問紀錄），卷五。一般在研究書庫找資料都必須遵守一些規定，像是不得攜帶筆和公事包，及不得製造噪音等。不過，我在閱讀這份年代久遠的文件時忍不住笑了出來，令一旁也正在進行研究的學者們側目。
7. 多利布瓦，《循環模式：一位大使的故事》，130。
8. 戈林的交互詰問紀錄，交互詰問紀錄，卷五。
9. 出處同上。
10. 多利布瓦，《循環模式：一位大使的故事》，130。
11. 里昂．戈登松，《The Nuremberg Interviews》，羅伯特．蓋拉特利（Robert Gellately）編，（New York: Alfred A. Knopf, 2004），131。
12. 出處同上，131–132。

13. 約瑟夫・梅耶，引述自布魯斯・斯特夫與米雪兒・帕爾默《Witnesses to Nuremberg: An Oral History of American Participants at the War Crimes Trials》（New York: Twayne, 1998），115–16。

14. 沃納・梅瑟，《Nuremberg: A Nation on Trial》，理查・貝瑞譯，（New York: Scribner's, 1979），91；柏頓・安德魯斯，《The Infamous of Nuremberg》（London: Leslie Frewin, 1969），113–114。

15. 赫爾曼・戈林，引述自安德魯斯，《The Infamous of Nuremberg》，136。

16. 戈林，引述自吉爾伯特《紐倫堡日記》，114。

17. 出處同上，137。

18. 凱利，《紐倫堡的二十二名罪犯》，58。

19. 珍妮特・弗朗納，〈Letter from Nuremberg〉，刊於《紐約客》雜誌，一九四六年三月二十三日，80。

20. 除了阿爾伯特・施佩爾之外，他認為戈林懶惰又貪腐。出自吉爾伯特《紐倫堡日記》，201。

21. 沙赫特，出處同上，186。

22. 哈洛德・伯森，引述自斯特夫與帕爾默《Witnesses to Nuremberg: An Oral History of American

Participants at the War Crimes Trials》，185。

23. 戈林證詞，一九四六年三月十八日，《Trial of the Major War Criminals before the International Military Tribunal, Nuremberg, 14 November 1945–1 October 1946》卷二十二（Nuremberg: International Military Tribunal, 1947），9: 454。

24. 大衛森，《The Trial of the Germans: An Account of the Twenty-two Defendants before the International Military Tribunal at Nuremberg》，61。

25. 戈林，引述自吉爾伯特《紐倫堡日記》，208。

26. 戈林，出處同上，12。

27. 凱利，〈Preliminary Studies of the Rorschach Records of the Nazi War Criminals〉，《Rorschach Research Exchange and Journal of Projective Techniques 10》，一九四六年，45–48。

28. 齊默爾、哈洛維、瑞茲勒與阿奇爾，《The Quest for the Nazi Personality: A Psychological Investigation of Nazi War Criminals》，81。

29. 凱利，《紐倫堡的二十二名罪犯》，44。

30. 戈林，引述自傑克・艾爾海，《The Nazi and the Psychiatrist: Hermann Göring, Dr. Douglas M. Kelley, and a Fatal Meeting of Minds at the End of WWII》（New York:Public Affairs, 2013），78。

31. 出處同上，60–61。

32. 杜基・凱利（Dukie Kelley），筆記，道格拉斯・凱利私人文件。

33. 齊默爾、哈洛維、瑞茲勒與阿奇爾，《The Quest for the Nazi Personality: A Psychological Investigation of Nazi War Criminals》，82。

34. 凱利，《紐倫堡的二十二名罪犯》，44。

35. 出處同上，53。

36. 一九四五年八月八日，凱利私人文件。

37. 凱利，《紐倫堡的二十二名罪犯》，49。關於此事是否應歸功於凱利，輿論四起。監獄的伙食欠佳，典獄長安德魯斯則堅持表示自己一直對戈林實行強制節食。

38. 凱利，《紐倫堡的二十二名罪犯》，49。

39. 凱利，引述自艾爾海，《The Nazi and the Psychiatrist: Hermann Göring, Dr. Douglas M. Kelley, and a Fatal Meeting of Minds at the End of WWII》，95。

40. 美國國家檔案館第二三八檔案群：美國國家檔案館世界二次大戰犯罪紀錄館藏，一九三三至一九四九年，系列：國際軍事法庭及紐倫堡國際軍事審判相關文件，取自詹姆斯・亞特伍德返還之扣押物，一九四五至一九四七年。

41. 出處同上，第八箱文件。
42. 吉爾伯特，《The Psychology of Dictatorship: Based on an Examination of the Leaders of Nazi Germany》（New York: Ronald Press, 1950），96。
43. 出處同上，89。
44. 吉爾伯特《紐倫堡日記》，216。
45. 戈林，引述自吉爾伯特《紐倫堡日記》，278。
46. 出處同上，312。
47. 吉爾伯特，引述自安德魯斯，《The Infamous of Nuremberg》，95。
48. 吉爾伯特，《The Psychology of Dictatorship: Based on an Examination of the Leaders of Nazi Germany》，115。
49. 戈林，引述自吉爾伯特所做的羅夏克測驗報告，一九四九年十二月九日。艾克朗大學心理歷史中心美國心理歷史檔案館，莫莉．哈洛維文件（此後稱哈洛維文件），第M3100箱，卷二。
50. 哈洛維文件，第M3100箱，卷二。
51. 吉爾伯特，《The Psychology of Dictatorship: Based on an Examination of the Leaders of Nazi

Germany》，108。

52. 吉爾伯特《紐倫堡日記》，435。

53. 哈洛維文件，第M3199箱，卷二。

54. 約瑟夫・佩西科，《紐倫堡大審》（New York: Penguin, 1994），408–409。

55. 哈洛維文件，第M3199箱，卷二。

56. 吉爾伯特，《The Psychology of Dictatorship: Based on an Examination of the Leaders of Nazi Germany》，109。

57. 吉爾伯特，〈Hermann Goering: Amiable Psychopath〉，《Journal of Abnormal Social Psychology 43》，一九四八年，211–229。

58. 威廉・唐恩，引述自佩西科《紐倫堡大審》，412。

59. 戈林，引述自多利布瓦《循環模式：一位大使的故事》，208。

60. 戈林，引述自佩西科《紐倫堡大審》，419。

61. 金斯伯里・史密斯，美聯社，一九四六年十月十六日，引述自史密斯・奧比伽利（Smith Obituary），《洛杉磯時報》（*Los Angeles Times*），一九九九年二月六日。

62. 凱利，《紐倫堡的二十二名罪犯》，61。

63. 吉爾伯特《紐倫堡日記》，435。

64. 克莉絲汀．戈斯切爾（Christine Goeschel），《Suicide in Nazi Germany》（Oxford: Oxford University Press, 2009），158。

65. 基塔．瑟倫利（Gitta Sereny），《阿爾伯特．施佩爾：他與真理的戰鬥》（*Albert Speer: His Battle with Truth*, New York: Alfred A. Knopf, 1995），543；羅傑．佛斯格倫（Roger Forsgren），〈The Architecture of Evil〉，《New Atlantis》，第三十六章（二〇一二年），44–62。

66. 鮑伯．普爾（Bob Pool），〈Former GI Claims Role in Goering's Death〉，《洛杉磯時報》，二〇〇五年二月七日。

67. 佩特洛尼拉．威葉特（Petronella Wyatt），《觀察者雜誌》（*Spectator*），〈The Quality of Mercy〉，二〇〇三年二月一日，48。

68. 〈War Crimes: Night without Dawn〉，《時代》雜誌，一九四六年十月二十八日，35。

69. 安德魯斯，《The Infamous of Nuremberg》，15。

70. 安德魯斯，引述自佩西科《紐倫堡大審》，449。

第七章 尤利烏斯・施特萊歇爾：「壞蛋」

題辭：尤利烏斯・施特萊歇爾，引述自約翰・多利布瓦，《循環模式：一位大使的故事》（Kent, OH: Kent State University Press, 1989），115；證詞，一九四六年四月二十九日，《Trial of the Major War Criminals before the International Military Tribunal, Nuremberg, 14 November 1945–1 October 1946》卷二十二（Nuremberg: International Military Tribunal, 1947），12: 358；約瑟夫・戈倍爾，引述自羅納德・斯梅爾瑟，《Robert Ley: Hitler's Labor Front Leader》（Oxford: Berg, 1988），55。

1. 尤金・大衛森，《The Trial of the Germans: An Account of the Twenty-two Defendants before the International Military Tribunal at Nuremberg》（New York: Macmillan, 1966; reprint ed., Columbia: University of Missouri Press, 1997），43。
2. 施特萊歇爾，引述自吉爾伯特《紐倫堡日記》（New York: Farrar, Straus and Giroux, 1947; reprint ed., New York: Da Cap, 1995），36。
3. 柏頓・安德魯斯，《The Infamous of Nuremberg》（London: Leslie Frewin, 1969），103。
4. 道格拉斯・凱利私人文件。

5. 尤金・大衛森，《The Trial of the Germans: An Account of the Twenty-two Defendants before the International Military Tribunal at Nuremberg》，54。
6. 出處同上，46。
7. 瑪格麗特・伊斯伍德（Margaret Eastwood），《The Nuremberg Trial of Julius Streicher: The Crime of "Incitement to Genocide"》（Lewiston, NY: Edwin Mellen, 2011），53。
8. 約瑟夫・佩西科，《紐倫堡大審》（New York: Penguin, 1994），56。
9. 安德魯斯，《The Infamous of Nuremberg》，105。
10. 艾瑞・尼夫，《Nuremberg: A Personal Record of the Trial of the Major Nazi War Criminals in 1945–6》（London: Hodder and Stoughton, 1978），86, 87, 93。
11. 喬爾・謝爾，〈Letter from Nuremberg〉，刊於《紐約客》雜誌，一九四五年七月十四日，51–52。
12. 蕾貝卡・韋斯特，〈不凡的流亡〉，刊於《紐約客》雜誌，一九四六年九月七日，34。
13. 尤利烏斯・施特萊歇爾交互詰問，美國國家檔案館第二三八檔案群：美國國家檔案館世界二次大戰犯罪紀錄館藏，縮微膠片庫M1270：紐倫堡戰爭罪訴訟之交互詰問紀錄，一九四五至一九四七年（此後稱交互詰問紀錄），卷二十一。

14. 大衛森，《The Trial of the Germans: An Account of the Twenty-two Defendants before the International Military Tribunal at Nuremberg》，44–45。

15. 施特萊歇爾證詞，一九四五年十月十七日，美國軸心國犯罪總檢察辦公室（Office of United States Chief Counsel for Prosecution of Axis Criminality），「納粹共謀與侵略：附錄B」（Nazi Conspiracy and Aggression: Supplement B, Washington, DC: US Government Printing Office, 1948），1428。

16. 施特萊歇爾，引述自多利布瓦，《循環模式：一位大使的故事》，186。

17. 有趣的是，羅伯特・萊伊要求一名猶太裔律師替他辯護。

18. 詹姆斯・歐文，《Nuremberg: Evil on Trial》（London: Headline Review, 2006），220。

19. 艾瑞克・齊默爾、莫莉・哈洛維、貝瑞・瑞茲勒與羅伯特・阿奇爾所著《The Quest for the Nazi Personality: A Psychological Investigation of Nazi War Criminals》（Hillsdale, NJ: Lawrence Erlbaum, 1995），158。

20. 蘇維埃社會主義共和國聯邦（U.S.S.R.）主任檢察官，備忘錄，一九四五年十一月十六日，《Trial of the Major War Criminals before the International Military Tribunal, Nuremberg, 14 November 1945–1 October 1946》，1: 151。

21. 吉恩・迪雷（Jean Delay）、尤金・克拉斯努什金（Eugene Krasnushkin）與保羅・施洛德，精神分析報告，出處同上，153。

22. 施特萊歇爾，引述自伊斯伍德，《The Nuremberg Trial of Julius Streicher: The Crime of "Incitement to Genocide"》，61。

23. 施特萊歇爾，引述自大衛森，《The Trial of the Germans: An Account of the Twenty-two Defendants before the International Military Tribunal at Nuremberg》，50。

24. 施特萊歇爾證詞，一九四六年四月二十九日，《Trial of the Major War Criminals before the International Military Tribunal, Nuremberg, 14 November 1945–1 October 1946》，12: 328。

25. 赫爾曼・戈林，引述自古斯塔夫・吉爾伯特《紐倫堡日記》（New York: Farrar, Straus and Giroux, 1947; reprint ed., New York: Da Cap, 1995），118。隨著審判步入尾聲，也到了「報應」的時刻，施特萊歇爾向吉爾伯特表示，他「很高興那些協助檢察官辦案的人都受到應有的懲罰」，出自伊斯伍德，《The Nuremberg Trial of Julius Streicher: The Crime of "Incitement to Genocide"》，217。

26. 施特萊歇爾，引述自伊斯伍德，《The Nuremberg Trial of Julius Streicher: The Crime of "Incitement to Genocide"》，176。

27. 出處同上，98。

28. 羅伯特・傑克森結辯，一九四六年七月二十六日，《Trial of the Major War Criminals before the International Military Tribunal, Nuremberg, 14 November 1945–1 October 1946》，19: 427。

29. 吉爾伯特，引述自安德魯斯，《The Infamous of Nuremberg》，104。

30. 出處同上，15。

31. 出處同上，14。

32. 吉爾伯特，《紐倫堡日記》，125–126。我同情吉爾伯特。與這個男人同坐一張床上一定非常煎熬。如果我一定得從紐倫堡戰犯中選一個人共處，施特萊歇爾一定也會是最後的人選。要是和他共處一小時，我想之後我會馬上衝回家用抗菌消毒的沐浴乳洗澡。

33. 出處同上，411。

34. 佩西科，《紐倫堡大審》，117。

35. 吉爾伯特，《紐倫堡日記》，74。

36. 施特萊歇爾，引述自佩西科，《紐倫堡大審》，366。

37. 道格拉斯・凱利，《紐倫堡的二十二名罪犯》（New York: Greenberg, 1947; reprint ed., New York: MacFadden, 1961），106。

38. 出處同上，105。

39. 施特萊歇爾，出處同上，111–112。

40. 美國國家檔案館第二三八檔案群：美國國家檔案館世界二次大戰犯罪紀錄館藏，一九三三至一九四九年，系列：國際軍事法庭及紐倫堡國際軍事審判相關文件，取自詹姆斯．亞特伍德返還之扣押物，一九四五至一九四七年，第三箱。

41. 多利布瓦在此測試期間擔任凱利的口譯員。

42. 齊默爾、哈洛維、瑞茲勒與阿奇爾所著《The Quest for the Nazi Personality: A Psychological Investigation of Nazi War Criminals》，164, 169。

43. 亞特伍德文件，第八箱。

44. 里昂．戈登松，《The Nuremberg Interviews》，羅伯特．蓋拉特利（Robert Gellately）編（New York: Alfred A. Knopf, 2004），253–254。

45. 施特萊歇爾，自傳，凱利私人文件。

46. 施特萊歇爾致道格拉斯．凱利的信件，一九四五年十月九日，凱利私人文件，由法蘭克．比耶斯（Frank Biess）教授協助翻譯。

47. 西賽羅，《圖斯庫蘭的爭論》，3.1, 3.3, 3.2。

48. 安德魯斯，《The Infamous of Nuremberg》，197。

49. 沃納・梅瑟，《Nuremberg: A Nation on Trial》（New York: Scribner's, 1979），13。

第八章 魯道夫・赫斯：「瘋到無可救藥」

題辭：蕾貝卡・韋思特，〈溫室與仙客來第一章〉（一九四六年），出自《滿載火藥庫的列車》（New York: Viking, 1955）；道格拉斯・凱利，《紐倫堡的二十二名罪犯》（New York: Greenberg, 1947, reprint ed., New York: MacFadden, 1961），33。

1. 古斯塔夫・吉爾伯特，《獨裁者的心理》（New York: Roland Press, 1950），122。
2. 席根・梅納斯（Seaghan Maynes），引述於希拉蕊・賈斯金著作《Eyewitnesses at Nuremberg》（London: Arms and Armour, 1990），77
3. 期刊評論，〈The Case of Rudolf Hess〉，《刺胳針》246 (1946): 750。
4. 梨斯，引述於尤金・大衛森之作，《The Trial of the Germans: An Account of the Twenty-Two Defendants before the International Military Tribunal at Nuremberg》（New York: Macmillan, 1966; reprint ed., Columbia: University of Missouri Press, 1977），119。

5. 史上各地諸如此類之事多不勝數。羅馬共和國創立者盧修斯・朱尼厄斯・布魯特斯（Lucius Junius Brutus）裝傻才不致遭塔克文王（Tarquin）處決。十六世紀遭控叛國罪的多明尼加牧師多瑪索・坎培那拉（Tommaso Campanella）裝瘋放火燒牢房，以此逃過死刑。厄尼斯・坎傑瑪納（Ernst Germana），《多瑪索・坎培那拉》（Amsterdam: Springer, 2010）。

6. 魯道夫・赫斯的審問，為紐倫堡戰犯審判而備的審問紀錄，一九四五至一九四七年，美國國家檔案館第二三八檔案群：美國國家檔案館世界二次大戰犯罪紀錄館藏，一九三三至一九四九年，縮微膠片庫M1270，卷七，國家檔案館（此後稱交互詰問紀錄）。

7. 出處同上。

8. 出處同上。

9. 安德魯斯，《Infamous of Nuremberg》，72。

10. 出處同上，73。

11. 出處同上，118。

12. 柏頓，安德魯斯至道格拉斯・凱利，一九四五年十一月十五日，SMS 1285，第五系列，第一檔案夾，美國空軍官校麥德慕圖書館。

13. 出處同上。
14. 赫爾曼・戈林，引述於吉爾伯特之作《紐倫堡日記》（New York: Farrar, Straus and Giroux, 1947, reprint ed., New York: Da Capo, 1995），36。
15. 赫爾曼・戈林的審問，審問紀錄，卷五。
16. 里昂・戈登松，引述於丹尼爾・皮克之作《The Pursuit of Nazi Mind: Hitler, Hess, and the Analysis》（Oxford: Oxford University Press, 2012），163。
17. 出處同上。
18. 出處同上，161。
19. 安德魯斯，《Infamous of Nuremberg》，133。
20. 皮克，《The Pursuit of Nazi Mind》，159。
21. 〈Current Comment: Psychiatric Examination of Rudolf Hess〉，《美國醫學學會期刊》130 (1946):790。
22. 皮克，《The Pursuit of Nazi Mind》，158。
23. 安德魯斯，《Infamous of Nuremberg》，119-120。
24. 出處同上。

25. 尤金·克拉斯努什金，尤金·賽柏（Eugene Sepp），尼可拉斯·克肖克夫（Nicolas Kurshakov），一九四五年十一月十七日報告，《國際軍事法庭前重大戰犯審理，紐倫堡，一九四五年十一月十四日至一九四六年十月一日》，卷二十二（紐倫堡：國際軍事法庭，一九四七年），1:163。

26. 羅伯特·傑克森，一九四五年十一月三十日，出處同上，2: 304。

27. 韋斯特，《Train of Powder》，69。

28. 赫斯，一九四五年十一月三十日之證詞，《國際軍事法庭前重大戰犯審理》，2: 495。

29. 道格拉斯·凱利，引述於黎斯之作《The Case of Rudolf Hess》，171。

30. 吉爾伯特，〈Report of Prison Psychologist on Mental Competence of Defendant Hess〉，一九四六年八月十七日，《國際軍事法庭前重大戰犯審理》，卷一。

31. 凱利，《紐倫堡的二十二名罪犯》，31-32。凱利所述或許並非全然精確。吉爾伯特當時在他身旁，但據其所言，赫斯只有情緒高漲而已。

32. 吉爾伯特，《紐倫堡日記》，133。

33. 尤利烏斯·施特萊歇爾，引述於萊斯之《Case of Rudolf Hess》，169。

34. 戈林，引述於約翰·多利布瓦之《Pattern of Circles: An Ambassador's Story》（Kent, OH: Kent

State University Press, 1989），175。

35. 戈林，引述於吉爾伯特之《紐倫堡日記》，60。

36. 惠尼·哈里斯（Whitney Harris），引述於賈斯金，《Eyewitnesses at Nuremberg》，90。

37. 此言簡直像出自約瑟夫·海勒（Joseph Heller）的《第二十二條軍規》（*Catch-22*）：「他肯定是瘋了才會說自己精神正常。」

38. 凱利，引述於傑克·艾爾海之作《The Nazi and the Psychiatrist: Hermann Goring, Dr. Douglas M. Kelley, and a Fatal Meeting of Minds at the End of WWII》（New York: Public Affairs, 2013），118。

39. 美國國家檔案館第二三八檔案群：美國國家檔案館世界二次大戰犯罪紀錄館藏，一九三三至一九四九年，主要為紐倫堡國際軍事法庭被告的相關文件，取自詹姆斯·亞特伍德，一九四五至一九四七年（此後稱為亞特伍德文件），第九箱。

40. 亞特伍德文件，第二箱。

41. 亞特伍德文件，第八箱。

42. 引述於安德魯斯，《Infamous of Nuremberg》，166。

43. 皮克，《The Pursuit of Nazi Mind》，160。

44. 赫斯，引述於道格拉斯·凱利的私人文件。

45. 凱利，引述於黎斯之作《Case of Rudolf Hess》，135。
46. 亞特伍德文件，第八箱。
47. 凱利，引述自黎斯之作《Case of Rudolf Hess》，174。
48. 亞特伍德文件，第八箱：說「無精神病態的徵兆」的凱利是以嚴謹的司法標準判定。他顯然認為赫斯精神出了很大的問題，但深信這與審判無關。
49. 凱利，《紐倫堡的二十二名罪犯》，7，34，33。
50. 吉爾伯特，《獨裁者的心理》，131。
51. 安德魯斯，《Infamous of Nuremberg》，119。
52. 吉爾伯特，《紐倫堡日記》，11。
53. 吉爾伯特醫師的報告，出自黎斯之作《Case of Rudolf Hess》，176。
54. 亞爾馬·沙赫特，出處同上，177。
55. 出處同上。
56. 凱利，《紐倫堡的二十二名罪犯》，29。
57. 亞特伍德文件，第八箱。
58. 凱利，《紐倫堡的二十二名罪犯》，30。

59. 凱利私人文件。

60. 吉爾伯特，〈Report by Dr. Gilbert〉，187。

61. 吉爾伯特，引述於黎斯之作《Case of Rudolf Hess》，175。

62. 大衛・羅森漢，〈On Being Sane in Insane Places〉，《科學》179 (1973): 250-258。

63. 莎士比亞，《哈姆雷特》，4.5.78-79。

64. 勞拉・布拉法（Lara Braff）及大衛・布拉法（David L. Braff），〈The Neuropsychiatric Translational Revolution: Still Very Early and Still Very Challenging〉，《美國醫學學會期刊》精神醫學70 (2013): 777-779。

65. 查爾斯・史考特（Charles L. Scott），〈Evaluating Amnesia for Criminal Behavior: A Guide to Remember〉，Psychiatric Clinic of North America 35 (2012): 797-819。

66. 迪恩・迪利斯（Dean C. Delis）及史賓賽・維特（Spencer R. Wetter），〈Cogniform Disorder and Cogniform Condition: Proposed Diagnoses for Excessive Cognitive Symptoms〉，Archives of Clinical Neuropsychology 22 (2007): 589-604。

67. 大衛・艾文，《Hess: The Missing Years》，一九四一至一九四五年

68. 艾溫・卡麥隆（Ewen Cameron）為評估過他的精神科醫師之一，後來曾參與中情局心智控

制計畫MKUltra。

69. 魯道夫・赫斯，紐倫堡審判文字紀錄，引述於詹姆斯・歐文，《Nuremberg: Evil on Trial》（London: Headline Review, 2006），306-307。

70. 韋斯特，《Train of Powder》，46-47。

第九章　水火不容的搭擋

題辭：道格拉斯・凱利，《紐倫堡的二十二名罪犯》（New York: Greenberg, 1947, reprint ed., New York: MacFadden, 1961）II，吉爾伯特，《一探殺人不眨眼的機器人之心》，Yad Vashem studies 5 (1963): 35-41。

1. 約瑟夫・培斯可（Joseph E. Persico），《Nuremberg: Infancy on Trial》(New York: Penguin, 1994), 293。

2. 出處同上，240。

3. 凱利很想出一本關於種族偏見的書，合作的格林伯格出版社檔案夾中，也全是相關參考資料，但最終還是不了了之。

4. 霍華・惠特曼，訪談道格拉斯・凱利，〈戈林及同夥牢中密語〉，《週日快報》（倫敦），八月二十五日，一九四六年。

5. 霍華・惠特曼，〈悲鳴吧，納粹，悲鳴吧〉，《科里爾週刊》，八月三十一日，一九四六年，21ff。

6. 柏頓・安德魯斯，〈至公關官員及戰爭部門關於美國陸軍前少校醫官道格拉斯・凱利醫師一事，一九四六年九月六日〉，安德魯斯之收藏，第三十三箱，檔案夾九十一號，美國陸軍軍史研究所。

7. 凱利，〈Preliminary Studies of the Rorschach Records of the Nazi War Criminals〉，《羅夏克墨漬測驗研究期刊》10 (1946): 45-48。

8. 〈城中話題專欄〉，《紐約客》雜誌，一九四六年六月一日，19-20。

9. 培斯可，《紐倫堡》，373。

10. 一九四七年二月十三日，格林伯格出版社紀錄，第四系列，第四十八箱，哥倫比亞大學稀有書籍及手稿圖書館。

11. 一九四六年十二月二十三日，出處同上。

12. 新聞稿，一九四七年一月十五日，出處同上。

13. 吉爾伯特，《紐倫堡日記》（New York: Farrar, Straus and Giroux, 1947, reprint ed., New York: Da Capo, 1995）。

14. 凱利，《紐倫堡的二十二名罪犯》，7,8。

15. 吉爾伯特，《紐倫堡日記》（致謝辭）。

16. 一九四七年二月十八日，格林伯格出版社紀錄。

17. 凱利，《紐倫堡的二十二名罪犯》，171。

18. 吉爾伯特，《獨裁者的心理》（New York: Roland Press, 1950），109。

19. 艾德蒙・柏克，《The Writings and Speeches of Edmund Burke》，保羅藍佛及威廉陶德編著，第二冊（Oxford: Oxford University Press, 1981），282。

20. 附帶一提，現代牽扯到精神診斷的爭論，大多是關於錯亂行為究竟屬連續體，還是可清楚區分出不同的類別。

21. 道格拉斯・凱利的信，最新版，格林伯格出版社紀錄。

22. 茉莉・哈洛維文件，第M3208箱，檔案四，美國心理學史檔案館，心理學史中心，艾克朗大學（此後稱哈洛維文件）。

23. 出處同上。

24. 戈登松是繼凱利之後的精神科醫師，也成了吉爾伯特謾罵的對象。

25. 艾瑞克・齊默爾、茉莉・哈洛維、貝瑞・瑞茲勒、羅伯特・阿奇爾，《The Quest for the Nazi personality: A Psychological Investigation of Nazi War Criminals》（Hillsdale, NJ: Lawrence Erlbaum, 1995），60。

26. 哈洛維文件，第M3208箱，檔案二。

27. 茉莉・哈洛維，〈Rorschach Records of the Nazi War Criminals: An Experimental Study after 30 Years〉，《Journal of Personality Assessment》40 (1976):342。

28. 茉莉・哈洛維，〈希特勒的走狗瘋了嗎？〉，《當代心理學》，一九七六年七月，76-80。

29. 齊默爾，哈洛維，瑞茲勒及阿奇爾，《Quest for the Nazi personality》，62。

30. 出處同上，64。

31. 出處同上，65。

32. 吉爾伯特，《獨裁者的心理》。

33. 齊默爾、哈洛維、瑞茲勒及阿奇爾，《Quest for the Nazi personality》，67。

34. 致茉莉・哈洛維之信，哈洛維文件，第M3208箱，檔案十八。

35. 伊恩・克肖，《Hitler, the Germans, and the Final Solution》（Jerusalem: International Institute for Holocaust Research, Yad Vashem, 2008），321。克肖暗指《Hitler's Willing Executioners: Ordinary Germans and the Holocaust》作者丹尼爾・哥哈根（Daniel Goldhagen）對克里斯多佛・布朗寧大作《普通人》的抨擊。此景彷彿似曾相識，布朗寧就像現代的凱利，認為一般納粹殺人犯其實就是屈服權威、奉命而行的普通老百姓，種族屠殺在各地都有可能發生。哥哈根就像吉爾伯特，認為殺人犯是以虐殺為樂的邪惡瘋子，他對布朗寧的看法大為光火，才對其批評不斷。學界有些領域的爭辯更為激烈。

36. 凱利發現一九五〇年代的奧克蘭警局，有三分之一的員警心理素質不適任，即便如此，迷人如他仍討員警喜歡。

37. 路易斯・特曼致道格拉斯・凱利，引述於傑克・艾爾海之作《The Nazi and the Psychiatrist: Hermann Goring, Dr. Douglas M. Kelley, and a Fatal Meeting of Minds at the End of WWII》（New York: Public Affairs, 2013），205。

38. 引述於上述出處，198。

39. 〈UC's Dr. Kelly, Crime Expert, Commits Suicide〉，《舊金山紀事報》，一九五八年一月二日。

40.《紐約時報》，一九五八年一月二日。

41. 茱莉·哈洛維，麻省總醫院大科會發表，一九七七年五月十日，哈洛維文件，第M3208箱，檔案十六。

42. 艾爾海，《Nazi and Psychiatrist》。

43. 芭芭拉·奈咪羅夫（Barbara Nemiroff），私人對話，二〇一三年，齊默爾、哈洛維、瑞茲勒及阿奇爾，《Quest for the Nazi personality》，89

44. 吉爾伯特，《一探殺人不眨眼的機器人之心》，Yad Vashem studies 5 (1963): 35-41。

45. 佛羅倫斯·米雅爾及麥克·賽爾徹，《紐倫堡之心》（New York: Quadrangle, 1995），14。

46. 齊默爾、哈洛維、瑞茲勒及阿奇爾，《Quest for the Nazi personality》，83-88。

47. 甘迺迪剛好和山謬·貝克之子於波士頓共事。山謬·貝克之子以甘迺迪之名向研究所求情，才得見其父的文件。

48. 第七件羅夏克紀錄在凱利的私人文件中。

第十章　羅夏克墨漬測驗透露的訊息？

題辭：亞伯拉罕．赫舍爾，《先知》（New York: Harper and Row, 1962），xv；《大屠殺的意義》，出自勞爾．希爾伯格的《The Holocaust: Ideology, Bureaucracy, and Genocide》，亨利．佛蘭德（Henry Friedlander）及西貝爾．米爾頓（Sybil Milton; Millwood, NY: Kraus International, 1980），181。

1. 例如，羅夏克墨漬測驗專家常用Erlebnistypus（EB）、introversive、extratensive及ambitent等專有名詞。EB是對人類動作及顏色回應的比率，代表病患解決問題的風格。動作回應居多的病患，較會從分析角度去解決問題，以introversive形容之。相反地，顏色回應居多的受試者容易靠直覺做選擇，屬於extratensive。動作及顏色回應相等（思考及感受）的人則是ambitent，但平衡不代表有利，這種人解決問題的速度較遲緩。詳情請參考艾瑞克．齊默爾、茉莉．哈洛維、布魯斯．瑞茲勒、羅伯特．阿奇爾，《The Quest for the Nazi personality: A Psychological Investigation of Nazi War Criminals》（Hillsdale, NJ: Lawrence Erlbaum, 1995），97。

2. 約翰．艾森諾，《The Rorschach: A Comprehensive System》, vols. 1 and 2（New York: Wiley,

1974, 1978）；艾森諾，《The Rorschach: A Comprehensive System》，2nd ed.，vol.1，Basic Foundations（New York: Wiley, 1986）。

3. 道格拉斯·凱利，引述於齊默爾、哈洛維、瑞茲勒及阿奇爾，《Quest for the Nazi personality》，203。

4. 古斯塔夫·吉爾伯特，引述於佛羅倫斯·米雅爾及麥克·賽爾徹，《紐倫堡之心》（New York: Quadrangle, 1995），86。

5. 出處同上，86-87。

6. 凱利，引述於齊默爾，哈洛維，瑞茲勒及阿奇爾，《Quest for the Nazi personality》，205。

7. 出處同上，209。

8. 茱莉·哈洛維文件，第M3199箱，檔案十七，美國心理學史檔案館，心理學史中心，艾克朗大學（此後稱哈洛維文件）。

9. 吉爾伯特，引述於米雅爾及賽爾徹，《紐倫堡之心》，102。

10. 出處同上，102，103。

11. 出處同上。

12. 理查·魯賓斯坦，佛羅倫斯·米雅爾及麥克·賽爾徹《紐倫堡之心》書評，《當代心理學》，一九七六年七月，83-84。

13. 米雅爾及賽爾徹，《紐倫堡之心》，22。

14. 出處同上，277，287。

15. 哈洛維文件，M3199箱，檔案十二。

16. 茉莉・哈洛維，〈Rorschach Records of the Nazi War Criminals: An Experimental Study after Thirty Years〉，《Journal of Personality Assessment》40 (1976): 341-351。

17. 實際名單更廣。

18. 貝瑞瑞・茲勒爾，〈The Nuremberg Mind Revisited: A Quantitative Approach to Nazi Rorschachs〉，《Journal of Personality Assessment》47 (1978): 344-353。紐倫堡羅夏克墨漬測驗結果確實耐人尋味，但必須慎待。雖然戰犯中ambitents比例稍高，但因樣本數很少，一、兩名病患偶然的回答可能會受到過分強調。但也有少許文獻指出，這類人做起決定費時較久，也較難隨機應變。可參考艾森諾，The Rorschach: A Comprehensive System，vol.1，Basic Foundations，2nd ed。

19. 引述於齊默爾、哈洛維、瑞茲勒及阿奇爾，《Quest for the Nazi personality》，95。

20. 出處同上，98。

21. 出處同上，116。

22. 傑拉德．布羅夫斯基及唐．布蘭德，〈紐倫堡戰犯的人格組織及心理功能：羅夏克墨漬測驗資料〉，文章收錄於喬爾．丁斯戴爾編著的《倖存者、受害者和加害者：納粹大屠殺文集》（Washington DC: Hemisphere, 1980）。

第十一章　如連續體的惡：社會心理學家的觀點

題辭：克里斯多佛．布朗尼，《普通人》（New York: Harper Perennial, 1998），158。

1. 道格拉斯．凱利，《紐倫堡的二十二名罪犯》（New York: Greenberg, 1947, 再版，New York: MacFadden, 1961），171。

2. 芭芭拉．塔奇曼，出自吉迪恩．豪斯那之作《Justice in Jerusalem》（New York: Schocken Books, 1968），xx。

3. 瓦萊麗．哈托尼，《Visualizing Atrocity: Arendt, Evil, and the Optics of Thoughtlessness》（New York: New York University Press, 2012），135。

4. 漢娜．鄂蘭，《平凡的邪惡：艾希曼耶路撒冷大審紀實》（New York: Viking, 1964），

276。

5. 出處同上，287-288。

6. 豪斯那，《Justice in Jerusalem》，8。

7. 出處同上，9，II。

8. 鄂蘭，《平凡的邪惡：艾希曼耶路撒冷大審紀實》，32。

9. 豪斯那，《Justice in Jerusalem》，280。

10. 鄂蘭，《平凡的邪惡：艾希曼耶路撒冷大審紀實》，48, 49。

11. 畢竟幾年前，艾希曼曾大言不慚地說：「五百萬名猶太人的性命葬送在我手中，我很是滿意，死而無憾。」引述於鄂蘭的《平凡的邪惡：艾希曼耶路撒冷大審紀實》，46。另可參考貝丁那・斯坦納斯（Bettina Stagneth），《Eichmann before Jerusalem》（New York: Alfred A. Knopf, 2014）。

12. 哈托尼，《Visualizing Atrocity: Arendt, Evil, and the Optics of Thoughtlessness》，23, 25。

13. 出處同上，39, 117（引述鄂蘭之言）。

14. 史坦利・米爾格倫，〈Behavioral Study of Obedience〉，《Journal of Abnormal and Social Psychology 67》(1963): 371-378；米爾格倫，《Obedience to Authority: An Experimental View》

（New York: Harper and Row, 1974）。

15. 米爾格倫，《Obedience to Authority》，15。

16. 出處同上，56-57。

17. 這些研究尚有爭議。研究合乎道德嗎？報告是否有造假？實驗室中做的小實驗，是否能類推至真實生活？米爾格倫的研究打造出社會心理學的版圖，也與大屠殺的研究相呼應。

18. 米爾格倫，《Obedience to Authority》，xii。

19. 約翰・達利、畢伯・拉丹內。

20. 伊恩・克肖，《Hitler, the Germans, and the Final Solution》（Jerusalem: International Institute for Holocaust Research, Yad Vashem, 2008），130。

21. 鄂蘭，《平凡的邪惡：艾希曼耶路撒冷大審紀實》，233。

22. 約翰・達利及畢伯・拉丹內，〈Bystander Apathy〉，《American Scientist》57 (1969): 244-268。

23. 約翰・達利及畢伯・拉丹內，〈The Unresponsive Bystander: Why Doesn't He Help?〉（Englewood Cliffs, NJ: Prentice Hall, 1970），48。

24. 出處同上，58-60。

25. 達利及拉丹內，〈Bystander Intervention in Emergencies: Diffusion of Responsibility〉，《Journal of Personality and Social Psychology》 8 (1968): 377-383，引言於379。

26. 達利及拉丹內，《Unresponsive Bystander》，94-98。

27. 有趣的是，金巴多和米爾格倫皆出身紐約布朗克斯區，兩人也是兒時玩伴。

28. 菲利浦・金巴多，《路西法效應》（*The Lucifer Effect*, New York: Random House, 2007），21。

29. 出處同上。欲知更多關於實驗的相片及資訊，請參考史丹佛監獄實驗網站http://www.prisonexp.org/。

30. 克萊格・翰尼（Craig Haney），克堤斯・班克斯（Curtis Banks）及菲利浦・金巴多，〈A Study of Prisoners and Guards in a Simulated Prison〉，《Naval Research Review》30 (1973): 4-17。

31. 可參考羅麥許・瑞特尼沙（Romesh Ratnesar），〈The Menace Within〉，《Stanford Magazine》，二〇一一年七月至八月。

32. 凱薩琳・歐圖（Kathleen O'Toole），〈The Stanford Prison Experiment: Still Powerful after All These Years〉（Stanford University News Service, January 8, 1997）。有趣的是，這些袖手旁觀的路人來自各行各業：「有學生的親友、天主教牧師、公設辯護人、專業心理學家、研究

生、心理系職員等。」

第十二章 自成一格之惡：與「他者」照面

題辭：佛洛伊德寫給奧斯卡・費斯特，引述於保羅・羅森（Paul Roazen），《Freud and His Followers》（New York: Da Capo, 1992），146。

1. 赫爾曼・戈林，引述於吉爾伯特《紐倫堡日記》，（New York: Farrar, Stras and Giroux, 1947; reprint ed., New York: Da Capo, 1995），194。
2. 原信摩尼教的奧古斯丁於十四世紀改信基督教。
3. 亞伯特・愛因斯坦，〈The Real Problem Is in the Hearts of Men〉，《紐約時報雜誌》（*New York Times Magazine*），六月二十三日，一九四六年。
4. 人類學家一直繞著人性為善（「高貴的野蠻人」——羅素）或為惡（「人性爪牙紅如血」——丁尼生）的議題激辯。可參考賽琳娜・高登（Serena Golden）探討馬歇爾・薩林思（Marshall Sahlins）及拿破崙・沙格儂（Napoleon Chagnon）之爭的專文。高登，〈A Protest Resignation〉，《Inside Higher Education》，二月二十五日，二〇一三年。

5. 多納・布萊克，《Bad Boys, Bad Men: Confronting Antisocial Personality Disorder》（Oxford: Oxford University Press, 1999），199。

6. 人類竟會缺乏同理心這件事實耐人尋味，就連動物也有同理心。動物對同類的痛苦可感同身受，尤其是自己也曾受過同樣的苦。老鼠會對淹水的同伴伸出援手，若自己也曾深陷水牢，救援速度就更快。牠們不僅會救同伴，就算美食當前也會照救不誤。Nobuya Sato、Ling Tan、Kazushi Tate及Maya Okada，〈Rats Demonstrate Helping Behavior toward a Soaked Conspecific〉，《Animal Cognition》，線上出版，二〇一五年五月十二日，DOI 10.1007/S10071-015-0872-2。

7. 布萊克，《Bad Boys, Bad Men》。

8. 賀維・克勒利，《精神健全的面具》（Saint Louis, MO: Mosby, 1941）。

9. 例如一個在聖路易斯所做的研究發現，百分之四十五的男性承認至少外遇過三次，百分之四十三的人則透露，一生中曾幹過如毒品走私的非法勾當。李・羅賓（Lee N. Robins），〈The Epidemiology of Antisocial Personality〉，《Psychiatry》，第三冊，羅伯特・麥可（Robert Michael）及傑西・卡凡納（Jesse Cavenar）編著（Philadelphia: J. B. Lippincott, 1988）。聖路易斯並非現代索多瑪城。人都會犯錯，只不過精神病態的罪行更廣就是了。

10. 瑞德・梅洛（J. Reid Meloy），〈Predatory Violence and Psychopathy〉，《Psychopathy and Law: A Practitioner's Guide》，赫蓮娜・哈卡能・尼弘（Helina Hakkanen-Nyholm）及楊・歐羅夫・尼弘（Jan-Olof Nyholm）編（New York: Wiley-Blackwell, 2012），159-175。

11. 亞卓安・瑞恩等人（Adrian Raine et al.），〈Reduced Prefrontal Gray Matter and Reduced Autonomic Activity in Antisocial Personality Disorder〉，《Archives of General Psychiatry》57 (200): 119-127。

12. 布萊克，《Bad Boys, Bad Men》，19。精神病態與自戀型人格間的分界很模糊。自戀型人格疾患通常行為浮誇、唯我獨尊，容易與精神病態混淆。

13. 美國精神醫學學會，《精神疾病診斷與統計手冊》（Washington, DC: American Psychiatric Association, 1952），38。

14. 《精神疾病診斷與統計手冊》後來的版本將成癮及性變態移至另一診斷類別，並於一九七四年將同性戀從精神病中移除。

15. 羅伯特・海爾（Robert D. Hare），《Manual for the Revised Psychopathy Checklist》，第二版，（Toronto, ON: Multi-Health Systems, 2003）。

16. 雖然精神病態的大腦異於常人，並不代表他們就無藥可救。大腦可修復，學習新事物也有助於建立新的神經迴路。

17. 喬登．貴夫曼等人（J. Grafman et al.），〈Frontal Lobe Injuries, Violence, and Aggression: A Report of the Vietnam Head Injury Study〉，《Neurology》46 (1996): 1231-1238．；鮑爾（M. C. Brower）及普拉斯（B. H. Price），〈Neuropsychiatry of Frontal Lobe Dysfunction in Violent and Criminal Behavior: A Critical Review〉，《Journal of Neurology, Neurosurgery, and Psychiatry》71 (2001): 720-726。

18. 史塔爾（S. M. Stahl），〈Deconstructing Violence as a Medical Syndrome: Mapping Psychotic, Impulsive, and Predatory Subtypes to Malfunctioning Brain Circuits〉，《CNS Spectrums》19 (2014): 357-365。

19. 約翰．哈洛（John M. Harlow），〈Recovery from the Passage of an Iron Bar though the Head〉，《Bulletin of the Massachusetts Medical Society》2 (1868): 327-347。

20. 漢娜．丹瑪西歐等人（Hanna Damasio et al.），〈The Return of Phineas Gage: Clues about the Brain from the Skull of a Famous Patient〉，《科學》，神經科學，264 (1994): 1102-1105。

21. 普里德摩（S. Pridmore）、錢伯斯（A. Chambers）及麥克阿瑟（M. McArthur），〈Neuroimaging in Psychopathology〉，《Australian and New Zealand Journal of Psychiatry》38

(2005): 856-865。

22. 那森尼爾・安德森（Nathaniel E. Anderson）及肯特・基爾（Kent A. Kiehl），〈The Psychopath Magnetized: Insights from Brain Imaging〉，《Trends in Cognitive Science》16 (2012): 52-60。

23. 瑪汀娜・黎等人，〈精神病態的皮質萎縮〉，《美國精神醫學期刊》169 (2012): 743-749。

24. 珍・黛西提（Jean Decety）、勞瑞・史凱利（Laurie R. Skelly）及肯特・基爾，〈Brain Response to Empathy-Eliciting Scenarios Involving Pain in Incarcerated Individuals with Psychopath〉，《美國醫學學會期刊》精神醫學70 (2013): 638-645。

25. 雪莉・威廉森（Sherrie Williamson）、提摩西・哈波（Timothy J. Harpur）及羅伯特・海爾，〈Abnormal Processing of Affective Words by Psychopaths〉，《Psychophysiology》28 (1991): 260-273。

26. 楊雅琳（Yaling Yang）及亞卓安・瑞恩，〈Prefrontal Structural and Functional Brain Imaging Findings in Antisocial, Violent, and Psychopathic Individuals: A Meta-Analysis〉，《Psychiatry Research》174 (2009): 81-88。

27. 馬瑞・多蘭，〈What Imaging Tells Us about Violence in Anti-Social Men〉，《Criminal Behaviour and Mental Health》20 (2010): 199-214。

28. 安卓雅・格林（Andrea L. Glenn）及亞卓安・瑞恩，〈The Neurobiology of Psychopathy〉，《Psychiatric Clinics of North America》31 (2008): 463-475。丹尼爾・羅素（Daniel R. Russell）及賴瑞・西維爾（Larry J. Siever），〈The Neurobiology of Aggression and Violence〉，《CNS Spectrums》20 (2015): 254-279。

29. 黎德保格等人（L. Lidberg et al.），〈Homicide, Suicide and CSF 5-HIAA〉，《Acta Psychiatrica Scadinavica》71 (1985): 230-236。

30. 霍蘭德（E. Hollander）及羅森（J. Rosen），〈Impulsivity〉，《Journal of Psychopharmacology》14，suppl. 1 (2000): S39-S44。有些研究者發現，服用此藥物的病患連情緒認知技巧也進步了。卡洛琳・莫烏爾（Caroline Moul）賽門・基爾克斯（Simon Killcross）及馬克・戴茲（Mark R. Dadds），〈A Model of Differential Amygdala Activation in Psychopathy〉，《Psychological Review》119 (2912): 789-806。

31. 保羅・札克（Paul J. Zak），《The Moral Molecule: The Source of Love and Prosperity》（New York: Dutton, 2012）。

32. 瑞秋・貝克納・梅爾門（Rachel Bachner-Melman）及理查・艾伯斯坦（Richard P. Ebstein），〈The Role of Oxytocin and Vasopressin in Emotional and Social Behaviors〉，

《Clinical Neuroendocrinology》，艾瑞克·菲萊爾（Eric Fliers）、瑪塔科·本尼茲（Marta Korbonits）、羅明（J. A. Romijn ）編著，《Handbook of Clinical Neurology》vol. 124（Amsterdam: Elsevier, 2014），53-68。
33. 馬克·戴茲等人，〈Polymorphisms in the Oxytocin Receptor Gene Are Associated with the Development of Psychopathy〉，《Development and Psychopathology》26 (2013): 21-31。
34. 瑪努拉·肯納（Manuela Kanat）、馬可斯·亨瑞（Markus Heinrichs）及貴格·多姆斯（Gregor Domes），〈Oxytocin and the Social Brain: Neural Mechanisms and Perspectives in Human Research〉，《Brain Research》1580 (2014): 160-171。
35. 左伊·唐諾森（Zoe R. Donaldson）及賴瑞·楊（Larry J. Yong），〈Oxytocin, Vasopressin, and the Neurogenetics of Sociality〉，《科學》322 (2008): 900-904。
36. 保羅·札克、安琪拉·史坦頓（Angela A. Stanton）及謝拉·阿馬迪（Sheila Ahmadi），〈Oxytocin Increases Generosity in Humans〉，《PLoSOne》2 (2007): e1128。
37. 保羅·札克，〈The Neurobiology of Trust〉，《Scientific American》，二〇〇八年六月，88-95。
38. 凱雅·博區（Katja Bertsch）等人，〈Oxytocin and Reduction of Social Threat Hypersensitivity in

Women with Borderline Personality Disorder〉，《美國精神醫學期刊》170 (2013): 1169-1177。許多研究指出，精神病態行為也可能跟染色體變異或睪固酮分泌過多有關。但現今多著眼於血清素及催產素的研究，也不斷催生出相關文獻。

39. 丹尼爾・麥克諾頓一案，8 Eng. Rep. 718 (H. L. 1843)，引述於馬修・拉吉（Matthew M. Large），〈Treatment of Psychosis and Risk Assessment for Violence〉，《美國精神醫學期刊》171 (2014): 258。

40. 理查・西孔（Richard Ciccone），〈丹尼爾・麥克諾頓及以精神失常抗辯之演化〉，美國精神醫學學會艾薩克・瑞依（Issac Ray）演說，紐約，二〇一四年五月。

41. 伯納德・戴門，〈From M'Naghton to Currens, and Beyond〉，《California Laaw Review》50 (1962): 189-205。

42. 布萊克，《Bad Boys, Bad Men》，177-178。

43. 貴格・米勒（Greg Miller），〈In Mock Case, Biological Evidence Reduces Sentences〉，《科學》337 (2012): 788。

44. 柏拉圖，《蒂邁歐篇》，出自《The Dialogues of Plato》譯本。班傑明・喬偉特（Benjamin Jowett; Chicago: Encyclopedia Britannica, 1952），474。

45. 羅貝卡·哥德斯坦，《Plato at the Goggleplex: Why Philosophy Won't Go Away》（New York: Pantheon），410。

總結

題辭：羅伯特·傑克森，證詞，一九四五年十一月二十一日，《國際軍事法庭前重大戰犯審理，紐倫堡，一九四五年十一月十四日至一九四六年十月一日》，22 vols（紐倫堡：國際軍事法庭，一九四七年），2: 129。

1. 出處同上。
2. 紐倫堡國際軍事法庭主要審的是無法以奉命而行為由辯護的納粹領袖。有不少研究是關於納粹的階級公文。麥克·賽爾徹及貝瑞·瑞茲勒發現了針對兩百名和納粹合作的丹麥人所做的羅夏克墨漬測驗研究，也包括在其中。請參考艾瑞克·齊默爾、茉莉·哈洛維、貝瑞·瑞茲勒、羅伯特·阿奇爾，《The Quest for the Nazi personality: A Psychological Investigation of Nazi War Criminals》（Hillsdale, NJ: Lawrence Erlbaum, 1995）。
3. 傑克森，證詞，一九四五年十一月二十一日。

4. 感謝史都華・佛伊提拉（Stuart Voytilla）提供的高見。

5. 雖然兩者動機不同（維特・弗蘭肯斯坦想創出不死生物，希特勒的野心則是打造千年帝國），但有罪與否無關動機。

6. 赫蓮娜・哈卡能・尼弘及楊・歐羅夫・尼弘，〈Psychopathy in Economical Crime, organized Crime, and War Crimes〉，《Psychopathy and Law: A Practitioner's Guide》（New York: Wiley-Blackwell, 2012），193。

7. 甚至連是誰給他們檔案都有紀錄。圖書館保管這些沉寂已久、無人聞問的檔案多年，期間我是第二個申請參閱的人。

8. 聶魯達，〈Oda a la cama〉（Ode to the bed），一九五九年，譯本。凱瑞・瑞克力夫（Cary Ratcliff），Conspirare Company of Voice TX, September 18, 2014, http://conspirare.org/wp-content/uploads/The-Poet-Sings-Pablo-Neruda-program-booklet.pdf。

致謝辭

多虧眾人力挺，本書才得以出版，友人相助使本書內容精確可讀，耗費多時則該歸罪於我。內人南希（Nancy）容忍我多年沉浸在書的主題中，早期我之所以能全心灌注在撰寫草稿上，也是她的功勞。小犬強納森（Jonathan）則幫助我了解下一代對紐倫堡一案的看法。耶魯大學出版社（Yale University Press）的編輯 Jennifer Banks 替本書架構提出不少寶貴建議。經紀人 Sandy Dijkstra 催生出本書，功不可沒。助理 Gary Lyasch 一如往常，耐心十足、慢工出細活。

這類叢書需仰賴研究圖書館及檔案管理員協助。聖地牙哥加州大學的 Brian Schottlaender、Lynda Claasen、Peter Devine 一直殷切關注、不吝協助，筆者在此致謝。Beth Remak-Honnef 在聖塔克魯茲加州大學的檔案庫當我的嚮導。國家健康醫學博物館的 Adrianne Noe 和 Eric Boyle 也不吝協助。Richard Baker 慷慨從美國陸軍軍事歷史研究所提供資料，Mary Elizabeth Ruwell 則幫忙搜尋美國空軍官校的麥德慕圖書館檔案庫。Lizette Royer Barton 是愛克朗大學心理學史中心的寶貴資源。Raphel and Elizabeth Rosen 百忙中還抽空從哥倫比亞大學檔案庫找出文件。Martha Winnacker則幫我在加州大學柏克萊分校找到檔案。Susan Berishaj在耶魯大學檔案庫助了我一臂之力，康乃爾大學則提供了好用的線上資料庫。紐約市立大學研究生中心的Tanya Domi、紐約大學的Peter Stein及佛羅里達大學的Nina Stoyan-Rosenzweig幫我找出了照片。最後筆者感謝堪稱國家寶藏的美國國會圖書館、國家檔案館、美國大屠殺紀念博物館等單位協助。

感謝波斯亞出版集團（Perseus Books Group）旗下達卡波出版社（Da Capo Press）的允許，本書才得以刊載《紐倫堡日記》的摘錄。

忙著發表研究、力爭上游的好友們也不吝給予意見，鼎力支持。感謝歷史系（Frank Biess, Jack Fisher, Debora Hertz, Susanne Hillman, Judith Hughes, the late John Marino, and Eric van Young）、文學系（Steve Cox）、傳播系（Valerie Hartouni）、神經病理學系（Henry Powell and Lawrence Hansen）、心理系（Dean Delisand William Perry）、精神醫學系（David Braff, Lewis Judd, Robert Nemiroff, Steve Ornish, and Steve Stahl）、電影研究系（Stuart Voytilla）及法律系（Mark Evans）的同仁慷慨相助。與Barbara Nemiroff、Kurt Shulter、Nobert Ehrenfreund法官的對話也令我獲益良多，滿懷謝意。道格拉斯．凱利慷慨分享其父的私人文件，對此我感激涕零。Michelle Williamson精湛地重繪了第一章的地圖。

一路走來雖艱難，卻有這些學者給予鼓勵、高見及引導，有幸得此眾人相助，令筆者如獲至寶。感激不盡。

國家圖書館出版品預行編目資料

恨意、精神分析與羅夏克墨漬測驗：紐倫堡審判以來犯罪心理研究的演變 / 喬爾・丁斯戴爾(Joel Dimsdale)著；張馨方, 李之年譯. -- 初版. -- 臺北市：商周出版：家庭傳媒城邦分公司發行, 2016.08
面； 公分. -- (漫遊歷史；14)
譯自：Anatomy of malice : the enigma of the Nazi war criminals
ISBN 978-986-477-064-9(平裝)

1.德國史 2.戰犯 3.戰爭心理學 4.第二次世界大戰

743.258 105011546

漫遊歷史 14

恨意、精神分析與羅夏克墨漬測驗

——紐倫堡審判以來犯罪心理研究的演變

作　　者／喬爾・丁斯戴爾（Joel Dimsdale）
譯　　者／張馨方、李之年
企畫選書／羅珮芳
責任編輯／羅珮芳

版　　權／黃淑敏、林心紅
行銷業務／莊英傑、周佑潔、黃崇華、張媖茜
總 編 輯／黃靖卉
總 經 理／彭之琬
事業群總經理／黃淑貞
發 行 人／何飛鵬
法律顧問／元禾法律事務所王子文律師
出　　版／商周出版
台北市104民生東路二段141號9樓
電話：(02) 25007008　傳眞：(02)25007759
E-mail：bwp.service@cite.com.tw
發　　行／英屬蓋曼群島商家庭傳媒股份有限公司城邦分公司
台北市中山區民生東路二段141號2樓
書虫客服服務專線：02-25007718；25007719
服務時間：週一至週五上午09:30-12:00；下午13:30-17:00
24小時傳眞專線：02-25001990；25001991
劃撥帳號：19863813；戶名：書虫股份有限公司
讀者服務信箱：service@readingclub.com.tw
城邦讀書花園 www.cite.com.tw
香港發行所／城邦（香港）出版集團
香港灣仔駱克道193號東超商業中心1F_ E-mail : hkcite@biznetvigator.com
電話：(852) 25086231　傳眞：(852) 25789337
馬新發行所／城邦（馬新）出版集團【Cite (M) Sdn Bhd】
41, Jalan Radin Anum, Bandar Baru Sri Petaling, 57000 Kuala Lumpur, Malaysia.
電話：(603) 90578822　傳眞：(603) 90576622
Email: cite@cite.com.my

封面設計／廖韡
內頁排版／立全電腦印前排版有限公司
印　　刷／中原造像股份有限公司
經　　銷／聯合發行股份有限公司 電話：(02) 29178022　傳眞：(02)2911-0053
新北市231新店區寶橋路235巷6弄6號2樓

■2016年8月2日初版　■2019年8月23日初版2.5刷　Printed in Taiwan
定價400元

ANATOMY OF MALICE: The Enigma of the Nazi War Criminals
by Joel Dimsdale

城邦讀書花園
www.cite.com.tw

 ISBN 978-986-477-064-9